U0600713

现代档案信息化管理与建设研究

赵 梅 白子滢 任 华 著

燕山大学出版社

· 秦皇岛 ·

图书在版编目（CIP）数据

现代档案信息化管理与建设研究 / 赵梅，白子滢，任华著．—秦皇岛：燕山大学出版社，2023.5
ISBN 978-7-5761-0431-8

Ⅰ．①现… Ⅱ．①赵…②白…③任… Ⅲ．①档案管理－信息化建设－研究 Ⅳ．① G270.7

中国版本图书馆 CIP 数据核字（2022）第 244099 号

现代档案信息化管理与建设研究

XIANDAI DANG'AN XINXIHUA GUANLI YU JIANSHE YANJIU

赵　梅 白子滢 任　华 著

出 版 人：陈　玉			
责任编辑：孙志强		策划编辑：孙志强	
责任印制：吴　波		封面设计：刘馨泽	
出版发行：燕山大学出版社		地　　址：河北省秦皇岛市河北大街西段 438 号
邮政编码：066004		电　　话：0335-8387555	
印　　刷：廊坊市印艺阁数字科技有限公司		经　　销：全国新华书店	

开　　本：710mm×1000mm 1/16		印　　张：14.75	
版　　次：2023 年 5 月第 1 版		印　　次：2023 年 5 月第 1 次印刷
书　　号：ISBN 978-7-5761-0431-8		字　　数：208 千字	
定　　价：59.00 元			

序　言

信息化在人类文明方面引导着世界文明的发展进程，是当今社会一种不可阻挡的发展趋势，各行各业都在追逐着信息化的发展潮流。在我国，档案业与社会上的各行各业一样，信息化的重要性越来越凸显。档案作为人类社会各项实践活动的真实记录，是社会的宝贵财富，是人类重要的文化遗产，它记载着人类前进的脚步，传承着民族的优秀文化，因此档案业的信息化被作为一项重要的工作提到议事日程上来。

当今社会不断进步，档案管理工作理应与时俱进，才能满足社会各行业对档案管理工作的实际需求。档案管理工作本身是一项系统、长期的烦琐工作。在档案管理工作实施过程中，容易出现多样化的纰漏，不利于档案资源价值的利用。因此，在现代档案管理工作中，必须立足于档案管理工作实际，采取完善的档案管理制度，推进档案管理信息化进程，加强培养专业化档案管理人才，以此不断地提高档案管理水平，进一步推动档案管理事业的发展。

档案管理信息化是企业适应社会发展的必然选择，同时信息化建设的管理和建设是一项需要长期坚持的事，是提高社会服务能力的必然途径。档案管理工作者要根据实际情况，实事求是地开展工作，明确工作目标并不断改进和完善档案管理制度，慢慢将传统的档案管理模式转变为符合时代要求的新模式。

本书共分为九章。第一章为档案信息化概述；第二章为档案信息化的战略与规划；第三章为档案信息数字化管理；第四章为档案信息社会化网络传播管理；第五章为档案管理信息系统建设；第六章为档案信息化系统建设的内容；第七章为档案信息化建设与管理概述；第八章为现代高校档案信息化管理实践；第九章为现代区县级档案管理信息化建设。

本书约20万字，第一章、第三章、第四章约8万字，由赵梅编写，第五章、第七章、第九章约6万字，由白子滢编写，第二章、第六章、第八章约6万字，由任华编写。

目　　录

第一章　档案信息化概述

第一节　档案的基本知识

一、档案的概念

文字的发明、社会生产力的发展、人类活动领域与范围的扩大、社会公共行政管理事务的需要，促使档案作为"人类历史的记忆"，于原始社会末期便产生了。在我国，档案的名称经历了较长时期的演变，最后才基本稳定在"档案"这一称谓上。根据现在所知，"档案"一词最早记载见于清代顺治朝官府档案中。

（一）档案的一般定义

《中华人民共和国档案法》第二条规定："本法所称的档案，是过去和现在的国家机构、社会组织以及个人从事政治、军事、经济、科学、技术、文化等活动直接形成的对国家和社会有保存价值的各种文字、图表、声像等不同形式的历史记录。"

《档案工作基本术语》给档案的定义："国家机构、社会组织或个人在社会活动中直接形成的有价值的各种形式的历史记录。"

（二）档案一般定义的基本内涵

档案产生于各种社会组织和个人的社会实践活动中，这说明档案的产生时间久远、产生领域广泛、内容构成丰富。

档案形成于人类的实践活动中，是人类社会历史的"记忆"和"再现"。人类实践活动涉及自然和社会的各个方面，既包括政治活动、军事活动、经济活动，也包括科学、技术、文化等；既涉及人类认识自然和社会以及改造自然和社会等各个方面，也涉及人类认识和改造自己的主观方面。

档案是保存备查的历史文件。档案由办理完毕且有保存价值的文件转化而来，这指明了档案的成因和价值因素。文件是各类社会组织和个人在履行职务、处理事务的实践活动中形成的具有效用的一切材料的总称。由于社会实践的持续性和继承性，将以后仍具查考利用价值的文件有规律、有规则地保存下来，就转化成了档案。可以说，现在的档案就是过去的文件，现在的文件就是将来的档案，二者具有天然的"血缘关系"。从某种意义上说，"文件"和"档案"是同一事物在不同阶段的两种称呼或者两种表现。

文件转化为档案是有条件的。文件转化为档案一般需要具备三个条件，即办理完毕、具有保存价值、按照一定规律适当集中。所谓"办理完毕"，是指文件在文书处理程序上的办理完毕，而非办事程序和内容上的办理完毕。所谓"具有保存价值"，是指办理完毕的文件的未来使用价值，即未来有用性。具有保存价值的文件，是文件转化为档案的根本原因。所谓"按照一定规律适当集中"，是说必须按照文件之间的内在联系，通过一定的程序和方法将其集中起来规范整理，实现系统化、条理化。科学定义中的档案，不是孤立的或者杂乱无章的文件堆积，而是内在联系着的有价值的文件整体。

档案的形式多种多样，这揭示了档案的物质存在形态和形式范围。档案的形式是指档案文件的存在形式、内容记述、显示方式等因素。从档案信息载体来说，有甲骨、金石、缣帛、竹简、泥板、纸草、纸张、胶片、磁介质、光介质等；从信息表达方式来说，文书档案有法律、条例、办法、决定、指示、总结等，科技档案有产品图、竣工图、测绘图、气象图等；从档案材料制作方式而言，有刀刻、手写、印刷、摄影、录音、录像、复印、缩微等。档案形式的多样性要求我们在实施档案管理活动时，要注意从档案形式方面构建合理、科学的档案库藏结构，丰富档案资源。

档案是原始的历史记录，这揭示了档案的本质属性，是档案定义的核心和实质。"档案是原始的历史记录"这一本质属性，是科学界定档案范围的根本标准，也是区分档案和非档案的根本标准。

（三）电子档案、电子文件的定义与特点

随着电子计算机技术飞速发展，电子计算机技术和现代通信技术相结合形成了信息技术产业，极大地推动了办公自动化、电子商务、电子政务的发展和深化，由此产生了电子公文、电子图书、电子图形图像、电子文献资料等电子文件。具有档案保存价值的电子文件经过归档，即形成电子档案。因此，电子档案就是人类在运用现代信息技术从事社会实践活动的过程中形成的具有保存备查价值的电子文件经过归档转化而来的原始历史记录。

电子文件具有这样一些特点：以数字形式存在，是数字化信息技术的产物；非人工直接识读性；对设备、技术的依赖性；物理结构与逻辑结构的复杂性及对元数据和背景信息的依赖性；文件信息与载体的相分离性和自由移动性；形成与更改易操作性；信息的流动性和资源利用的共享性。电子文件有文本文件、图像文件、图形文件、音频文件、多媒体文件、超媒体文件、程序文件、数据库文件等类型，而且，新的种类还会不断产生。电子档案的生成条件、运行过程、识读方式以及检索、传输、利用等均与传统档案存在较大的差异性，但在主要方面仍然符合档案一般定义所揭示的档案特质。

二、档案的属性

要科学地管理档案，就必须掌握档案的属性。把握了档案的本质属性，才能科学地区分档案和非档案；把握了档案的一般属性，才能正确理解档案与其他事物的关系，恰当处理好档案管理和其他相关工作的分工与协作，有效地服务经济与社会建设事业。

（一）档案的本质属性

档案具有"原始性""历史性"和"记录性"，三者有机融合在档案这一特定事物中。"原始的历史记录"是档案的本质属性。

1. 原始性

"原始"的含义是"最初的""开始的""第一手的""最古老的""未开发的"。说档案具有"原始性"，是"原始的"历史记录，就是说档案在内容和形式上是"直接形成"于它所记载和反映的特定主体的社会实践活动中的，而且

是最初始的、第一手的、未开发的材料，即"没有掺过水分"的一次性文献。档案特别注重"当时性"和"当事性"。档案以文字、图像、声音等各种形式记录下了客观活动过程中的具体情况，包括思想、计划、决策、具体内容、实施过程、质量与效果等；在档案中还大量地留存着当时产生的有关当事人的笔迹、图像、语音等若干原始痕迹符号，如领导签发与签署的笔迹、当事人的指纹、当事人的声音、机关印章、个人私章等。

"原始性"直接关系到档案的"证据价值"，这是一个根本性的问题。同时，也必须意识到，档案的"原始性"并非绝对的，仅仅是相对于当时、当事和特定主体而言的。还必须指出，电子档案虽存在易更改性，但从相对的角度看，仍然具有原始性。随着电子文件及电子档案信息安全保障技术的日益完善，其典型意义上的原始性仍然是非常显著的。我们不能以技术保障措施的缺陷去否认电子档案本身客观存在的"原始性"。客观地讲，只是人们还没有找到有效的解决办法而已。

2. 历史性

何谓"历史"？其含义可以从三个方面认识：一是指时间上的"过去"；二是指"事物发生、发展的全过程"；三是从我们认识和研究历史的目的上讲，所谓"历史"，就是"以过去之光照耀现在"。从整体上和科学、典型的意义上讲，档案记载和反映的是"过去"的工作活动；档案对某个或者某类实践活动或现象的发生、发展、结果等"全过程"进行全面、系统、完整的记载和反映；档案的基本价值和使命以及档案管理的基本任务目标之一，就是要"维护历史发展的真实面貌""再现历史的本来面貌"，充分发挥档案"以过去之光照耀现在"的历史作用，满足各方面利用需要，服务经济和社会建设事业。所以档案具有突出的"历史性"。

3. 记录性

档案的"记录性"，指档案是基于某种需要而有意识地通过特定方式与方法形成和积累的。一方面，任何档案的形成都是有意识的而不是无意识的，是人类有意识地制作和使用文件，并有意识地将完结文件中具有保存价值的部分经规范集中和系统整理后转化而来的；另一方面，文件和档案都以文字、声音、图像、数字、图形、线条等符号记录了当时、当事和特定主体开展工作、处理事务的具体思想、活动过程及其成果情况。文献所蕴含的知识与信息是人们用各种方式有意识地将其记录在载体上的，而不是天然荷载在物质实体上的。

总之，"原始的历史记录"是档案的本质规定性，是档案区别于图书、资料、文物等若干种非档案事物的显著标志和本质特点；"原始的历史记录"也是档案的根本价值所在。由此决定了，只有维护档案的真实历史面貌才能保证档案的根本价值。任何对档案真实性的破坏，都将严重损害档案的根本价值。

档案虽然与文物、图书、资料、情报、文件等有质的区别，但它们之间也客观地存在着内容不同、程度不同的某些联系，有时甚至呈现出交叉、重合的关系。因此，在实践中，一方面要按档案自身的特点管理档案；另一方面要适应信息资源管理的时代要求，积极推进档案与图书、资料、情报、文件等的管理一体化。

（二）档案的一般属性

目前关于档案的一般属性，形成了"知识性""信息性""文化性""资源性""物质实体性""人工记录性""动态发展性"等成果。在这里我们主要就档案的"知识性""信息性""资源性"作介绍。

1. 档案的知识性

简单地说，知识就是人们对主观世界和客观世界认知的成果，而这种认知总是和人类实践活动密切相连的。马克思主义认为，每个人的知识虽然都由直接知识和间接知识所构成，但从根本上和整体上说，又都是从实践中获得的，离开了实践也就无所谓知识的正确获得、科学运用、有效积累和传承与发展。人们把各项实践活动中所获得的认识和经验加以总结和深化，就成了知识。从现代知识管理的角度讲，文件、档案作为活动的记录，凝结了实践活动者在从事各项活动过程中获得的认识、体会、经验和教训，一般是最主要的显性知识。正如 IBM Lotus 公司知识管理软件产品白皮书指出的那样，文档是知识的容器，是已经物化的显性知识，其中蕴含了大量本企业的知识财产。从某种意义上说，文件、档案是企业最重要的知识资源，企业文件与档案管理是知识资源管理的重要组成，知识资源的管理应成为文件与档案管理的发展方向和核心内容。

总之，档案的形成就是产生、提炼和存贮知识的过程，积累档案就是积累知识，管理档案就是管理知识，利用档案就是传播知识。档案中蕴含的知识是一切文献知识中最基础的知识，档案是其他文献知识的基本起点和源泉，是知识继承和发展的重要基础和前提条件之一。

2. 档案的信息性

信息是客观世界中各种事物变化和特征的最新反映，是客观事物间联系的表征，是客观事物经过传递后的再现。信息是事物的普遍属性，是人们感知事物的中介，能够给人们提供事物性质及运动状态的知识，消除不确定性，向有序化和组织化方向发展。信息来源于物质，但又可以脱离物质而被传递和贮存；信息与载体具有不可分性，必须依附于物质载体而存在和交流。信息按产生先后和加工程度可分为零次信息、一次信息、二次信息和三次信息；按存在的领域可分为自然信息、社会信息和知识信息；按来源与表现形态可分为直接信息和间接信息。信息，特别是间接信息，具有比较显著的价值性、传递性、可存贮性、可加工性、延续性、可继承性和可开发性等特性。因而，信息在一定条件下是可以转化为生产力或者呈现出其他方面的价值的。

从信息的含义、特征、种类、作用中不难发现，档案是"一次信息""社会信息""间接信息"，属于信息的范畴，具有强烈的信息属性。

具体地讲，档案是人们在社会实践活动中形成的，真实地记录了各种实践活动的整个过程、具体运动状态和存在方式。它所储备的是人们实践活动中直接产生和形成的原生信息。在各种文献中，直接记录和储备原生信息的只有档案。人们在实践中，既不断地从自然和社会中摄取各种零次信息，又不断地形成新的思想认识，取得成功的经验或失败的教训，获得这样或那样的实践成果。所有这些信息，都首先是借助于纸张、磁带、胶片或者其他载体，并通过手写、摄影、摄像、印刷、刻画、数字等各种记录方式，以档案的形式记载和存贮下来，并被人们在实践中查阅利用的。而且档案承载的信息具有原始记录性，记载和描述了最直接、最原始的运动状态、运动过程，它是真实的，具有极其明显和突出的凭证价值。档案信息是社会信息中最基本的一种存在形式，通常是其他形式的信息源。档案信息的原始性、真实性和可靠性，使得它在整个信息家族中具有非常特殊的地位和作用，极具价值。

信息技术迅速发展，信息领域的变革促进了档案领域的历史性变革。一方面档案信息受到了社会的广泛关注和重视，社会对档案信息的需求被深度激发，档案信息共享成为历史的必然和潮流；另一方面，各种信息存取技术、新型文献载体、大容量数据库以及局域网、国际互联网的广泛应用，对档案信息的管理和利用提出了新的要求。新技术和新需求彰显了档案的信息属性和信息价值，促进了广泛而强烈的社会需求的迸发，极大地推动了档案信息化建设的进程。

3. 档案的资源性

简单地讲，资源就是指能够带来经济效益和社会效益的要素。现代意义上的资源观，不仅要看到人、财、物等资源，还要从更广阔意义上理解资源。例如知识是资源，信息是资源，关系是资源，渠道是资源，建议是资源，客户是资源，商标、品牌、厂名、地理位置是资源，商誉是资源，诚信度是资源，机制是资源，管理方法是资源，思想观念是资源等。不仅要看到硬性资源，还要看到软性资源；不仅要看到有形资源，还要看到无形资源；不仅要看到物质性资源，还要看到精神性资源。正确把握和调动各种资源，才能够使其发挥重大的作用，创造出更加辉煌的业绩。

21 世纪是以知识和信息为特征的，知识和信息都是 21 世纪最基本、最重要的资源。可以肯定地说，档案具有资源性，是一种重要的知识资源、信息资源。例如从相对传统的角度讲，企业档案信息是具有重要情报价值的经济资源和管理资源，而且已成为企业资源计划和企业业务流程重组实施的基础。在企业资源计划中，各项经营管理活动都被看成是供需链上的环节，它们之间的关系也化为一种信息流，在内部流通和共享。如果没有档案信息（特别是有关客户和供应商的档案信息）在管理业务流程上的传输和共享，就不可能实现各种管理信息的集成，更无法实现企业业务流程重组。可见，档案的资源属性和资源价值是显著的。

　　从文化的角度分析，档案不仅具有知识性、信息性、资源性，还具有显著的文化性。之所以这样讲，一是因为档案的产生和历史演进本身就是人类文化的产物和文化发展的结果，档案就是文化的一种表现形式；二是因为档案还具有记载和积累文化的作用；三是因为档案具有传播文化的功能，是一种重要的文化传播手段。站在这个意义上说，档案又是一种文化资源。

　　综上所述，档案是一种知识，是一种信息，是一种文化产物，是一种文化承载与传播形式，是社会资源的重要组成部分。

三、档案的一般形成规律和历史联系

（一）档案的一般形成规律

　　档案是社会组织或个人在履行职能任务或实施个人事务过程中形成并办理完毕且有保存价值的文件转化而来的产物，与其记载和反映的社会实践活动"间接同步""成套"地形成，并与其产生的社会文明及技术环境不可分离。在档案管理中，只有充分地研究和尊重档案的形成规律以及由此决定的档案的内在联系，才能管理好档案，有效促进档案资源的开发与利用。

　　档案是与其记载和反映的社会实践活动"间接同步"地形成的。档案由文件转化而来，从内容和形式上看，文件和档案是"同一事物"，没有丝毫差异；而文件是作为有关社会活动的内容组成部分与社会活动直接同步地形成的。所以从内容和形式上看，档案也是与有关社会活动"同步"形成的。但是，基于"社会实践活动—文件—档案"的脉络，严格、完整、典型意义上的档案与社会实践活动的关系是一种"间接性"的关系。所以只能说，档案是与其记载和反映的社会实践活动"间接同步"地形成的。

　　档案是成套地形成的。任何一项社会活动中所形成的文件一般都自然地"成套"，完整地记录和再现该项特定实践活动的发生（或筹备）、演变（或经过）、结果、事后影响（效果）。从积累知识和经验、记录历史的需要而言，保持材料成套性、完整反映每一项活动是一种客观要求。只有成套地形成的档案才有利于实现档案的价值和使命。

　　档案是与特定社会文明及技术环境不可分离的。从实质上看，档案的演进是与人类文明的发展相一致的，与特定历史背景下的技术条件不可分离。例如，金石档案的产生与当时的青铜冶炼和青铜器制作工艺密不可分；纸质档案的产生是由于造纸术的发明，并随着雕刻技术和印刷技术的产生与发展而日益普及，进而成为人类近 2000 年来主要的信息记载与传播工具；声像档案离开了特定的阅读设备是无法进行识读和利用的，而在现代电子化和信息技术条件下的电子档案，其生成、阅读、利用与计算机技术、网络技术、现代通信技术以及相关的支持软件、网络系统、硬件设备等具有极为显著的不可分离性。

（二）档案的历史联系

档案的历史联系由档案的形成规律决定，档案之间具有客观、内在的历史联系，我们必须以科学的态度和方法努力地认识它、把握它、揭示它、保持它、利用它。保持联系是档案管理中的基本原则和根本性要求之一。把握档案的历史联系，一般主要研究以下方面因素：

从档案的基本形成特点看，首先，人类实践活动在时间上是延续、继承和发展的，"今天"的活动总是"昨天"的延续、继承和发展，"明天"的活动也必然是在"今天"活动的基础上合乎规律的客观发展结果。就这个意义而言，档案在时间上具有突出的延续性和顺序性。其次，人类实践活动在空间上是密切相关的，每一个社会组织和个人的实践活动绝不是彼此孤立的，而是不同程度地相互联系着的，具有空间关联性。作为与实践活动"间接同步"形成的档案，都是围绕机关、单位的职能任务，具体形成于为实现特定目的而开展的每一项活动的全过程中，客观地有着某种职能、目的、活动、形成过程方面的同一性和相互间的逻辑联系性。

从档案材料本身的基本构成要素看，文件一般都有责任者、事由（问题或内容）、时间、空间（地区）、文种等五个内容要素。该五要素既是区分文件的五个方面，又是分析和把握文件之间具体联系的五个方面。抽象地从这个角度看，档案具有责任者联系、事由（问题或内容）联系、文种联系、时间联系、空间联系等五种联系。因此，档案的历史联系可归纳为：来源联系、内容联系、时间联系、形式联系。

（三）档案历史联系的内容及其对档案管理实践的主要要求

1. 来源联系

来源联系是指档案间在来源上具有同一性，或者是"实体来源"上的同一性，抑或是"概念来源"上的同一性。所谓实体来源，是指以档案形成者为中心的档案实际来源。实体来源具有较强的可操作性，成为档案收集、整理、保管、检索等实务活动的直接依据和具体方法。概念来源，是指电子档案基于计算机虚拟管理实际而具有的某种职能、目的、活动、形成过程等来源。

不论是实体来源还是概念来源，对档案管理实践均有指导价值，都要求保持同一来源的档案或档案信息的适度归集，不同的来源应当采取适当方式区分。其中，实体来源联系要求管理档案实体必须区分全宗，在全宗内分类时可采用机构分类法，在档案实体材料排列时可根据具体情况适当采用机构序列排列法。

2. 内容联系

内容联系是指档案材料在内容上的同一性。内容是档案构成要素中最实质、最稳定的核心性要素，是社会利用档案的主要需求对象，因此档案管理一般都必须优先、充分地考虑和保持内容联系。遵循和保持内容联系，一方面要求将内容相同的档案集中在一起，一般按照内容的重要程度或内容间的逻辑关系进行科学排列；另一方面要求将不同内容的档案区分开来，不可交叉混杂。在档案分类时采用问题分类法，排列时采用内容重要程度或内容间逻辑关系排列法，进行档案检索以及档案信息开发与提供利用服务时，充分挖掘档案内容因素的价值。

3. 时间联系

时间联系是档案间存在的客观联系，是指档案材料在时间上的相同性及顺序性。遵循和保持档案间的时间联系，一方面要求将时间相同的档案集中在一起，不能分散、割裂；另一方面又要将时间不同的档案区分开，并按照时间上的顺序进行排列。保持档案之间的时间联系，要求在全宗内档案分类时应采用年度分类法，进行文件排序时应采用时间排列法，进行档案编目及信息开发时应准确标写或反映出时间。

4. 形式联系

档案的形式联系是指在文种、载体等方面的联系。形式联系虽非档案间的主要的和实质的联系,但对档案管理实务也具有重要作用。实践中不同载体、不同存储手段的档案及档案信息应当分开保管。例如,纸质档案与照片档案、磁介质档案、胶片档案等应当分库存放。

四、档案的价值

(一)档案价值的概念及其基本内容

档案的价值是档案和档案管理工作存在与发展的生命力之所在。所谓档案的价值,是指档案的利用价值,亦即档案对社会需要的满足,或者说是档案对满足社会需求的有用性。档案的属性,特别是本质属性,能够满足社会的某种需求时,就形成了档案的价值。档案的价值问题是事关档案"生死"、决定档案事业"存亡"的最根本的问题之一。需要指出的是,档案不是商品,因而"档案的价值"不是政治经济学上定义的"价值",而是指档案的使用价值或者说是它的"有用性"。

档案能够满足社会需要的有用性,虽然其具体表现呈现出多样性、变动性,但归纳起来,基础性的价值主要有两方面:凭证价值、参考价值。档案的其他具体价值都是以此为基础的,可以说,没有"凭证价值"和"参考价值",诸如文化价值、资源价值等均无从谈起。

档案的凭证价值是指档案由其本质属性决定而具有的证据价值,可以起到其他文献无法比拟的证据作用。档案的凭证价值是档案最基本和最基础的价值,没有这一点,档案也就根本不可能具有并发挥任何其他的作用。

档案具有凭证价值是由其形成规律和档案自身的特点所决定的。从档案形成过程及其结果上看,档案是从当时、当事直接使用的文件转化而来的,并非在使用之际临时编造的,它客观地记录了以往的历史情况,是历史真迹,是令人信服的历史证据,具有无可置辩的证据作用。从档案本身的物理形态上看,文件上保留着真切的历史标记。如有的文件上有当事人的亲笔签署或批示,有的文件上有机关或个人的印信,而有的文件上则有原来形象的照片、录像和原声的录音等，这些就成了日后查考、研究、争辩和处理问题的依据。这些原始标记进一步证明了档案是确凿的原始材料和历史证据，是真实的历史凭证。

档案的参考价值是指档案因其基本属性所决定而具有的对他时、他人、他事的借鉴价值。档案作为人类实践真实的原始记录，客观记录了实践的思想、活动经过、实践方法与技术、成绩与问题、经验与教训以及对有关实践活动规律的认识等。档案来源非常广泛，记录的知识信息内容极其丰富。档案中有成功的经验和失败的教训，有思想观点和实践事实，既涉及社会的变革，也涉及生产的发展，这些都可为后人和他人提供借鉴，使我们在工作和学习中少走弯路，尽快达到目的。人类社会发展的连续性、承继性，需要档案发挥参考甚至依据作用。与图书资料等相比较，档案的参考价值具有更强的可靠性、系统性。档案是原始记录，是第一手的资料，并且具有来源广泛、内容丰富的特点，可以满足各类社会组织和个人的利用需求，任何单位或个人遇有难题，都可以到档案部门参考档案，寻找答案。

（二）辩证地认识档案价值

从主体与客体关系角度认识，档案的价值实际上是档案的客观属性与利用主体需求间交互作用结果的客观反映。如果档案仅有某种属性却无利用主体或者与利用主体需求不相匹配，其所谓的"满足社会需求的有用性"也就根本无从谈起；如果仅有社会利用主体的某种需求，但没有与需求匹配的档案，则社会需求也无从满足。所以，"档案的价值"应是一个具有社会属性的概念，是档案能够同社会利用主体的实践活动及其具体利用需求相联系、相匹配的一种属性，属于关系范畴的概念。档案的属性只有同主体的需求联系起来并得到肯定时才谈得上具有"价值"，也才能构成"档案的价值"。这就要求档案部门一定要科学地、全面地分析档案的客观属性，准确判断社会实践活动各方主体对档案信息的需求脉搏，有效促成二者间的结合。

从静态与动态结合上认识，一方面，档案的价值就是档案的客观属性与档案利用主体需求之间交互作用的结果的客观反映；另一方面，档案客观上具有的可以满足社会需求的潜在有用性是多方面的，从理论上说完全能够满足不同时期、不同领域、不同主体的不同需求；再一方面，主体对档案的需求客观地呈现出明显的层次性和变动性。因此对档案价值的认知、利用、评价，应坚持马克思主义唯物辩证法，从静态和动态两方面进行全面分析与把握。这就要求档案部门在研究和开发档案信息资源时，一方面，要坚持"围绕中心，服务重点"的原则，分析并发掘档案的价值，从宏观层面上找到服务的结合部；另一方面，对潜在和现实的具体需求内容与规律加强研究，把握微观利用主体的需求脉搏，提高服务的具体针对性。要把握和利用好档案价值的多维性、间接性。

从对国家和社会的价值与对个体的价值上认识，档案的价值是多方面的，而且在满足社会需求上，因主体的动机和目的不同而呈现出不同的层次性，"对国家和社会需求的满足"和"对单个社会组织或者个人具体需求的满足"即其表现之一。应当说，"对国家和社会需求的满足"和"对单个社会组织或者个人具体需求的满足"是既统一又对立的关系。一方面，"对国家和社会需求的满足"并不是抽象的和不可触摸的，它一般是通过"对单个社会组织或者个人具体需求的满足"来实现的，二者在整体上和根本上是一致的，具有统一性；另一方面，二者毕竟又是分别处于不同层面上的价值，是档案对不同层次的主体需求予以满足所呈现出的"有用性"。因此，在分析档案价值时必须坚持全面的观点，处理好"具体与一般""局部与整体""个体与社会"之间的关系。在档案信息资源开发与利用服务中，既要立足于首先满足每一特定利用主体的利用需求，又要紧紧围绕党和国家以及地区、行业、单位的中心工作、重点项目等，通过有效满足个体利用需求实现对国家和社会整体需求的满足。

从有用性与可用性上认识，档案对满足各种需求是有用的，具有多角度、多层次的有用性。但是具有"有用性"仅是档案价值问题的一个方面而已，更为重要和更有价值的是问题的另一方面，即"可用性"。如前所述，只有"有用"的档案真正与社会利用主体的具体需求相吻合，并通过利用主体的实际有效利用，现实地满足社会需求，才能获得社会的认同，才会真正被认为是"有价值"的，否则档案和档案工作的"立足之地"将受到严峻的挑战。

因此，档案部门不仅要大力宣传档案和档案工作的价值，营造必要的有关档案价值的社会意识环境，更为重要和关键的，应当是在坚实地做好档案资源基础性管理工作的条件下，千方百计抓准需求脉搏，全面、深入、动态地系统开掘、综合分析档案价值的形态与内容，运用传统和现代的有效技术手段与方法，编制科学的检索工具，建立体系完整、实用性强的检索体系，不断"生产"适销对路的档案信息产品，提升对社会各方面利用需求准确、及时、有效满足的实际水平。

从工具价值与文化价值上认识，客观地讲，档案作为人类社会实践的成果，具有显著而强烈的文化性，具有传承人类文化的重要作用，是一种其他形式的文献无可比拟和无可替代的文化资源，具有文化价值。但同时也必须认识到，档案还呈现出"工具性"的一面，即还具有工具价值。档案为什么会产生？档案为什么需要保存？答案很简单，"保存备查"。为"备查"而"保存"，因"保存"而能够"备查"，因保存而可以实现"今世赖之以知古，后世赖之以知今"。这已经充分说明，档案产生、积累和保存的直接原因和目的之一，就是作为一种必要的"工具"和手段。实事求是地说，"工具性"应该是档案的一种基础性属性，如果没有档案这种"工具"，何来记载和反映历史真实面貌？何来传承文化？何来凭证和参考？因此，"工具价值"也就自然地成为档案的一种基础性价值。

当然，从实质上说，工具价值仅是档案的一种形式价值，文化价值才是其内涵价值。认识和开掘档案价值，既要着力于档案的文化价值，发挥其文化资源的作用，也不能对其工具价值视而不见或任意忽略。要正确处理好内容与形式、目的与手段的关系。

五、档案的一般作用

档案的一般作用是档案基本价值的具体表现。档案是由机关等社会组织在过去活动中形成的文件转化而来的，记录和反映了社会组织过去各方面活动的情况，在最初主要是为社会组织工作服务的。社会组织要保证其工作的正常开展和延续，一般必须查考利用档案，因而档案工作成为社会组织行政管理工作的重要组成部分。各社会组织在工作中，为了解组织历史，为增强职工主人翁责任感而进行宣教，为塑造良好的组织形象而进行社会宣传，为科学决策和制定切实可行的管理规章，为掌握工作规律或寻求解决问题的办法等，通常都需要查考利用档案。无案可查或有案不查，都会给工作带来困难。

（一）生产建设的参考依据

例如，以档案为依据，将西昌确定为我国的卫星发射基地；科技工作中复用技术图纸及技术参数，以节约劳动耗费、创造经济效益；利用档案帮助确定经济建设项目；利用档案帮助制定经济技术指标等。档案记载了各种生产活动的情况、成果和经验教训，也反映了自然资源、生产条件、生产管理和生产技术等方面的信息，是经济管理和生产建设的重要依据与有益参考。尤其是科技档案，更是现代化生产与管理不可或缺的条件。不论是制定一个地区、一个部门的生产发展规划，还是生产某个产品、进行某项技术改造，都要利用档案。在全面建设节约型社会的今天，更应重视档案特有的作用。

（二）科学研究的必要条件

例如，司马迁撰写《史记》、司马光组织撰写《资治通鉴》等均大量利用了档案；马克思在撰写《资本论》时，大量研究和利用了工厂视察员报告，皇家铁道委员会记录及证词，其他各种文件中有关工人劳动、工资、生活乃至居住条件等大批档案材料。任何研究都必须以广泛占有材料为基础，以材料的真实可靠性为前提。如果不利用档案文献，不但不能完整、准确地掌握业界研究状况，不能科学把握相关领域实践成就及规律等基础信息，还可能造成损失，影响工作的效率与效益。"科学研究是站在前人肩膀上向上攀登的事业"，这一形象比喻道出了大量掌握、研究、学习借鉴前人的研究成果和经验的无比重要性。档案一方面能提供原始的记录，以供直接借鉴；另一方面能以其记载的大量的事实、经验和实验、观察结果，为现实的研究提供基础材料。

（三）宣传教育的生动素材

档案再现了丰富多彩的历史，记载了各个历史时期反动势力、敌对势力的罪行和劣迹；记载了各个历史时期进步势力、英雄人物的光辉事迹；记载了社会主义建设事业取得的成就；记载了特定组织取得的生产、建设、服务的每一项成果；记载了涌现出的先进模范人物的榜样事迹。档案在革命历史教育、爱国主义教育、社会主义建设成就教育、社会主义法制教育、组织成员的主人翁教育、勇于改革创新教育等方面起着更为重要的作用，而且和其他宣传素材相比，档案以原始性、直观性、具体性和生动性等特点见长，利用档案开展宣传教育具有强烈的说服力和感染力，有助于收到良好的成效。档案部门应充分认识这一点，努力把档案馆（室）建设成国家、社会、单位宣传教育的重要基地。

档案作用的发挥有其特定的规律性，正确认识和把握它，有助于增强针对性，便于采取措施促进档案价值的充分实现。

档案作用发挥的规律性主要有：档案作用范围随着时间的推移和作用性质的变化，会逐步从主要服务于其形成者扩大到包括形成者在内的社会各个方面；随着时间的推移和条件的变化，档案的保密范围会逐渐缩小，保密等级会逐步降低，开放程度日益提高，可供社会共同利用的非密档案将越来越多；基于多维性、间接性特点，随着时间、条件和人们利用目的的变化，档案将逐步从主要发挥现行作用转变为主要发挥科学文化作用，档案作用能否充分发挥，与特定的条件直接相关，受到社会制度、政治路线、政策状况、社会档案意识和社会利用实践、档案管理与服务水平等诸多条件的影响。

第二节　档案工作概述

广义的档案工作同义于档案事业，是指管理档案和档案事业的活动，包括档案行政管理工作、档案馆工作、档案室工作、档案教育工作、档案科学研究工作和档案出版工作等。狭义的档案工作是指档案管理工作，即档案收集、鉴定、整理、保管、检索、信息开发与提供利用、统计等实践活动，通常就是档案室（馆）开展的业务工作。

一、档案工作的内容与性质

（一）档案工作的内容

档案工作的具体内容可谓纷繁复杂、丰富多彩，归纳起来主要有以下几方面的内容。

1. 档案收集

档案收集是指档案馆（室）接收或征集档案和其他有关文献的活动。收集的任务是实现档案从相对零散向集中的转化，并为国家和社会积累档案财富。通过收集工作，为档案的系统保存与有效利用奠定基础条件。

2. 档案鉴定

传统意义上的档案鉴定，主要是指鉴别档案真伪和判定档案价值的活动。档案鉴定的目的，一是尽量地保管应该保管的档案；二是确保档案的真实可靠；三是区分重要与相对次要的档案，使档案保管机构的人力、物力和财力能够充分发挥作用。随着电子档案数量的不断增加及管理与利用的日益普遍，对电子档案的鉴定除上述内容外，还包括进行必要的技术鉴定，确保其运行与识读顺畅。

3. 档案整理

档案整理主要是指按照一定的原则，系统地对档案进行全宗区分以及全宗内的分类、排列、编目、组合包装等，使之从相对"凌乱"转变为"系统"的有序化过程。通过档案整理工作，使来源广泛、内容复杂、形式多样、数量庞大的档案条理化、系统化，为科学保管、有效检索、系统开发和全面利用打下坚实基础。

4. 档案保管

档案保管是维护档案信息及其载体的完整与安全的活动。档案保管的内容主要有两个方面，首先是与各种损害档案信息及其载体安全的因素进行不懈的斗争，维护档案及其信息存储的有序性；其次是通过科学管理"方便利用"。保管的目的与任务是实现档案"延年益寿"。

5. 档案检索

档案检索是指存贮和查找档案信息的过程。通过档案检索工作，可以多途径、多形式地揭示档案的内容与成分，提供检寻档案的手段与方式。

6. 档案信息开发

档案信息开发即科学"开掘"和"发现"档案的价值与作用，并通过适当的渠道、适当的方式、适当的方法，适时将其传递给用户，以满足社会利用需求的活动。就我国的档案信息开发实践而言，一般就是"档案编研"。档案编研是指在研究档案和社会需要的基础上，按照一定的题目、体例和方法编辑档案文献的活动。通过档案编研工作，一方面，可以发现档案的有用性，从而提高档案的可用性，有效满足社会需要，及时实现档案价值；另一方面，不仅有利于让档案信息以编研成果形式长远流传，而且有助于延长档案原件的寿命。

7. 档案利用服务

档案利用服务也叫"档案提供利用"，是指档案部门通过阅览、复制、摘录、上网等方式，为利用者及时、准确地提供其所需档案信息进行使用的活动。档案利用服务既是档案管理工作根本属性的体现，也是档案管理工作的最终目的。通过有效利用服务活动，可以使档案和档案管理实践活动的价值得以体现和实现。

8. 档案统计

档案统计是指对反映和说明档案及档案工作现象的数量特征进行搜集、整理和分析的活动。通过档案统计工作，可以让人们对档案"心中有数"，并反映出档案工作的成绩或不足，有利于促进档案管理水平与绩效水平的不断提高。

（二）档案工作的性质

就基本性质而言，档案工作具有显著的服务性、管理性、文化性、政治性。

档案工作是一项服务性的工作。档案工作，就其实质性的基本内容和作用方式而言，主要是通过管理档案和开展档案信息资源利用服务活动来满足社会各方面需求，为生产、建设、管理、服务等社会活动的顺利推进并取得实效提供必要条件的工作。档案价值和作用的实现，档案管理劳动的价值和作用的体现，具有"间接性"，必须以社会有关领域的用户的实际有效利用为"媒介"，并通过用户利用后创造的经济效益与社会效益反映出来。因此，档案工作具有显著的服务性，档案工作者必须树立坚定的服务思想，富有"绿叶"精神。

档案工作是一项管理性的工作。主要有两方面的理由：第一，档案工作自身是一项以档案为管理对象的专业性管理工作，自身有一套科学的管理理论、管理方法和管理技术，有其特殊的规律和丰富的科学内容；第二，档案工作是社会管理和其他专业管理工作的重要组成部分之一。从系统论的观点看，档案工作这一相对独立的管理系统是处于不同规模和层次的更大管理系统之中的。一方面，档案管理工作融于其他管理工作之中；另一方面，其他管理工作也离不开档案管理工作。例如，人事管理离不开人事档案，财务管理离不开会计档案，教学管理离不开教学档案，人事档案工作、会计档案工作、教学档案工作分别融于人事、会计、教学等管理工作之中，并成为其实施管理的基础性工作。

档案工作是一项具有文化性的工作。档案具有文化性，是一种重要的文化资源，因此以档案为基本管理对象、以档案为服务社会的基本条件的档案工作，自然也成为具有文化性的工作，甚至可以说是文化工作的重要组成。特别是档案馆工作，其在人类社会文化传承中的作用决定了它显著的社会文化性，主要表现在：档案馆具有保存历史文化遗产的作用；档案馆具有传播社会文化知识与信息的作用；档案馆具有社会文化教育的作用；档案馆具有发展科学文化的作用。

档案工作是一项具有政治性的工作。这主要表现在三个方面：第一，服务方向是其政治性的集中表现，如果服务的方向错误，不但不会使档案发挥为党和国家服务的作用，相反还会起到危害党和国家利益的后果；第二，机要性是其政治性的重要表现；第三，档案工作是"存信史""留真实"的工作，基本使命是维护历史本来面貌。因此，档案工作者应当增强党性原则，坚持辩证唯物主义和历史唯物主义，坚持实事求是，保护档案不受破坏和歪曲，并积极地用档案去印证历史、校对历史。

二、我国档案工作的基本原则

《中华人民共和国档案法》（以下简称《档案法》）第五条规定："档案工作实行统一领导、分级管理的原则，维护档案的完整与安全，便于社会各方面的利用。"这就是档案工作的基本原则。

（一）统一领导、分级集中管理国家全部档案

统一领导，统一管理。统一领导是指国家档案工作由国务院统一领导，

地方档案工作由地方各级人民政府直接统一领导。《档案法》规定："各级人民政府应当加强对档案工作的领导，把档案事业的建设列入国民经济和社会发展计划。"统一管理，是指国家档案局对全国档案事业进行统一的宏观管理，全面规划、统筹安排，制定统一的制度、标准、规章等；地方和专业（行业）的档案工作由地方档案行政管理部门或中央专业（行业）主管部门统一实施业务管理。

档案工作，由各级档案行政管理机构统一地、分层次地进行监督和指导。全国各机关、企事业单位档案工作和各级各类档案馆工作，均由相应的各级档案行政管理机构进行统一的指导、监督、检查；同时，各机关、企事业单位的档案机构和各级档案馆，必须按统一的规章制度和办法实施档案管理，不得自行其是。

档案由各级档案机构分别集中保存，并实行党、政档案的统一管理。各机关、团体、企事业单位等组织形成的全部档案，必须统一由本单位档案机构集中管理，不得由承办单位或个人分散保存，更不得据为己有，需要长久保存的，应按规定集中到有关档案馆保管。《档案法》把不按规定或不按期移交档案的行为视为违法行为。

在国家档案局统一掌管下，以专业主管机关为主、以各级档案行政管理机关为辅的管理体制，在纵向上实行"按专业统一管理"，在横向上由地方各级档案行政管理部门对本行政区域内的档案工作实行监督、检查和指导。

（二）维护档案的完整与安全

维护档案的完整，一是维护档案在数量上的完整；二是维护档案在质量上的完整。在数量上，要求将所有有保存价值的档案收集齐全，完整再现一个单位或一个地区等的历史面貌。在质量上，按档案的内在联系系统地整理，组成有机整体，不零散、不凌乱，系统反映完整的历史面貌。为此应注重在量中求质、在质中求量，真正达到完整的要求。

维护档案的安全，一是维护档案实体的安全；二是维护档案信息的安全。因此，在档案管理过程中，一方面，要采用一切手段尽量延长档案寿命，避免物质形态上遭受破坏；另一方面，既要对档案蕴含的机密内容采取保护措施，防止泄密失密，又要通过有效的技术与手段确保档案信息不被篡改、识读不会困难。

维护档案完整和维护档案安全，是对档案工作基本质量要求的两个方面，二者相辅相成，有机地联系着。

（三）便于社会各方面的利用

档案管理工作所有的劳动，最终都是为了提供档案以有效满足社会各方面的利用。因此"便于社会各方面的利用"是档案工作的出发点和归宿点，是档案工作的根本目的和终极质量检验标准，支配着档案工作的全过程。

统一领导、分级管理和维护档案的完整与安全是手段性的，便于社会各方面使用才是目的性的，前者为后者提供组织、制度和物质基础保障，而后者则是前者的目的和方向。只有牢记"便于社会各方面的利用"，才能妥善地处理内外关系中的各种矛盾，把档案工作做得更有成效。

档案工作基本原则的三个组成部分是辩证统一的关系。统一领导、分级管理是核心，没有它作保证，就不会有完整与安全，便于利用的目的也难以实现；维护完整与安全是手段，否则就不会有方便利用和有效利用；便于社会各方面的利用是目的，离开了它，维护完整与安全也就失去了方向和意义。所以，应该全面地理解和贯彻执行档案工作的基本原则。

三、档案管理机构

我国档案事业组织体系由档案室、档案馆、档案行政管理部门以及其他辅助性机构构成，这些机构在全国范围内构成了一个结构合理、管理科学、颇具规模的档案工作组织体系。其中，直接从事档案的具体管理的机构是档案室和档案馆。

（一）档案室的性质与功能

从微观上讲，档案室是机关、企事业单位及其他社会组织的内部组织机构，是集中管理本单位档案的专业机构，是机关、团体、企事业单位内具有参谋和咨询作用的部门；从宏观上看，档案室是国家档案工作组织体系中最普遍、最大量、最基层的业务机构，肩负着为国家为社会积累档案财富的使命，整个国家档案的完整程度和连续积累，首先取决于档案室。档案室是档案形成后首先提供利用、发挥档案作用的前哨。档案室中具有长远利用价值的档案最终要过渡到档案馆，因此档案室工作的好坏直接关系档案馆档案质量的好坏。

档案室按职能任务可以分为两种：一种是纯粹的档案保管机构；另一种是具有档案保管和档案业务指导双重职能的档案室。具体又分为普通档案室、科技档案室、音像档案室、人事档案室、综合档案室、联合档案室等六种。

《中华人民共和国档案法实施办法》第九条规定，档案室的职责是：第一，贯彻执行有关法律、法规和国家有关方针政策，建立、健全本单位的档案工作规章制度；第二，指导本单位文件、资料的形成、积累和归档工作；第三，统一管理本单位的档案，并按照规定向有关档案馆移交档案；第四，监督、指导所属机构的档案工作。

（二）档案馆的性质与功能

档案馆是集中管理特定范围内形成的具有"永久"或"永久和长期"保存价值的档案的基地，是科学研究和利用档案史料的中心，是国家文化事业单位。

档案馆是档案工作组织体系中的主要业务系统，居于主体地位。第一，档案馆集中保存了大量的具有长远保存价值的档案；第二，档案馆在干部配备和物质条件等方面优于其他档案部门；第三，档案馆工作最能体现一个国家或地区的档案工作成果，反映档案工作水平。

《中华人民共和国档案法实施办法》第十条规定，档案馆的职责是：第一，收集和接收本馆保管范围内对国家和社会有保存价值的档案；第二，对所保存的档案严格按照规定整理和保管；第三，采取各种形式开发档案资源，为社会利用档案资源提供服务。

我国的档案馆主要有以下五种：

1. 综合档案馆

综合档案馆是指按照行政区划或历史时期设置的，管理规定范围内多种门类档案的，具有文化事业机构性质的档案馆。如中国第一历史档案馆、中国第二历史档案馆、四川省档案馆、成都市档案馆等均属此类。

2. 专业档案馆

专业档案馆是管理特定范围专业档案的档案馆，既可按其所保存档案的载体形态设置，也可按其所保存的档案涉及的专门领域设置。如中国电影资料馆、中国照片档案馆、中国地名档案资料馆、上海市城建档案馆等均属此类。

3. 部门档案馆

部门档案馆是专业主管部门设置的管理本部门及其直属机构档案的档案馆。如中华人民共和国外交部档案馆等。

4. 企业档案馆

企业档案馆是某一企业设置的管理本企业档案的档案馆。

5. 事业单位档案馆

事业单位档案馆是事业单位设置的管理本单位档案的档案馆。如中国民航飞行学院档案馆等。

四、两个一体化

（一）文档管理一体化

随着社会主义市场经济的深入发展和科学技术的突飞猛进，特别是计算机技术、网络技术等的发展，理论和实践领域根据新的形势提出了"文档一体化"的管理理念。随着信息化建设的积极推行和日益深化，"文档一体化"的实践已初显成效。所谓"文档一体化"，就是从文件管理工作和档案管理工作的全局出发，在从文件生成、处理、归档到档案管理的全过程中，使用"文档一体化"计算机管理系统，一次输入，多次输出，反复利用。一方面，在从文件产生到运转的每一个环节上，特别是在由文件向档案转化的关键环节上，都体现并努力符合档案的要求；另一方面，档案管理必须关注文件管理阶段的若干技术细节，注重文件的形成、使用、管理对档案管理的影响，并据此需要通过特定的技术条件和技术手段，在制度与标准的支撑下，从文件管理阶段就提前介入。实现文档生成一体化、管理一体化、利用一体化、规范一体化，做到文件工作与档案工作信息共享、规范衔接。

文件管理与档案管理一体化，是将原来的文书处理和档案管理工作整合为一个既统一又分工、既有联系又有区别的综合性管理过程，这有利于克服文件管理工作与档案管理工作分离而带来的问题和消极影响。在日常机关工作中，人们大多只注重文件的现行目的和现行效用，使得文件在质量上出现了物质形态不统一、制成材料不合乎质量要求、信息记录要素不完整、归档范围内的材料不齐全等一系列问题。而归档是文件管理工作和档案管理工作的结合，归档工作质量的好坏从根本上决定着档案工作的质量，如果文件管理部门和档案管理部门不能很好地配合，将直接影响档案的管理。实现"文档一体化"，不仅可以解决诸如上述的问题，而且实际上也是一种资源整合，既有助于节约资源、提高效益，也有利于减少环节、减少不协调，重组文档管理流程，提升工作质量和效率。

实际上，文档一体化是一种由来已久的、客观的需要，并非什么新东西。只不过在过去没有显得那么必需，未能真正有效地进行研究和实践，而在现代社会里，随着信息技术高速发展、电子文件和电子档案迅猛增多，这个问题便成了非正视不可的了。当然在今天的条件下，"文档一体化"不仅比过去显得迫切，而且也确实比过去任何时期都更有条件实现。我们之所以说"文档一体化"是一种客观需要，主要是基于两点缘由：

第一，如前所讲，文件与档案之间本身就存在"血缘联系"。文件管理工作人员头脑中要有"档案"二字，不仅要让文件为当前工作服务，还要站在对历史负责的高度，按"文档一体化"的要求，规范地办理每一份文件；档案部门应当从档案质量和管理的需要出发，加强对文件生成、处理、积累、归档等的全程关注，与文件部门密切合作。

第二，正如文件连续体理论、前端控制理论等所言，"文档一体化"是电子文件（含电子档案）时代的要求。电子文件及电子档案产生后，对界限分明、分工明确的传统管理流程产生冲击，文件管理环节之间、文件管理与档案管理之间、档案管理的各个方面之间，其界限会呈现模糊化趋势。有的环节提前了，如著录、鉴定、保存等工作，在电子文件生成时就被全部或部分地完成；有的环节的实施时间延长了，如加载元数据的著录工作几乎贯穿了电子文件（包括电子档案）的整个生命周期。最重要的是，电子文件管理中的文档一体化流程在总体上呈现集成化趋势，不同的业务环节交叉进行或同时进行，各管理阶段的界限不像在纸质文件管理系统中那么明显。

"文档一体化"使得档案工作发生了很多新的变化，如档案事业的关注焦点从文件实体转向文件形成过程；从注重分散的个别文件的性质和特征转向关注促使文件产生的业务职能、活动、任务、事务处理和工作流程；从根据文件内在价值或研究价值进行鉴定转向宏观鉴定形成者的主要职能、计划和活动，挑选出反映其主要工作活动的文件加以保存；从对文件的实体整理、编目和保管转向根据信息系统和形成者在相关文件之间的有机联系进行整理。

（二）档案、图书、情报一体化

档案、图书、情报一体化管理，是基于社会实践的需要和科学理论的发展而提出来的，是一个世界性的趋势和实践要求。

档案、图书、情报一体化的必要性。随着世界进入信息社会，一方面，信息成为一种重要的资源，甚至是一种战略性的资源，受到了世界各国政府、各个企业甚至每一个人的特别重视，因而一体化成了必要；另一方面，因信息技术等现代科学技术的飞速发展，即使档案、图书、情报在内容、形式、数量、形成方式上发生了很大变化，又使档案、图书、情报的综合管理、资源整合具备了现实可能。

"一体化"是三者间的共性决定的客观要求。虽然三者之间存在着区别，但三者同时也存在着实质性的共同点，而且一般来说，三者的共性方面还是基本的、主要的。第一，它们都具有信息属性，其承载的内容都符合信息的属性和特征，都是重要的信息资源，它们都以纸、胶片、磁带等物质载体存储有关信息；第二，作为人类积累、传播和储存知识的方式与手段，所发挥的作用和需要实现的目的具有一致性，相互间密切联系又互为补充；第三，从三者管理工作方法来讲，从输入、存储、输出三个基本环节来看，三者的技术管理方法和流程大体相同。输入环节主要是靠收集、验收、登记，存储手段主要是分类、编目、统计、保管、控制、选择、转化，输出方法主要是靠提供利用、阅览、咨询等。因此从内容属性、形式特征、管理方法等看，三者一体化具有客观基础，绝非"拉郎配"。

　　科学技术和信息利用的综合性要求实施三者的一体化管理。不争的事实是，现代科学技术各部门、各学科之间既分化分工，又日益综合、相互渗透，边缘化、综合化是科学技术发展中的一个突出特点。任何一个科学部门、每一个学科，其理论研究也好，实践探索也罢，都只有在整个科学体系的相互联系中、在实践方法体系中才能得到发展，不可能脱离其他部门或学科而完全独自进行研究和实践探索。因此档案、图书、情报领域不仅要注重自身积极向纵深发展，同时也应当加强相互间的横向联系。

　　档案学要想在自身的发展中有所突破，就必须在注意向纵深发展的同时，加强与相关学科之间的横向联系。从信息利用者的需求特点来看，在信息时代，一方面，人们对信息的需求量急剧增大，对信息的完整性和精准性要求越来越高，对获取有效信息的速度要求也空前严格；另一方面，如果档案、图书、情报分别由不同系统、不同部门进行管理，利用者势必在数量浩瀚、形式多样、内容复杂、管理各异的现实面前遇到许多困难，很难达到全、准、新、快的利用目的。这也客观地要求实现档案、图书、情报等信息管理的一体化。

　　现代信息管理理念和先进的管理技术手段为档案、图书、情报一体化管理提供了条件。档案、图书、情报管理一体化的实践整合信息资源，实现档案、图书、情报一体化管理，已经在不少企事业单位取得成效，如四川剑南春公司、张家口地区交通局、唐山钢铁公司等。

　　就档案、图书、情报一体化管理的具体组织形式而言，可以采取以原有的档案、图书、情报工作中的某一部门为基础，设立信息中心，成为一个专门机构的方式。实践中，企业一般以档案部门为主体建立档案信息中心（也称信息中心），作为统一的信息管理实体机构，如四川剑南春公司。这种组织形式便于建立计算机管理系统，实行现代化管理，同时也有利于实现对信息资源的联合开发利用。

　　建立信息中心，有利于冲破分别管理时不可避免的信息分散、分割的制约，在更大范围内发挥档案、图书、信息资源长短互补、共同发展、资源重组、综合集成的优势，充分发挥信息的作用；有利于集中资金、技术，统筹规划、系统设计，积极采用计算机技术、网络技术、光学技术、声像技术等，加速档案、图书、情报管理的现代化进程，既与企业管理现代化同步推进，又可促进企业管理水平和效益的不断提高。

从未来的发展考虑，最终的"一体化"可能不仅仅是"两个一体化"，应当是也必然是"文档一体化"与"档案、图书、情报一体化"逐步实现分化基础上的新的整合，走向文件、档案、图书、情报等各类信息资源管理的"大一体化"，实现四者在相互渗透、有机融合基础上的综合管理，使信息资源管理系统的功能进一步放大。当然，在"大一体化"背景下，基于文件本身的一些特殊性，在管理上必然会有一些特殊之处。

五、档案工作标准化与法制化建设

（一）档案工作标准化建设

档案工作的标准化是实现档案管理规范化、现代化的基础，特别是在档案信息化进程不断推进的条件下，努力提高档案管理标准化水平显得尤其重要。但是，在档案管理业务实践和档案管理信息化技术系统建设中，通常遇到在"标准与我的看法谁为上"的问题上，过分强调本单位特殊性、管理方式不可更改等情况。这种实质上无视标准化、拒绝采用标准的做法是极其有害的。采用标准意味着进步，对档案管理品质的提高和档案管理信息系统建设的长远发展有不可估量的作用。为了推进档案管理业务技术不断现代化，就必须在标准化上下足功夫。

我国国家标准对标准的定义是："标准是对重复性事物和概念所做的统一规定。它以科学、技术和实践经验的综合成果为基础，经有关方面协商一致，以特定形式发布、作为共同遵守的准则和依据。"因此在我国，标准的基本含义主要是：它的工作对象必须是需要协调统一的事物，而且该事物要具有重复性、多样性的属性特征；它必须以科学技术成果和较普遍的社会实践经验为基础，而不能凭主观和以一时一地的局部经验为基础制定；它需要通过有关方面协调统一，以期达到先进、合理、客观可行；它的本质特征是统一；它需要经过社会公认的机构批准，并以特定形式发布，才能在一定工作领域内发挥作用；制定它的目的是获得最佳的经济与社会效益，建立最佳的工作秩序，保证有关工作沿着良性的发展轨道运行；它的制定必须依据《中华人民共和国标准化法》进行；它是一种准则和依据，具有强制性，不可随意违背。所谓标准化，是在经济、技术、科学及管理等社会实践中，对重复性事物和概念，通过制定、发布和实施标准，达到统一，以获得最佳秩序和社会效益。标准化的原则（形式）有：统一、简化、协调、最优化。

所谓档案工作标准，是指以档案工作领域中的重复性的事物和概念为对象而制定或修订的各种标准的总称，它是档案工作中有关单位和个人应当遵守的共同准则和依据。档案工作标准，按性质分为管理标准和技术标准；按实际法定效力分为强制性标准和推荐性标准；按相关程度分为正式标准和参照标准；按适用范围分为国际标准、区域性标准、国家标准、专业或行业标准、企业标准等。其属性可以简单归纳为：标准的制定与审核或批准等工作程序，都有专门的规定；标准都有固定的代号，格式整齐划一；档案工作标准是从事文件管理和档案管理的共同依据，在一定条件下具有法律效力，并具有一定的行为约束力；档案工作标准的时效性较强，它是以某个历史阶段的档案工作实践水平为基础的；标准内容的相对专一性；标准依据其不同的种类和级别在不同的范围内贯彻执行，具有较强的可操作性。档案工作标准具有协调、简化、统一与优选等作用。

从微观的角度上说，所谓档案工作标准化，就是通过制定标准和实施标准，对档案和档案管理实行统一、简化、协调和优选等有序化管理控制，以便获得最佳档案管理效益的活动。其形式包括简化、统一化、系列化、通用化、典型化、格式化。

（二）档案工作法制化建设

依法治国，以德治国，是党和国家确定的基本治国方略，作为党和国家事业重要组成部分的档案事业也必须坚持和切实贯彻。同时，进行档案工作法制化建设，不仅是建设法治国家、法治事业的需要，而且也是积极推进档案管理工作和整个档案事业适应信息化时代要求、顺应电子环境下科学管理和利用档案信息资源的需要（关于这一点已有诸多论述）。

档案工作法律，简称档案法律。从狭义上讲，它是指由国家最高权力机关制定的档案事业规定性文件，包括全国人大和全国人大常委会制定的各种关于档案和档案工作的法律行为规范。在我国主要指《中华人民共和国档案法》，还包括诸如《中华人民共和国文物保护法》《中华人民共和国刑法》等其他由国家最高权力机关制定的其他法律中涉及档案和档案工作的法律条文。从广义上讲，档案法律是指国家制定的一切调整档案法律关系的法律规范的总和。不仅包括狭义上的法律，还包括有关的行政法规、地方性法规、部门行政规章等。

档案法律对于档案工作的健康、持续、稳定发展具有非常重要的意义，它是建设和发展档案事业的法律保障；它是进行我国档案法规体系建设的重要依据；它是保护我国的国家机关、社会组织及公民形成的或保存的具有国家和社会意义的档案财富的有力法律手段；它是促进我国馆藏档案信息资源开发和利用的有效工具；它还是加强我国档案行政工作的法律依据。

自 1987 年《中华人民共和国档案法》颁布实施以来，我国的档案法制化建设取得了重大发展，获得了丰硕成果。以《档案法》为核心的档案法律体系，基本做到了档案事务的"有法可依，有法必依，执法必严，违法必究"。档案法律体系作为一个有机统一的整体，包括了国家最高权力机关制定的档案法律（狭义上）、档案行政法规、档案行政规章、档案地方性法规以及经批准的我国参加的有关公约、签订的有关条约等。

第三节　我国档案信息化的发展

我国的档案信息化是随着国家信息化的发展而发展起来的，其过程大致分为萌芽起步、快速推进和系统发展三个阶段。

一、萌芽起步阶段（20 世纪 70 年代末—90 年代初期）

档案信息化的起步以计算机技术的发展为基础。20 世纪 70 年代末 80 年代初，随着计算机的引入，我国档案界开始尝试运用计算机管理档案。1979 年起，国家档案局档案科学技术研究所和四川、辽宁、江西等省档案科学技术研究所，以及中央档案馆、中国人民解放军档案馆等个别大型档案馆陆续购置计算机设备，进行档案管理自动化课题的研究和实验，编制出一些简单的档案检索程序，初步积累了计算机辅助档案管理的一些经验，在此基础上培养了部分技术人员。

20 世纪 80 年代初，绝大多数档案部门尚不具备配置计算机的条件。资料显示，至 1985 年年底，全国总共只有 20 多个档案馆配置了在当时而言比较先进的计算机设备，但开发并成功运行计算机档案管理系统的仅限于中央档案馆、中国第一历史档案馆、中国第二历史档案馆、中国人民解放军档案馆、中国照片档案馆等少数实力雄厚的国家级档案馆。这些实验性应用系统尝试使用数据库管理档案目录，多数只是建立一个简单的目录数据库，自行开发应用软件，档案系统的功能局限于用计算机来辅助档案编目与检索。

为适应计算机辅助档案检索的需要，档案界自 20 世纪 80 年代中期开始着力于制定档案著录标引的国家标准，陆续出台了一系列档案编目和机读档案目录制作方面的规范，主要有：国家标准《档案著录规则》（1985 年制定，1999 年重新修订，DA/T 18—1999）；《中国档案分类法》（国家档案局 1987 年编制）；《中国档案主题词表》（国家档案局 1988 年编制，1995 年修订再版）等。这些规范、标准的制定，为建立全国统一的档案目录检索体系奠定了基础，推动了我国档案机读目录数据库建设的发展。

1985 年召开的全国档案工作会议对省级以上档案馆有计划地实施计算机档案检索提出了"积极、稳妥、注重实效"的发展要求。此后，各地的档案目录数据库建设有了一定的起色，但受设备和人员不足的限制，数据量的积累速度较缓慢，每个单位每年的平均建库量不足 5 万条记录，只有少数单位达到年平均 10 万条记录以上，数据库容量有限，录入数据以案卷级为主，查询很不方便，多数档案管理应用系统处于数据量不足的状态。此后，随着机读档案目录数量的增加，一批实用效果较明显的应用系统问世，许多档案馆在档案目录数据库建设方面取得了不小的成绩。计算机档案管理应用效果的逐步体现，极大地鼓舞了档案工作者的热情，使档案界对计算机档案管理的认识产生了质的飞跃。

随着计算机软硬件环境的进一步发展和档案界对档案管理自动化研究的深

入，计算机辅助档案管理的范围开始从检索、统计向各个环节扩展，计算机档案管理系统由实验性系统向实用化系统转变。

20 世纪 90 年代初，我国档案管理现代化方面的标准进一步完善，1992—1995 年间颁布的数据交换国家标准、行业标准多达 11 件。在标准化的基础上，北京超星等个别专业软件公司开始介入档案管理软件的开发、推广，功能较全、通用性较强的商业性档案管理软件问世，计算机档案管理开始走向普及阶段。

二、快速推进阶段（20 世纪 90 年代中期—21 世纪初）

20 世纪 90 年代初，国家实施经济信息化战略，"三金"工程的启动加快了整个社会的信息化进程，计算机应用成了普遍的工作方式。随着办公自动化（OA）、计算机辅助设计（CAD）、计算机辅助制造（CAM）的应用发展，电子文件的类型和数量迅速增加，对档案管理提出了严峻的挑战，如何保证数字档案的原始性、真实性、完整性和可靠性，成为档案界面临的巨大挑战。

在此背景下，国家档案局于 1996 年成立了电子归档研究领导小组，开展了对电子文件归档管理方法及标准的研究。1997 年以国家科委为首的有关部门对 CAD、CAM 中形成的各种电子文件的归档及其归档后形成的电子档案的管理进行研究，并列入"九五"攻关项目。在一系列研究和实践的基础上，1999 年国家档案局发布了行政规章《电子文件归档及电子档案管理方法》（国家标准报批稿），对公文类电子文件和电子档案的收集、整理、归档、保管、利用等作出了规定，同年发布了国家标准《CAD 电子文件光盘存储归档与档案管理要求》（GB/T 17678.1—1999），对 CAD 电子文件的光盘存储和保管进行规范。电子文件的大量问世，使电子文件的归档与管理成为档案信息化过程中关注的核心问题。

在计算机档案管理系统方面，随着技术支持的社会化，软件的通用性越来越强，档案管理软件市场不断丰富，档案管理软件系统一度多达千种。形形色色的档案管理软件质量参差不齐、规格功能不一，在提高计算机管理档案普及率的同时，也带来了数据交换和系统集成方面的困难。为此，国家档案局从 1996 年开始对国内计算机档案管理软件进行了测评和筛选，1997 年公布了首批推荐软件，使通用档案管理软件的质量得到了保证，也为档案部门以较少的投入获得最佳应用效果提供了指导。技术的进步和市场竞争的作用，使档案管理软件系统不断升级，功能更加完善，从基于机读目录的编目、联机检索系统发展到基于外部存储的档案全文信息系统，从一般的档案管理到文档一体化管理，从封闭的单机系统到基于局域网的档案网络管理系统，档案管理软件的标准化、通用性程度不断提高。但总体上，这一阶段的管理档案系统仍以单机系统为主，档案数据库也以目录管理为主。

为进一步提高档案管理软件的标准化程度，确保档案数据的安全和有效利用，国家档案局、中央档案馆于 2001 年 6 月发布了《档案管理软件功能要求暂行规定》，对档案管理软件的开发研制和安装使用进行了严格规范。江苏、福建、天津等省市对文档一体化管理系统中的文件目录结构和数据交换格式提出了更为具体的技术规范。这一阶段档案目录数据库发展迅速，数量达到了相当大的规模，省级以上档案馆的数据条目总量开始以百万计，市级综合档案馆的机读档案条目数量也开始接近百万，一些档案馆甚至完成了全部或大部分馆藏档案的案卷和文件级目录建库工作。2002 年，青岛市档案馆档案目录数据库总量已达到 550 万条。随着新的《归档文件整理规则》的实行，机读案卷目录逐步淡出，机读文件目录和专题目录成为档案目录数据库的主要内容。

档案网站建设从无到有、快速发展是该阶段档案信息化建设的一个重要特征。资料显示，我国档案网站随着互联网的普及自 20 世纪 90 年代末逐步问世。1999 年年底，国内（主要是大陆地区）在互联网上可以查询到的档案网站仅 12 个，2001 年 7 月发展至 60 多个，至 2002 年年底则迅速增加到 267 个。这些网站分属不同省份，涉及国家、省、市和区四个级别的综合档案馆、大学档案馆、专门档案馆和企业档案馆，内容主要是档案法规、局馆介绍、档案目录信息和档案工作信息。

这一阶段，在信息化整体战略的推动下，国家和地方政府对档案信息化建设的投入有较大程度的增加，档案部门配置的信息化设备越来越多，档案信息化建设的相关法规也得到了进一步的完善，除上述关于电子文件归档管理的标准、规范外，档案界还先后颁布了 5 部行业标准。同时，档案从业人员的计算机应用能力迅速提高，档案信息化建设进入了快速发展时期。

三、系统发展阶段（21 世纪初至现在）

进入 21 世纪后，信息网络技术的广泛应用，特别是电子政务的快速发展为档案信息化建设注入了新的活力，国家档案局开始正式部署并全力推进全国档案信息化工作。加强档案信息化建设成为"十五"期间档案事业的基本目标之一，在《全国档案事业发展"十五"计划》的九条工作任务中，第五条专门列举了档案信息化建设的五项内容：吸收、采纳、转化有关电子文件归档和电子档案管理的各类标准并制定相应的办法与标准，实现电子文件即时归档；加强对电子文件积累、著录、归档工作的监督、指导，保证有保存价值的电子文件齐全、完整、有效；探索档案馆电子档案接收、保管、利用的方法；组织力量研究解决电子文件归档管理技术方法、电子档案科学保管技术方法、电子档案远程利用技术方法、电子档案原始凭证作用等课题；加快现有档案的数字化进程，建设完善一批内部局域网，实现馆藏开放档案目录的网上查询和浏览服务等。

2002 年 11 月，国家档案局进一步发布了我国档案工作迄今为止唯一的一个专项规划《全国档案信息化建设实施纲要》（档发〔2002〕8 号）。《纲要》对"十五"期间档案信息化建设的指导思想、目标任务作了专门部署，具体明确了档案信息化建设的基本内容和建设要求，对全国档案信息化建设产生了积极、重大的影响，成为我国档案信息化过程中里程碑式的文件。

2005 年 6 月，为提高档案信息资源开发利用工作水平，贯彻落实《关于加强信息资源开发利用工作的若干意见》的文件精神，国家档案局和国务院信息化工作办公室在上海联合举办了"中国档案信息化发展战略论坛"，邀请国内外专家就加强档案信息资源开发利用展开深入研讨。会议对档案信息化建设适应国家信息化发展战略的转型，进一步发挥档案信息资源的作用，建立档案信息化发展长效机制起到了积极的推动作用。

2005 年 12 月，在北京召开的全国档案局馆长会议审议通过了《档案事业发展"十一五"规划》，"国家数字档案建设与服务工程"（简称"金档工程"）

作为"十一五"重大建设项目正式启动，其总体目标是：以 3127 个国家综合档案馆为建设对象，以分布式档案数据库建设为核心，重点建设涵盖全部馆藏档案的全国性、超大型、分布式、规范化、可共享的档案目录数据库、纸质档案全文数据库和多媒体档案数据库；建立适应国家经济建设和社会发展需要的档案信息资源共享体系；建立适应各级党委政府电子政务建设需要的电子文件归档管理和电子档案接收管理系统。"国家数字档案建设与服务工程"的实施为各级档案部门的信息化建设确立了目标，提供了政策和资源上的支持。

这一阶段档案信息化建设成就斐然，主要表现在以下五个方面：

第一，档案信息化纳入信息化建设的总体框架之中，与电子政务建设紧密结合，成为国家信息化战略的重要组成部分，北京、辽宁、上海等许多省市档案局被列为地方信息化领导小组成员单位。

第二，档案信息化建设由局部走向整体，在宏观框架下进行全面规划和组织实施。国家档案局成立了全国档案信息化工作领导小组，出台了《全国档案信息化建设实施纲要》，各地也相继出台了本地区档案信息化建设方面的规划和规章，全国大多数省、自治区、直辖市档案局成立了由主要负责人任组长的档案信息化领导小组。

第三，一些重大档案信息化项目得到立项，例如：天津档案信息资源建设、上海市电子档案工程、浙江省数字档案馆建设工程、江苏省电子文件管理中心工程、安徽省档案信息化建设项目、福建省分布式档案基础数据库建设项目（一、二期）、湖北省基于政务网的电子档案系统项目、四川省文件服务中心建设项目、青岛市数字档案馆项目、大连市数字档案馆项目、深圳市数字档案馆项目、杭州市网上档案馆建设项目等，特别是"国家数字档案建设与服务工程"的立项实施，迅速扩展了档案信息化方面的投入规模，全面提升了档案信息化建设的水平。

第四，电子文件的归档管理得到更多的重视，一批有关电子文件管理的标准、规范相继出台。

第五，各级档案部门在档案机读目录数据库建设、馆藏档案数字化、档案网站建设、数字档案馆建设方面均取得了长足进展，档案网站总数逾千，档案信息化建设全面、有序、系统推进。

第二章　档案信息化的战略与规划

第一节　档案信息化的发展战略

随着社会信息化程度的不断加深，人们对档案信息化建设的认识也越来越深刻，利用现有档案服务社会的意识也越来越强，因此，加快档案信息化建设，规范档案管理的标准，构建技术先进完善的信息化支撑平台，培养一批高素质的档案管理队伍，促进档案与社会资源的整合、利用与共享，不但是社会发展的需要，也是档案事业在新时期的发展战略。

一、档案信息化建设已成为国家信息化建设的重要组成部分

档案资源作为基础性资源，是国家信息资源的重要组成部分，它的内容也必将成为信息化建设的重要内容之一。因此，档案信息化建设也必将纳入国家信息化的战略规划，成为信息化建设总体战略的重要组成部分。

随着人们对社会信息化认识的不断提高，整个社会都在大力推动电子商务、电子政务的发展，利用信息技术提高政府的监管能力，转变政府职能，改变教育管理手段，提高科研和人才管理水平，在社会多个领域不断培育出以应用为主导、与社会需要紧密结合的示范项目。

近几年来，社会信息化建设呈现出良好的发展势头，其突出的特点主要表现在以下几个方面：一是人们对信息化的认识不断深入，信息化应用技术越来越普及，信息化对社会发展的推动作用日益突出，社会对信息化的认知程度日益增强；二是电子信息产品制造业的规模不断扩大，在一些重要领域获得了突破性的进展，电子产品生产和出口的增长速度大大高于传统产业。我们在看到

成绩的同时还应看到不足，比如在信息化管理体制改革、信息化理论创新、信息基础设施建设、信息资源的开发利用、信息技术的普及应用、信息人力资源开发、信息产业结构的调整等方面，还存在着许多问题。在当前的形势下，档案工作者应学会客观地认识信息化过程中出现的问题，既不能看到成绩就忽略了缺点，也不能因为问题的存在就对信息化建设失去信心，应在发展的前提下，抓住发展的大好机遇，创新工作，勇敢地面对时代的挑战。我们只有脚踏实地，勇于挑战，把档案信息化建设纳入国家信息化建设的战略规划，才能保证我国档案事业持续稳定健康地发展。

在《全国档案信息化建设实施纲要》政策的指导下，各地档案管理部门大力响应，积极投身到当地的电子政务建设中，并把档案信息化纳入当地政府的发展规划之中，在全国启动了一批信息化工程的重点项目，并取得了很好的成效。例如投入百万元建成的青岛市数字档案馆、深圳市档案馆等，它们为全国档案馆的建设积累了宝贵的经验，积极推动了全国数字档案馆的建设。

二、档案管理现代化成为奋斗目标

传统的档案管理运行模式手段比较落后，其特点表现在对档案资源的积累处于被动的工作状态和时间的严重滞后，对档案资源的利用停留在不变和处于"备查的状态"，主动开发和利用档案资源更显得十分局限。长期以来，这种状况不但严重影响了档案资源作用的发挥和对现实工作的支撑，而且严重影响了档案工作的作用和地位，不利于档案事业的可持续发展。

现代化的管理离不开先进的技术设备，它是档案管理的物质基础和技术手段。没有先进的设备，任何技术方法和目标都难以实现。先进的技术和设备必须有先进的管理理念来支配。在信息社会快速发展的今天，现代化的先进设备已运用于社会生活的各个领域，档案工作也是如此，目前计算机已被广泛用于档案管理的各个方面，大大加快了档案工作信息化的进程。

档案管理的现代化是档案管理内涵和手段的深刻革命，其内涵和手段都发生了深刻的变化。档案信息化的大力发展，必将改变传统的档案管理理念和运行模式，改变档案资源的积累过程、存储介质、保存形态、检索手段、利用方式等，改变档案管理的业务流程和档案工作的人力资源。档案的信息化建设将推动档案工作的现代化进程，使档案管理的理念得到全面提升，使档案资源得到更充分的利用，使档案管理的理念不断创新和发展，使档案的价值得到更好的发挥，使档案工作的作用得到更充分的体现，使档案工作队伍承担起更大的社会责任，更好地实现服务于社会的最终目的。

档案管理的现代化主要包括以下五个方面。

（一）归档实现自动化

在自动化网络办公的条件下，其管理文件以电子文件的创建和流转为特征，档案的形成以电子文件的形式出现，对电子文件的归档管理实现自动化，并以逻辑归档的形式通过网络运行实现文档一体化。

（二）管理标准的规范化

现代化管理的一个显著特征就是标准的规范化，按照国家档案信息化的要求，制定电子文件和数字档案的管理标准，确定搭建系统平台的功能要求和技术规范，制定网络和信息安全管理标准和规章制度，制定相应的网络规范和管理制度，把国家的法律制度作为档案信息化建设的制度保障。

（三）搭建网络化的服务平台

档案管理信息系统在对数字档案资源进行安全管理的基础上，通过局域网、办公网和因特网等网络信息系统，实现客户对数字档案的检索、查询、下载、打印以及开发利用，最大限度地提高了档案资源的利用率。

（四）馆藏数字一体化

馆藏数字化是现代化管理的基本要求。为了满足信息社会对档案资源的需求，利用现代化的管理手段，对馆藏档案进行数字化的处理，形成数字档案，使档案的检索、查询更加方便快捷，同时有利于档案资源的开发和保护。

（五）实行网络化的智能控制

保证网络的安全是智能化管理的重要工作。利用信息网络系统、管理信息系统和基础资源设施，建立智能化的控制系统，实现对档案资源的规范化管理、工作场地的安全监控、工作人员的智能识别、工作内容的状态跟踪以及安全机房的智能控制。

三、档案信息化建设走上了规范化的发展轨道

在档案信息化建设的进程中，各级档案主管部门对档案信息化建设进行了大胆的探索与实践，取得了初步的成效，目前已初步实现了电子档案管理的规范化，研究了适合档案管理模式的互联网建设、软硬件的集成化管理模式，丰富了公共信息资源管理、网络安全管理、数据保护、知识产权保护等法律规范，有效地预防了计算机犯罪和网络犯罪，保证了档案信息化建设向规范化、模式化的方向发展。但由于在信息化建设的过程中，各单位的情况千差万别，因此不同单位会采用不同的数据库和不同的信息系统，从而形成不同的电子文档，这样就对档案管理部门的管理提出了新的要求。要求档案主管部门从本单位的实际情况出发，结合国家相关的政策法规，制定出电子文件归档、档案信息采集整合和安全管理的具体标准，加快建立健全档案信息化标准的实施体系。首先各单位应建立适合本单位实际需要的档案鉴定、归档、保存、保管、利用的规范化标准；其次应建立完善的档案管理制度，制定有效的安全管理体系和安全操作规范，确保档案信息系统的安全。

标准化、规范化制度的建立，为逐步建立完善的网络信息平台奠定了基础，推动了档案信息资源的整合，最大限度地实现了馆内、馆外资源的共享。通过法律法规制度的建立，有效地保证了档案信息化建设沿着规范化、模式化的轨道健康发展。

四、档案人才队伍由单一型向复合型方向发展

档案信息化建设是一项新兴的、复杂的系统发展工程，整个系统的建设不仅涉及信息技术的软、硬件和网络系统建设，还包括信息资源的搜集、开发和利用，这两项建设内容归根到底都离不开人才，因此，人才队伍建设是信息化建设的核心，是信息化建设的关键所在。在信息化建设的过程中，应把人才队伍建设放在首位，把更新人的传统观念、知识结构和提高人的综合素质贯穿信息化建设的始终，通过对先进技术的学习和实践，不断提高自身的业务能力，提高自身的现代化管理水平。

人才建设是档案队伍建设的重要内容，档案人才队伍建设的关键是要建

设复合型、高素质的管理人才队伍。所谓复合型的人才，是指打破过去档案队伍的结构模式，在队伍构成上要进一步加强学科专业的交叉互补，不能仅局限于历史档案的学科人才，要培养管理型、技术型的综合人才；而在技术的更新和技能方面，要加强计算机知识、数字化知识、网络技术知识以及现代管理知识的学习和培训。复合型的人才还要具备能适应信息化的挑战，能够应用信息技术和驾驭信息资源的整体素质。把更新观念、把握时代全局、明确历史责任作为档案工作团队的基本理念，把更新手段、积累信息资源、广泛开发利用作为档案工作团队的基本工作，立足现实，勇于开拓创新，努力培养抓住时代机遇、迎接挑战的新型人才队伍。

五、档案信息资源建设走向整合、集成与共享

我国的档案信息化建设尽管取得了一定的成效，但政府各部门在运用的过程中仍然存在着许多问题，比如存在"重概念轻实效，重电子轻政务，重新建轻整合"的现象。各部门在公共资源的整合利用方面受到体制等因素的限制，难以发挥办公自动化系统的最佳功效，阻碍了公共服务水平的提高。全国大部分地区政府部门的电子政务建设，基本上处于信息发布系统平台建设阶段，有不少地区仍然缺乏完备的软硬件基础设施。孤立封闭的系统框架结构，导致信息资源不能共享，数据格式不统一，数据在不同的系统中重复存在，也使本该协同完整的业务过程被人为地分割和打碎，而造成这一问题的关键，则是缺乏统一的政务平台和有效的系统整合。

随着电子政务系统的不断完善，系统的设计将更注重体现以人为本的设计理念，适应政务管理向服务型的转变，这就需要最大限度地整合信息资源，实现跨地区、跨部门、可变流程的协同政务。协同政务通过应用、部门流程以及信息的协同互动与共享，最大限度地发挥电子政务的优势，以此来解决信息化过程中出现的信息"孤岛"问题，提高电子政务的应用水平。同时要通过实践，建立综合的档案资源数据库、网上联合办公模式，实现系统资源之间的全面共享。

协同政务是一种提供服务的全新方式。协同政务强调以政府工作人员的协

作为核心，强化政府资源的共享、政府工作流程的优化及政府信息化系统应用集成，是当前电子政务应用的最高阶段。在实现信息资源共享方面，档案信息化和信息资源建设将起到关键性的作用。

在档案信息化建设与发展的过程中，必须把档案信息资源建设作为核心内容来抓，对于信息资源建设，无论是在实现的手段方面，还是在信息资源的有效积累和广泛应用上，都必须以整合、集成、共享作为出发点和落脚点，确保档案信息化建设的持续、健康和有效发展。

六、数字档案馆的发展

电子商务和电子政务的快速发展，加速了数字档案馆的产生。通过档案馆的数字化和档案信息建设，档案馆将成为档案资源的数字信息中心，成为档案管理的职能控制中心，成为国家信息化和数字化的重要组成部分。

（一）档案信息化的应用平台建设

建设数字档案馆首先要建立一个满足档案信息化功能需求、适应发展需要的综合管理系统平台和网络架构，中心系统能够支持多个子系统，能够保证网络控制、信息备份和迁移、授权访问以及资源共享的安全有效，广泛应用信息技术，为档案馆的信息化建设提供现实的现代化手段。

（二）馆藏数字信息的共享与开发

信息共享就是要建立数字档案的目录检索、全文检索、自动分类、授权访问系统，通过局域网、办公网和因特网，提供档案利用服务，建立状态网络，对信息访问进行实时监控。同时，对原始档案信息进行分类开发和知识化管理，可以建立基于档案基础数据的辅助决策支持系统，只有把档案信息知识化，才能够实现档案信息利用的社会化，从而更广泛地发挥档案的潜在价值，在更大的层面上创造社会经济效益。

（三）数字档案资源的建设

数字档案资源的建设包括：在网络办公的条件下，电子文档的全过程管理和归档、保存、备份、迁移等，同时收集档案部门业务运行的所有系统数据，积累电子档案信息；利用电子扫描技术，对馆藏的纸制档案、实物档案等进行数字化处理，形成系列数据库；整合需要的行业上下以及区域间横向和纵向的资源信息；对所使用的数字档案信息以及对象管理的思维模式进行管理和连接，以此来建立数字档案信息库。

第二节　档案信息化的实施战略与原则

档案信息化建设是档案部门的一项基础性业务工作，是档案工作向现代化迈进的必由之路，是档案工作实现历史与未来有机连接的战略之举。毋庸置疑，未来几年，档案信息化建设的步伐将逐步加快，而要使信息化应用更深入、更普及、更有效，还需要从全国档案事业的高度制订切合档案事业发展的实施战略。

一、高度重视档案信息化的战略作用

档案信息化建设的组织管理者，特别是决策者，必须对档案信息化的战略作用有充分的认识。这里说的决策者不仅指档案部门自身的决策者，还包括政府高层的决策者。只有政府高层和档案部门自身的决策者对档案信息化建设的战略作用有了足够的、充分的认识，才会真正重视这项工作，才能保证档案信息化建设各项工作的顺利开展。

目前有一些政府的领导按照过去形成的一贯思想，还不太重视档案工作，认为档案工作不是政府工作的重点部分，档案馆信息化与经济发展的关系不大，档案信息化的必要性不是很大，因此就把信息化建设束之高阁。

其实档案信息化与社会发展密切相关，它不是可有可无的，而是势在必行的。因此档案管理部门必须认清档案信息化的战略意义，对信息化的重要性引起足够的重视，把它作为一项大事来抓。档案信息化不仅对档案管理自身有举足轻重的意义，而且对整个社会的发展都具有长远的战略意义。

档案信息化是社会信息化、政府信息化的一个重要组成部分，它具有记录和保存单位、行业、社会、民族、国家的历史，并为将来的工作查考和研究提供依据的重要作用。档案事业是否随着社会同步信息化，对于社会、国家、民

族乃至整个社会都具有深远的战略影响。在当今信息时代全社会都在推进信息化的形势下，档案作为社会的重要资源更不能忽视。正如档案学家埃思所指出的："档案是一个国家的共同记忆，是集体经验的体现，是同一文化传统下不同文化环境的不同表现；一个没有档案的国家必然是一个没有记忆的国家，一个没有智慧、没有身份的国家，一个患有记忆缺失的国家。"2003 年在瑞士召开的世界信息社会峰会上，国际档案理事会呼吁："我们现在在各种媒体上创造的信息构成了将来的档案，面向未来，信息社会需要记忆。"在人类几千年发展和进步的进程中，人类记录信息的方式和载体不断地发生变化。而人类文明记忆的历史断层，不少是由于不注意档案信息的保护造成的。如果现在不重视档案信息化建设，许多信息很有可能将在纸制档案与电子档案的交替中丢失，若干年后再要寻找已经失去的档案记忆就不太可能了。因此，我们应该高度重视档案信息化的重要意义，把它当成决定国家和民族记忆能否在信息时代不断得到延续的大事来抓。

另外，档案工作者也应认识到档案管理信息化对于其自身的发展具有不可忽视的重要作用。如今，档案信息化建设正处于良好的战略发展阶段，档案部门应抓住时机，实施档案信息化建设。如果现在失去了发展的良好机遇，那么若干年后，当社会整体进入信息时代时，再想要跟上时代发展就为时已晚了。因此，档案管理者应充分认识到，信息化建设是一个不可逆转的时代潮流，是档案管理由封闭走向开放、由传统走向现代的大好机遇，要及时把握时机、迎接挑战，在社会整体的信息建设中占有一席之地。档案管理应该适应信息化建设的需要，融入社会信息发展的潮流，加快信息化的建设步伐，为社会进步和发展作出积极的贡献。

二、档案信息化的实施战略

（一）资金和人才发展战略

档案信息化是一项涉及计算机技术、网络技术等高新技术的系统工程，需要一支适应信息化建设需要的技术人才队伍作保障，特别是需要信息化管理、软件开发、系统维护等方面的人才。目前的实际情况是档案部门比较缺乏信息技术人才，很多单位有资金、有设备，但就是缺少技术方面的专业人才，尤其是一些既懂技术又懂管理的复合型人才更是稀缺。这已经成为影响档案信息化建设发展的"瓶颈"，因此要注重加强人才队伍建设。可以实行档案管理人员的培训制度，把与档案信息化建设相关的计算机应用基础知识、数字化技术知识、网络技术知识、现代管理技术知识等列入培训内容；加强对档案业务人员应用新技术、新设备、新方法的培训，普及信息基础知识，以此达到档案技术人员掌握运用现代技术的目的。

我们还要考虑到，在档案信息化建设中，对信息化建设技术而言档案人员是外行，而信息技术人员又不懂得档案业务，为此在进行培训的过程中，一定要把档案管理人员和技术人员结合起来进行培训，不仅要求技术人员为档案管理人员服务，而且还要求档案管理人员适应现代化的管理方式，只有这样才能培养出既有技术又会管理的复合型人才。

只有技术就想搞好信息化建设是远远不够的。因为信息化建设是需要高投入的技术工程，特别是资金的投入。目前在信息化建设过程中经费主要投入在三个方面，即网络建设、计算机设备的配置、档案信息数据库建设。例如在某高校档案馆的信息化建设中，依托政府公务网的建设，实现高校局域网和公务网的连接，这笔巨大的经费由政府承担。在局域网和计算机的配备上已投入几十万元，但计算机设备的正常维修、设备的更新换代也是一笔不小的开支。另外在数据库的建设中，一些大容量的先进服务器的配置、数据库的管理系统等也是一笔不小的投入。在档案信息化建设的过程中，我们必须保证经费的投入，特别是档案主管部门应加强宣传的力度，使人们真正认识到信息化建设的内涵。

（二）滚动发展战略

信息化建设是一个循序渐进、逐步发展、渐进完善的发展过程，不可能一步到位，因此，我们必须根据信息化的实际发展状况确定滚动的发展战略。

（1）信息技术的不断发展，必然使档案应用系统的功能不断完善和进一步发展，但不能一味地追求设备的不断更新，而是要不断地接受新的管理理念和观念更新的应用技术。

（2）数字档案的积累是一个没有终点的发展过程，也是档案信息化建设的核心内容，信息积累得越多，所拥有的档案资源才越丰富，给社会提供的服务面才会越宽，对公众的吸引力才会越大，档案才具有更大的发展潜力，档案工作的地位和作用才会得到更充分的体现。因此，无论是文档一体化、馆藏数字化，还是信息资源的整合，都将是一个滚动的发展过程。

（3）对数字档案资源的共享和开发利用来说，从目录检索、全文检索到社会化开发、知识化管理、辅助决策支持，从单份的档案资源信息到基于对象管理的信息链接加工，从局域网共享到与整个社会共享，都是一个循序递增的渐进发展过程。

（4）在自动化办公、信息化管理的基础上，还将实现数字档案馆和智能化控制的目标。

（三）产业化发展的战略

档案是社会发展的真实记录，是最原始的历史凭证，因此它是社会经济和社会发展的宝贵资源，它不仅记载着文化遗产，也在形成新的社会文化，已经成为社会生产力的重要组成部分，是综合国力最直观、最具体、最真实的反映。面对文化产业的浪潮，我们不能再把文化看成在思想观念、风俗习惯、增强民族凝聚力等方面起作用的力量，而要把它当作一种像科学技术一样能产生巨大经济效益和社会效益的宝贵资源。

在信息社会快速发展的今天，信息资源对经济增长的作用也日益突出。档案是社会的原生信息源，如何进行社会开放、开发利用，是时代赋予档案事业发展的历史性机遇和档案工作探讨新思路的责任。走档案信息产业化道路是符合时代需要的发展战略，它不仅为档案事业的发展注入了新的活力，增强了造血机能，创造了新的运行机制，也对信息化社会经济的增长提供了强大的动力。

随着我国综合国力不断增强、人民生活水平不断提高，市场对文化产业和信息服务的需求必将会呈现出加速上涨的趋势。档案信息产业化会不断地促进档案信息化的建设。档案信息产业化不仅可以解决档案工作投入不足的问题，还可以从侧面提升档案的价值，有利于推动档案信息知识化、社会化的实现。

档案信息化产业的途径可以不断地创新，比如可以开展灵活多样的档案展览；可以对社会、公众实行档案开放，开创新型的档案信息服务；可以把现有的档案制成光盘对外出售，在创造社会效益的同时也获得了经济效益。

总之，档案信息产业化的方式还有很多，我们可以在档案信息化的过程中不断地探索和研究。我们坚信，只要勇于实践、敢于创新，就一定能够探索出一条档案信息化产业的新路子，积极推动我国档案事业的蓬勃发展。

（四）需求驱动战略

需求驱动是档案信息化建设应遵循的重要原则，也是实施信息化战略的重要内容之一。档案信息化建设的范畴十分宽泛，它是档案管理理论的发展，是档案管理手段的变革，是信息社会的需要，并不是一个阶段性的工作。因此，开展档案信息化建设，必须从电子档案的形成和管理、急需共享利用的档案信息出发，确定建设内容，才能使需求驱动成为现实，才能获得相应的发展条件。例如，在自动化网络办公环境下，文档一体化会变得急需；有了先进的应用网络，人们对信息的网络服务会变得比较急需；在实现档案目录使用计算机和网络检索的条件下，人们会提出全文检索的需求；为了保护珍贵的历史档案及其信息，也会想到将其数字化；随着政府职能的转变以及管理工作的科学化、规范化和高效率的要求，档案信息辅助决策功能的发挥将提上议事日程。不同的档案管理部门只能根据现实的需要，确定阶段性的建设目标，逐步展开建设，逐步完善系统。

（五）专业化的服务战略

档案信息化是国家信息化建设战略的重要组成部分，因此信息化建设程度的高低直接影响着国家信息化战略的落实程度，也关系着我国信息化建设的发展进程，为此我们必须做好档案信息化建设的基础工作。档案信息化建设是一个系统的复杂工程，它的发展需要社会多方的努力和支持，单靠档案部门的力量很难实现自身的战略目标，也很难达到自身的效果，必须依靠联合专业的IT服务公司，从咨询、规划、设计、研发、实施培训等系统建设的外包模式，到服务器、数据的专业化管理和技术维护，再到计算机网络设备和应用软件的售后服务，以及更新升级等，都必须依托社会化的信息技术服务，才能获得更大的发展空间，才能及时解决信息化建设和信息开发过程中面临的各种问题，才能有效探索和推动档案信息产业化的市场途径，才能推动档案信息化建设的全面发展。

（六）应用推广战略

在信息化建设的过程中，资金的专项投入、设备的专门购置是不可缺少的建设资源。没有信息化的基础设施建设，就不可能开展信息化工作。全国绝大多数档案部门管理机构，都已经不同程度地购置了信息化建设的基础设施，甚至也开展了一定规模的管理信息系统和信息资源建设。然而，只建设不使用，或使用得非常浅显，是当前信息化建设的一大难题，当前首要的工作是应用推广，普及和推广要在深层次上下功夫，在项目的规划和计划中着重强调应用普及问题，将它们纳入计划建设和培训工作中。必须在更新管理观念、改变管理手段、加强培训引导、建立健全制度方面下功夫，重点发挥领导和重要业务职能部门的关键作用。应用普及工作关系到档案信息化建设的发展和生命力，关系到国家信息化战略基础性信息资源建设的成败。

三、档案信息化的战略原则

在档案信息化的建设中，容易产生重技术轻管理的倾向。实际上在档案信息化的建设中，实行管理的规范化、科学化是基础，管理到位是档案信息化持续建设与发展的重要保证。在档案信息化的建设中，要实施总体规划、分步实施、重点建设、需求驱动的原则，并在资金投入和人才队伍建设上为档案信息化建设提供必要的保障。

（一）总体规划的原则

信息化建设是一个系统的工程，它具有涉及面广、历时较长的特点，它涉及社会的每一个单位，因此社会的每一个组织单位都必须根据国家的信息化战略与目标，来制定自身的信息化战略与规划。国家的总体规划必须纳入每一个组织单位的信息规划之中。

档案信息化的关键在于加强规划管理。对于这样的一个工程，必须有全局性的长远的总体规划。但就目前来说，这个问题还没有引起档案界的足够重视，在全局性、区域性或微观管理上，都缺乏科学、到位的规划。

对档案信息化建设来说，长远规划是一个纲领性的文件，应该以科学的发展观为指导，对档案信息化的需求、定位、战略目标、组织方式、管理方式等加以确定。制定档案信息化规划应该与国家、地区、行业的信息化整体规划相衔接。对于那些资金和技术条件并不雄厚的单位，总体上纳入信息化规划才能取得好的效果，我国信息化建设取得较好成绩的档案馆都是如此。例如，青岛市档案馆的建设得到了当地市委、市政府的高度重视，该项目被列入青岛市国民经济和社会发展的第十个五年计划；上海市档案馆的信息化建设被列入长宁区政务网建设的总体规划中，与政府信息化工作同步发展，成为电子政务的重要组成部分。这些成功的经验证明了档案信息化建设与社会接轨的重要性。

制定信息化的长远规划，应该明确需要、认真论证。特别是主抓信息化建设的领导要非常清楚信息化的需求，这样才有利于信息化建设的总体规划与设计。在软件开发前，应在研究档案业务的基础上提出总体设想。要从档案工作者的使命和战略目标出发，明确档案业务及管理变革的策略，详细分析档案业务的关键性指标，从中抽取档案信息化的需求，建立总体框架。对于单个软件的开发来说，成败的关键在于系统设计之前对需求论证的清晰程度，对于长期的宏大工程来说更需要明确需求。

其次，制定档案信息化的规划应该因地制宜、准确定位。给本单位的档案信息化建设制定长远的规划，要从本单位的实际出发，综合考虑馆藏的数量、资金、技术等条件是否成熟，以及当地信息化整体的发展状况等各种条件。不是所有的档案馆都能建成虚拟档案馆或数字档案馆，应根据自身的情况因地制宜地进行建设。

最后，制定规划要明确目标、科学分解目标。作为信息化建设的总体规划，不仅应该提出总体目标，还应该确定实施战略，科学地分解目标，确定在时间和空间上分步实施的大体阶段和阶段性目标，并在以后的软件设计中加以体现。以深圳市数字档案馆的建设为例，它的建设分三期实施：一期以各类标准制定、基础设施建设、应用系统开发为主，发布部分档案信息；二期以扩充档案信息源、对馆藏档案进行数字化处理为主，修正并改进一期成果；三期主要是在总结与改进前期成果的基础上，制定数字档案馆管理流程，增加档案信息量，进一步扩充档案信息源，接收立档单位形成的数字档案，建立电子文件中心管理系统，实现对现行电子文件的管理。

（二）分步实施的原则

档案信息化建设是一个长期而复杂的系统工程，一方面，它需要依存于国家和单位信息化战略的实施，并作为其重要的组成部分；另一方面，档案信息化总体规划应立足现实、着眼未来，不是一蹴而就的事业。因此档案信息化必须采取分步实施的原则。

1. 在国家信息化政策的指导下，根据档案信息化总体规划制订具体的分期实施方案

在制订实施方案时，必须要有全局的发展眼光。实施方案既要充分考虑国家信息化战略实施进程、档案管理的实际情况和发展的实际需要，又要充分考虑经费的实际投入、技术支持能力、人力资源状况以及工作环境等因素。在综合考虑这些因素的基础上，制订出切合实际需要的具体的工作计划、项目组织和控制措施。

2. 制定新的管理制度和规范化的业务标准

传统的档案管理制度已经不能适应档案信息化的需要，信息化对业务标准也提出了更高的要求。电子文件的归档制度、逻辑归档的操作规范、安全管理体系等制度都需要全面制定。业务标准是信息化建设、信息技术应用的重要基础和准则，它包括技术体系、工作体系、组织体系和工作规范等方面，一般根据国家、行业和地方的标准规范，并结合本单位的发展需要，来制定目录的查询和全文检索、多媒体信息支撑、安全管理和数据备份等制度。

3. 加强档案数据资源的建设

将现行的电子文件通过逻辑归档方式收集和处理；将现成的纸制文件通过扫描中心电子化；将传统馆藏档案进行全文数字化处理。按照档案分类的原则建立数据库或数据仓库，为档案信息的共享和开发积累资源。同时最大限度地进行各管理和业务部门所有现行档案系统数据的集成，进行软件和各专业管理系统的整合，建立起有效的数据集成系统。

4.构建信息系统的运行平台

信息系统平台包括信息处理平台和信息交换平台两部分。档案管理系统应充分考虑到档案信息的特殊性和绝对安全性的需要，要做到与内部自动化办公网络相连接并采取授权管理，同时要与公共网络实施最有效的网络安全隔离设计方案。一般来说，档案信息扫描和处理、档案信息交换、档案数据存储和备份，只能在内部办公网和档案局域网中运行，相应的档案信息处理和存储设备也必须是专用的。只有可以向社会公开的档案信息，才能提取并通过与公众网络的连接实现社会共享。系统软件的选择必须充分满足档案信息管理和档案系统的需要，如电子文件的逻辑归档、数据库的建立、档案信息目录的查询和全文检索、多媒体信息支撑、安全管理和数据备份等。

5.加强人才队伍建设和管理培训

档案信息化对档案管理人员来说是新事物，为了确保技术应用和档案信息的知识化、社会化开发，必须打破传统的档案管理队伍模式，要更加注重人才复合型素质的要求，更加着重队伍的多学科知识结构和梯队结构的合理性建设。同时档案信息化是档案管理现代化的必然要求，档案管理的专业化不能削弱，因此面对档案信息化的挑战，必须加强专业队伍信息化知识和技能的培训，更新知识结构，增强信息技术应用能力。

6.开放档案共享信息和辅助决策支持系统

档案信息化的根本目的一方面是深入、广泛地开发利用档案资源，实现档案的资源共享，最大限度地提高档案的利用价值，为社会提供更多的信息资源，把开放的档案资源知识化、社会化；另一方面是有效提升档案管理的基础性作用和地位，充分发挥档案信息在管理活动中的辅助决策作用，积极为现实工作服务。因此，档案信息化的核心工作是档案信息共享系统的建立和开放、辅助决策管理系统的开发和应用、档案信息知识化的编演和开发。档案信息的共享必须高度重视保密鉴定和授权管理，辅助决策管理系统必须注重科学体系的建立、数学模型的构架并确保信息的及时维护。此外，分步实施必须实行分阶段的综合建设策略，把硬件、软件、人力资源等同步建设，做好电子文档收集、馆藏数字化的基础数据准备工作，逐步实现系统资源共享、档案信息开发利用和知识化管理目标。

（三）重点建设的原则

档案信息化建设内容的广泛性和时间的长期性都决定了它必须坚持重点建设的原则。作为一个长期的系统的发展工程，无论是信息系统平台的搭建、信息化设备的购置，还是档案资源的数据积累，都不能够一次完成，只能根据现实的需要确定重点，进行分阶段的重点建设，特别是在如何深入、广泛地开发和利用档案信息资源方面，更应该突出重点建设的原则。

（四）需求驱动的原则

每个单位信息化战略的制定和实施都必须遵循需求驱动的原则，必须充分考虑到现实的需要，依据现实的条件和需求来制定规划，拟定实施方案。同时要处理好现实需要与未来发展、建设能力与拓展空间、人力资源与现实信息技术水平之间的关系，遵循科学的发展观，实现可持续发展。

第三节　档案信息化的规划宗旨和需求

一、档案信息化的规划宗旨

为适应国家信息化建设和档案事业发展的要求，应把档案信息化纳入国家信息化建设的总格局，以档案网络建设为基础，以档案信息资源建设为核心，以扩大档案信息资源的利用为目标，加快推进档案资源数字化、信息管理标准化、信息服务网络化的进程，促进档案事业持续健康发展，为改革开放和现代化建设服务。

（一）转变管理理念，勇于开拓创新

在信息社会发展的今天，档案作为最原始的历史资料，它的作用和价值也越来越被人们重视，它的应用范围也在不断地扩大。档案管理作为社会的基础性工作，应该在管理方式上进行划时代的变革。档案工作者作为掌握和管理这一重要而特殊的社会资源的主体，必须确定正确的指导思想，更新管理理念，彻底解放思想，紧抓时代机遇，勇于开拓进取，积极采取多种措施开展创造性

的服务。

（1）必须把档案信息化建设工作纳入国家信息化建设的战略中来，加大档案信息化建设宣传的力度，争取领导的支持，追加投入资金，使每个人都能从根本上认识到档案信息化建设的重要性，从而积极地推动我国的信息化建设。

（2）要根据我国的实际情况，走有中国特色的档案信息化建设之路。和世界发达国家相比，我国的信息化建设起步较晚但发展较快，由于中国地大物博，各地经济的发展又不平衡，这就决定了中国的信息化建设不能在同一层次上建设与发展。

（3）加强对档案管理人员的技术培训，进一步研究在档案管理和档案资源的开发利用方面如何应用计算机网络技术，用现代化的管理理念驾驭现代化管理技术，用信息技术提升现代管理水平，努力开展信息化的建设工作，以此来落实信息化的发展战略。

（4）要解放思想、勇于开拓创新，因众多的行业对信息的需求千差万别，信息技术的发展没有现成的模式和方案，只有把信息技术的基本原理和现实的实际需要有机地结合起来，才能找到适合自己发展的新路子。

（二）以法律为准绳，加强管理制度建设

档案信息化必须坚持以法律为准绳，严格按照《中华人民共和国档案法》和相关的法律法规，制定严格的档案管理制度，实行以法治档。

加强档案信息化管理制度的建设是信息化建设内容的又一重要方面，针对档案的数字化进行档案标准的制定，不仅是信息化建设本身的需要，也为数字档案本身的凭证作用和合法化打下了坚实的基础。信息化标准的规范有不同的标准体系，它包括国际标准规范、国家标准规范、地方标准规范和行业标准规范等。每一个单位都必须根据自己的实际情况，制定适合自己的不同的体系标准，做到网络平台的搭建、信息处理和数据库建设、信息共享和安全管理符合标准规范。另外，标准体系的编制必须与档案信息化的启动同时进行，并将其纳入总体工作规划中，只有这样，才能真正发挥法律制度的保驾护航作用。

（三）实行纵向跟踪、横向整合的战略原则

所谓纵向跟踪，就是将档案信息化建设纳入国家信息化战略的全局之中。

社会组织要把信息化纳入自身的信息化建设中来，统一规划，统一管理；学校单位要把档案信息化纳入学校的电子校务中；各级国家机关要把档案信息化纳入电子政务中；各类企业要把信息化建设纳入电子政务之中，并且，在各个法人组织的内部，必须将档案信息化建设工作发展到每个部门，真正把档案管理人员从传统的手工工作状态中解放出来，变传统的手工工作网络为现代化的工作网络，有效地整合自身的档案信息资源，建立现代化的信息管理机构。

横向整合就是对与本单位有关的所有已开放的档案资源信息进行整合。首先在同行业之间、各区域之间、同类机构之间进行资源的整合与共享，初步形成区域性资源共享系统；然后对所有的档案信息资源进行分类整合，为信息社会建立强大的资源保障平台，为档案资源的深入开发利用，为档案信息的知识化、社会化提供条件，使档案信息化在国家信息化建设中发挥基础性资源的应有作用。

二、档案信息化规划的业务需求

信息化是当代社会发展过程中出现的新生事物，因此现代档案工作面临的困难很多，总体概括起来主要有以下四个方面：一是文件的整理、接收和保管，并确定电子文件的真实、完整和有效；二是馆藏档案资源的开发与利用，并提供网络化的服务利用；三是传统介质档案与电子档案将在较长的时间内共存，如何实现统一管理，以提高工作效率；四是有些历史档案介质已经无法利用传统保护技术实现永久保存，对这些档案和所反映的信息必须利用现代化手段加以保存。

（一）电子文件归档的业务需求

随着计算机应用的普及推广，人们利用计算机创建处理文件成为必然趋势，大量电子文件的归档成为现实需求。国家档案局 6 号令已经明确要求电子文件进行归档；《电子签名法》规定了电子签名的法律效力；国家还将制定相应的法律，来明确电子文件的凭证和法律作用，电子文件将成为新的"历史的真实记忆"，电子文件的归档成为档案管理和档案工作者新的工作内容、新的工作任务。

（二）档案信息资源开发利用的需求

档案信息是信息社会的核心资源，档案信息广泛、深入地开发利用，将对信息社会的发展起到不可替代的作用，信息资源将改变产业结构和经济增长方式。应用计算机网络技术管理档案信息，能够实现档案信息开发、共享和对档案信息进行知识化管理、社会化开放，更充分地实现档案的价值。

（三）馆藏档案数字化的业务需求

由于不同时代形成的不同档案载体质量大不相同，保管的条件也大不相同，加上保存技术的局限，特别是随着时间的推移和利用次数的增多，势必对馆藏档案造成损失，也必将为馆藏档案的利用带来局限。馆藏档案的数字化处理，可以很好地解决有效保护实物档案与更充分地利用档案信息的问题。同时对于那些在档案机构馆藏且无法应用传统保护技术实现永久保存的实物档案、介质档案以及散存在民间损坏严重的历史档案，也只能利用信息技术进行处理，以此来实现对信息内容的完整性保存。

（四）现代化管理的需求

实现档案工作的现代化，可以提高档案的利用率，可以更充分地利用档案，推动档案事业的健康发展。实现档案工作的现代化管理出于以下四个需要。

1. 社会发展的迫切需要

在信息化社会快速发展的今天，知识和信息越来越成为比实物资产和传统能源更为重要的资源，对生产力的发展、社会的进步所发挥的作用越来越大。为此，社会要求专门的信息部门能以较高的存储、处理和控制信息的能力，为社会提供高质量的信息服务。档案部门作为掌握信息资源的重要机构，必须采用多种先进技术实现档案工作的现代化。

2. 档案工作发展的需要

随着科学技术的不断发展和档案工作的不断深化，档案工作也发生了日新月异的变化，一是档案数量急剧增加；二是拥有新型信息介质和记录方式的档案不断出现。同时随着时间的推移，档案的数量也在迅速增加，由于人为和自然因素以及保管条件欠缺妥当，档案损坏程度日益加剧。因此档案工作现代化成为历史的必然要求。

3. 社会经济发展的需要

档案资源作为社会的重要资源，是社会进一步发展的重要基础性资源，在当今社会，人们对获取信息资源的基本要求是迅速、准确。计算机网络等现代化技术在档案工作中的应用，将会大大提高档案部门处理信息的能力，从而能够高速、及时、全面、准确地为社会提供信息服务。

4. 档案事业发展的需要

随着社会的发展，档案工作的科学文化性质越来越突出，社会服务工作的效果对于档案工作的存在和发展也产生着越来越深刻的影响。如果档案事业长期处于落后状态，不能卓有成效地为社会服务，那么档案在未来事业的竞争中将处于不利的地位，信息资源的开发也将由此受到不良的影响。因此，只有以现代化的管理方式和管理手段来提高档案馆工作的效率和质量，档案事业才能在发展中获得应有的地位、发挥应有的作用。

第四节　档案信息化建设管理规划的任务

档案信息化建设的主要任务，是档案部门努力适应信息化的发展趋势，在国家和档案行政主管部门的统一规划和领导下，通过应用现代化的计算机技术，深入开发和广泛利用档案信息资源，加快我国档案信息化建设的速度。档案信息化规划的任务总体上包括以下四个方面，即目标任务的规划、组织管理及内容的规划、资源的规划、安全规划。

一、目标任务的规划

档案信息化建设的范围应包括与档案有关的所有管理机构和领域。任何档案管理机构在搜集、整理、积累等管理过程中，都应围绕档案信息化建设的总体目标，根据本单位档案的搜集、保管以及使用情况，制订信息化建设的总体目标和阶段性目标。

档案信息化的目标是以现代化的信息技术为手段，实现对档案管理和提供的现代化，不能把手段当目标，只重视网络的建设和设备的更新；现代化信息技术的应用也不是把过去的手工操作变成计算机管理那么简单。档案搜集、整理的目的在于开发和利用，如果存档的目的不是利用也就失去了存档的价值。因此，档案信息化总体目标的制订，必须围绕信息资源的搜集、整理、开发和利用的整体思路来展开。

在规划的过程中，对近期规划和长远规划必须制定出不同的规划措施。对于近期的规划，首先必须对现有的档案资源进行标准化、规范化的处理，比如一些档案的来源、主题词、目录等；其次是对电子文件的创建和构成进行规范，制定出规范的归档标准，为计算机的可识别管理打下基础；再次是确定数字档案禁止写操作处理的存储格式，在此基础上通过馆藏数字化和文档一体化积累档案信息资源，实现内网与外网的有效共享。

要考虑信息化的管理系统不能局限于只满足本单位对档案的充分应用，还要考虑到能满足开放档案信息利用的社会需求，通过利用网络化等途径充分利用档案资源。要实现档案信息利用的网络化，就必须对上网档案制定严格的开放鉴定管理制度，对使用者实行授权的管理办法。此外还要建立安全的网络控制管理系统，建立状态网络利用和跟踪记录的管理系统，并对此系统使用专门的服务器进行管理。

不仅如此，还要在如何提高档案的使用效率和现代化的管理水平上进行规划。对此必须做好三方面的工作。一是结合档案管理的基本规律和现代技术的特征和功能，用现代化的管理模式去取代传统的管理模式，比如对档案的随时完善、档案利用状态的随时监控等；二是如何对档案管理部门实行科学化的管理，比如对工作场所以及出入档案室的人员实施监控，确保档案信息的安全；三是按照信息化建设的需要，加强对技术人员的业务培训，在人力资源上为档案信息化建设提供技术保障。

对长远的目标规划，首先要加强不同业务部门网络运行系统和资源的全面整合，在同行业间加强横向和纵向的全面信息资源的整合，建立全方位的、能够满足本单位信息资源需求的资源数据库，并使之成为本单位信息资源的集散地；其次要充分发挥现代信息技术优势，对档案信息进行技术处理，有效避免信息"孤岛"的问题；最后是在档案信息资源的利用上，加强档案信息资源深层次、知识化的开发，比如建立辅助决策管理系统，充分发挥档案管理的基础性特点，为科学决策提供可持续发展的参考信息。大力开展档案信息理论的研究工作，探索档案为社会提供更好服务的有效途径，使档案信息这一特殊宝贵的资源得到更好的利用，更好地造福社会，这才是档案工作的最终目标。

二、组织管理及内容的规划

档案信息化建设是一项涉及内容广、建设周期长的现代化管理和技术应用工程。在信息化的进程中，信息化的建设目标始终处于变化过程中。因此档案信息化建设必须要抓住重点，集中解决当前信息化的中心问题。目前档案信息化建设的主要问题是电子文件的管理、档案数字化建设、档案网站的建设等。为了适应信息技术的不断发展，必须建立有效的管理体系，设计近期和长远的建设规划，以便在科学规划的基础上确定建设的方案，并采取有力的措施组织实施。对整个国家来说，这个有效的组织体系就是要建立一个强有力的组织领导中心，充分利用现有的档案行政管理体系及其管理力量，领导信息化的建设工作。就具体的实施单位来说，一是要把档案管理机构纳入整个信息化的组织机构中，不能把信息化建设仅当成是行政管理部门和信息技术部门的事，否则信息化建设只能停留在自动化办公和管理运行的层面上，那么信息化建设的重点就不能放在信息资源的建设上；二是要建立以档案管理机构为主体、行政管理机构和信息技术部门协同支持的档案信息化建设指挥中心，正确定位档案信息化在社会信息化建设中的作用，正确处理好档案信息化与社会信息化的关系，有组织地开展档案信息化建设，高度认识有组织地建设信息化的重要性，把组织体系当作是信息化的前提条件来抓。

档案信息化建设是一个内涵丰富、涉及外延较大的系统建设工程，它丰富的内涵包括了软硬件的建设内容，包括了不同的建设阶段。虽然每个建设阶段都有不同的工作目标和任务，但每个阶段和环节都存在着内在的逻辑关系，因此按照周密的计划有步骤地实施各阶段的任务，是保证整个信息化工程顺利完成的关键。规划的具体内容主要包括以下五个方面。

（一）制定总体规划

根据国家信息化建设实施战略对档案信息化建设的具体要求，结合行业特点以及各单位的实际需要，制定切合本单位实际的总体规划、建设目标和各阶段的具体任务，在此基础上确定网络建设方案、软硬件的配置计划，制定实施策略、评价的指标体系、预算资金的投入、人员的配置以及办公场所等具体要求。

（二）搭建网络化的信息平台

在国家网络化建设总体规划的指导下，进行档案管理局域网的设计，配置服务器和计算机以及数字化处理和数据备份设备，选择购买或委托开发档案管理软件，搭建档案管理系统和信息共享的网络平台。

（三）积累并整合档案信息资源

档案信息资源是档案信息化建设的核心内容，没有信息资源的积累，信息化建设就成了一句空话，因此每个单位必须有计划、有步骤地开展档案资源的积累工作。一般是通过文档一体化、馆藏数字化和业务管理系统信息的整合来积累数字档案，并对数字档案进行分类整合，根据类别建立数据检索目录。

（四）建立规章制度

规章制度是档案信息化建设顺利进行的保障，每个单位都必须在国家政策法规的指导下，制定出切合本单位实际情况的规章制度，在国家相关的电子文件管理办法的指导下，制定符合行业和单位实际的电子文件标准与管理办法、网络信息安全制度、网络的维护制度以及规范的具体标准。

（五）挖掘档案潜质，提高经济效益

档案资源的特殊作用就在于它的可开发性、可利用性，我们应该充分发挥档案信息资源的知识化、社会化的特点，积极探索和勇于实践档案信息产业化的道路，为社会提供更多的再生资源，把档案自身的价值转化为经济效益。

三、资源的规划

实施档案信息化战略，是我国适应社会信息化建设需要的一项重要工程，同时也是弘扬民族文化、提高民族素质的历史性课题，是利用现代化的手段对当今社会改革、发展、建设过程的真实记录，它的存在和完善，对于社会经济的发展起着积极的推动作用。档案资源的规划要积极围绕档案资源建设开展工作，主要包括以下四方面的内容。

（一）档案资源的收集工作

档案资源是档案工作的重要内容，档案资源的多少直接关系到档案工作开展的广度和深度，因此应加大力度，加强对档案资源的收集工作，不漏掉任何有价值的档案资料，在质量上和数量上保证档案资源的完整性。

（二）加强档案目录数据库的建设工作

档案目录数据库建设是档案信息资源建设的重要组成部分，它关系着档案信息的检索内容、检索速度等，它处于档案信息资源的龙头地位，因此是信息化建设的重要内容。

（三）加强档案全文数据库和多媒体数据库的建设

档案数据库的建设应以现实需要为前提，分阶段、分步骤地实施，逐步实现档案全文数据库的查询，不断提高服务效率和服务质量，以满足利用者对档案的不同需求。

（四）加强电子文件的建设工作

各地档案馆应与当地建立电子政务的网络平台，充分发挥档案资源的管理优势，建立电子文件管理中心，方便、快捷、准确地接受电子文件和电子档案，并利用资源优势，积极开放可以上网的电子档案，为社会经济建设提供服务。

四、安全规划

安全规划是信息化建设的一项重要内容。档案信息安全除了考虑一般信息化的要素外，还必须考虑档案信息管理所要求的安全，因此按照安全原则指导档案信息化建设，不仅是信息化本身的特点所决定的，也是档案工作固有的特点所决定的。为此必须做到以下几点：

首先是维护系统的安全。档案信息化建立在计算机系统平台的环境中，计算机技术发展到今天，产生了各种具有极大杀伤力的计算机病毒，对任何计算机系统都能构成威胁，一些黑客的攻击也常给网络的运行造成极大的破坏。因此，维护系统的安全，是信息化实施时必须遵守的原则。在实际操作中，防黑客、防病毒等措施的配备必须完善，系统安全性能的检测和防护制度必须建立并且得到落实，以此保证整个系统能正常而稳定地运转。

其次是维护信息的安全。系统的安全保证了整个系统的正常运行，但不能保证整个系统信息的安全。因此，确保信息权限的设置功能的健全，是维护信息安全的重要措施。从利用功能上说，对各种不同的信息设置不同的密级，以满足各个层次用户的需要，为此要设置不同的密级权限，这是有效防止信息失密的安全措施。一般来说，一个规范高质量的信息系统，其存储的信息越多，信息处置权限的规定也越明显，信息的保管也越安全。

最后是要建立安全的信息制度。信息安全制度包含的内容很广泛，有针对个人的安全责任制，有针对信息安全的数据异地备份制，有针对系统安全的定期安全检查制，有针对信息使用安全的操作制，以及针对工作人员的安全意识、安全责任的承担和安全失职的处罚等。

总之，维护安全制度的建立和推行，同维护系统和安全措施的建立与执行一起，完整地构成了信息化系统安全运行的保障机制，充分体现了档案信息化过程中安全原则的全面贯彻。

安全规划信息资源管理是实施信息化建设不可或缺的重要层面，而网络安全则是关键，安全管理必须纳入档案信息化建设的总体规划中，并作为重要内容来建设。总体说来，安全规划的体制和措施主要有以下几点：

首先，建立档案信息安全保障体系框架，逐步完善档案信息安全管理体制。加强对档案信息资源的管理，确保档案数据库的安全；加强对电子文件归档工作标准规范的监督和指导，保证档案电子文件的真实、完整和有效；档案部门的内部局域网必须与公众网实行物理隔离，在局域网内要加强管理，使用网络行为控制系统，确保档案信息网络传输安全。

其次，各级档案部门在开发档案信息资源和网络建设工作中，要提高信息安全意识，加强对上网信息的审查与管理，防止失密、泄密事件的发生。档案部门要严格遵守相关的安全保密制度，非公开的档案信息一律不准上网共享，上网的档案目录和全文信息要经过严格的控制和鉴定；在公众网上提供公开的档案目录或全文共享的，要严格采取安全措施，以保证共享信息的安全性。

最后，要制定严格的工作人员安全管理制度，加强安全教育，明确安全责任，建立安全监督机制。同时建立工作过程的状态网络，跟踪工作人员的操作过程，通过制度管理和系统控制，杜绝人为安全事件的发生。

第五节　档案信息化规划的思路

档案信息系统的使用最终将落实到专门的档案管理机构身上，而对于档案馆来说，只有不断完善信息基础设施，推广、普及、深化信息系统的使用，实施业务信息化，推进管理和业务的综合集成，才能走出一条科学高效、扎实稳妥的信息化建设之路。

一、加强基础设施的建设工作

不断完善档案信息基础设施建设，为信息化建设铺路搭桥，是档案信息化建设的基础。档案信息基础设施主要包括：交换机、路由器、高性能服务器、大容量存储和备份设备，以及操作系统、信息安全系统、数据库管理系统等。经过多年的建设，许多单位都已经建立了局域网。但也有一些单位仍然停留在网络上面看新闻、电脑当作打字机的水平，许多工作仍然利用手工或者打字系统，更没有设想工作流程的综合集成，因此，信息化的工作依然任重而道远。

完善信息基础设施建设，重点在于建立满足应用需求的网络。主要从以下几方面考虑：

首先是部门的局域网与办公自动化同步建设。要把档案信息化纳入国家信息化的总格局中，保持协调、同步发展。各单位在建设办公自动化系统时必须考虑文档一体化的管理要求。

其次是档案网站的建设。目前许多档案部门建设了自己的档案网站，为档案网上利用提供了方便，但还存在着许多问题，如网站更新的速度慢、内容单一、访问量极低、网站形同虚设、效率低下等。

最后是要用长远的、发展的眼光来看待档案信息化建设。只有用动态的发展的眼光来看待今天的信息化建设，并把数字档案馆的建设作为今后工作的发展目标，才能从根本上加快信息化的发展进程。

二、实现信息共享，为决策提供支持

信息化建设的实践证明，单一的信息不能共享、数据无法公用，没有考虑纵向、横向业务集成的软件系统，已经不能满足当代信息化建设的实际需求，那样只会形成信息的孤岛，给业务融合和数据整合制造障碍。实施管理与业务综合集成，为档案信息化营造可持续发展的空间，才是档案信息化建设的最高阶段。通常的综合集成是将已有的软硬件资源整合，即成为一体化的档案管理信息系统，形成相互配套、互联互通的有机整体，而作为信息化的综合集成，仅停留在这个层次上是不够的。它不仅要实现办公事务、业务处理的集成，更要着眼于管理和决策的需求，在顶层应用的需求牵引下，在业务流程的总体框架内，综合集成软硬件、网络资源，为管理提供手段，为决策提供支持，更为整个行业和机构科学、高效运转，创造最大的价值和效能提供信息化的平台。

三、加强对信息系统应用的落实工作

应用信息化的管理系统，除了具备软硬件的基础设施、规范化的管理和使用外，还需要有先进、实用、可靠的档案管理软件系统，包括办公自动化系统、管理信息系统。满足档案管理综合业务和局部业务需求的各种类型的档案管理系统，是管理档案信息的软件载体。办公自动化系统是满足人们办公事务、处理共性需求的工具软件，它能够满足行业或单位内部所有人员的应用，是实现管理和业务信息交流、连接管理决策行为与实际业务数据的纽带，能够将所有人员和工作连接为有机的整体；它与档案管理信息系统既相对独立又紧密联系，既分工负责又相互补充，是档案形成阶段的系统载体。归档过程就是将办公自动化系统中管理的数据迁移到档案管理系统中，因此在信息系统建设和使用过程中应将这两大类系统区分开来。

　　"管理和决策"是各项工作的重心，所有的业务和人员总是围绕着各级领导的"管理和决策"来开展工作，各类计划、方案、通知、命令是开展业务工作的依据，这就决定了管理和决策需要大量实际业务数据的支持。办公自动化系统的使用不能光停留在利用网络收发电子文件的传统层次上，档案管理信息系统的使用也不能仅停留在记载和查询档案目录信息上。它们的功能不仅要包括公文管理、档案管理、信息发布、电子邮件、值班值勤、会议管理，以及人员、车辆、物品管理等基本功能，更要突出即时通信、流程化管理、知识管理、内容管理、信息共享、协同工作、预警预测等高级应用，要充分利用现代信息技术发展的成果，将档案信息系统的应用上升到与信息时代、信息技术水平相适应的层次。

　　总之，只有围绕以上三部分来规划信息化的建设思路，档案信息化建设工作才能真正落到实处，才能取得实质性的进展，才能体现档案信息化的总体效益，才能使国家的信息化建设步入成熟的应用发展时期，才能实现档案资源信息的真正共享，也才能使档案信息满足社会不断发展的需要，并在经济社会发展中发挥核心资源的重要作用，从而有效地实现核心资源的社会共享。

第三章　档案信息数字化管理

第一节　档案信息数字化概述

一、档案信息的数字化

（一）档案信息数字化的目的

档案信息化建设的根本目的是最大限度地发挥档案资源的价值。档案部门配备电脑构建信息网络，只是铺设了档案信息利用的"高速公路"，而这些"高速公路"能否真正发挥效能，则取决于有无充足的运送对象——数字档案资源。对传统档案进行数字化，旨在为信息传输"备货"，其意义不言而喻，具体目的有以下三个方面。

1. 提高档案信息的利用效率

数字化后的档案可以在网络环境中提供利用，充分发挥网络传输面广、快捷便利的特点，解决传统利用方式中同时利用带来的矛盾。此外，数字化后的档案可以与办公系统生成的现行电子文件在同一系统中提供利用，极大提高了文档信息的利用效率。

2. 保护历史档案，规避安全风险

许多历史档案因物理老化或保管不当而脆弱易损，如不及时"抢救"，很可能彻底损坏，通过制作其数字化副本代替原件流通利用，可保护重要历史档案免遭进一步损坏。通过异地存放多套档案数字化副本，确保档案信息的安全，规避各种自然灾害或人为损害对档案信息可能带来的灾难性后果。

3. 缓解库房空间紧张，便于档案移交工作

对于日益增多的非永久保管的半现行文件，可通过制作数字化文本来取代原件进行保管，可以缓解档案库房保存空间的压力，提高空间利用率。以数字化档案代替档案原件，以档案"信息流"代替档案"物流"，可以解决已到移交年限档案的移交与利用之间的矛盾，便于档案移交工作的正常执行。

（二）档案信息数字化的原则和要求

1. 规范性要求

规范性是开展档案信息数字化最基本的要求，也是确保数字档案信息可用性的基本条件。规范性要求的内容是：所有数字化的档案信息必须按照规定的技术模式、文件格式和工作标准进行数字化，并尽可能采取通用标准。

档案数字化的目的是利用网络这种新的信息传递方式来提供档案服务。因此，数字档案信息的存储与传递必须制定并采取各方认可的规范与标准，以避免因存储格式和软件平台的不同而不断转换，造成资源浪费和时间延误，降低信息存储与传输的效率。

2. 安全性要求

（1）确保档案原件的安全

数字化需要对档案原件进行扫描、录音或摄录，因而有可能对原件进行拆卷、加工或其他必要的处理。由于被数字化档案大多数是要继续保存的，在数字化处理过程中必须最大限度地保护档案原件，尽量避免造成档案原件内部特征和外部特征的不可逆变化。否则，一旦发现处理质量不满意或者处理好的数字化档案信息被破坏和丢失，便没有挽回的余地。对于具有文物或史料价值的档案，遵守这一点尤为重要。为将数字化工作对档案原件的安全威胁降至最低，必须仔细设计档案信息数字化的工作流程，制定严格的操作规程，确保数字化工作安全有序地开展。

（2）维护档案信息的保密性

我国档案行业标准《纸质档案数字化技术规范》要求"纸质档案的数字化，必须符合国家档案开放规定以及有关规定"。虽然被数字化的档案大多数是开放文件，不具有保密性，但是为了保护档案原件或为备份拟移交文件而进行的数字化，则可能涉及保密档案。档案数字化工程通常有外来人员参与或交

由专门的数字化公司承担，为此对参与数字化工作的公司和人员应进行严格的安全保密教育，签订安全保密协议，限定其操作权限和保密责任。对于内容十分敏感或者有非常严格适用范围的档案文件，应考虑由专门人员采用专门的设施进行数字化。数字化后应将过程中缓存在操作终端或服务器中的相关文件彻底删除，以免失密。

3. 原真性要求

档案信息的数字化必须确保信息内容的原真性。数字化是对档案信息存在形式的变换，这种变化犹如对档案原件进行复制一样，可能出现复制件内容与原件内容不一致的情况。"忠于档案原文"是档案工作者的天职，在档案信息的数字化过程中，必须严格维护数字化档案信息内容的原真性，最大限度地保留档案信息的原始面貌。如果数字化后的档案信息大量丢失原载体上的信息内容，那么，档案数字化将失去意义。

事实上，由于技术和文件体积上的限制，因数字化造成档案信息某种程度上的失真将不可避免，为此，在选择文件格式、技术参数和处理方法时，必须在文件精度、文件大小和系统处理速度上进行权衡，优先考虑文件的保真度，力争将信息失真降到最低程度，至少应限制在可允许的范围内。

4. 效率性要求

档案数字化工作面广量大，耗时耗财，必须十分讲究工作的效率与效益。效率原则有两方面的要求。

（1）要采取最优化的技术方案

应在充分研究的基础上选择最优化的档案数字化方案，包括最优化的工作流程、最合理的文件格式、最有效的信息存储模式和高效、经济的数字化加工系统。技术方案决定着整个数字化工程的成败和效率，而高效率的数字化加工系统更是档案数字化工程的"善事之利器"。数字化加工系统的效率与设备投入的多少并不成正比，高效的数字化加工系统是硬件设备、软件系统和工作流程的合理配置，一味追求高配置的硬件设备，讲究扫描仪的扫描速度，而忽视软件处理效率和加工力量的配备，会因设备利用率低下而造成浪费。多数情况下，配置两台中速扫描仪要比配置一台高速扫描仪的性价比更高。

（2）要实现档案数字化工程的专业化和社会化

对传统档案的数字化是档案工作从纸质时代向数字时代转型的过渡性工作。在过渡阶段，由于传统档案存量较多，需要集中处理，数字化任务比较繁重。但存量得到解决后，随着无纸化办公的进一步发展，档案数字化任务也就基本完成。因此，对大部分档案馆来说，数字化只是阶段性工作，至少经过一个阶段后工作量会锐减。每个档案馆都配置庞大的数字化加工系统是没有必要的，可以通过相互合作或借助外部的数字化公司来集中解决过渡时期的档案数字化任务，由此以较低的成本获得专业化服务，避免大量高配置设备的低利用率，从而提高整个社会的档案数字化劳动效率。

5. 实用性要求

档案数字化需要较高的投资成本，开展该项工作之前必须分析其实际效益，明确其必要性。对档案进行数字化可能出于各种目的，但归结起来不外乎两点：为保护档案尤其是濒危档案而制作数字化复本，或为实现网络环境下的共享利用而数字化。深入分析可以看到，无论出于何种目的，都只需要进行有限范围内的数字化工作。

首先，需要用数字化副本的方式加以特别保护的濒危档案只是少数，况且这种利用替代式保护只是权宜之计，无法从根本上解决这类档案的长久保管问题；其次，为网络共享进行数字化，必然要考虑拟数字化档案的实际利用率，数字档案在寿命期内的网络利用频度足以抵偿其不菲成本的只是少数；最后，互联网是超越时空的虚拟环境，存储在网上某一节点的数字化档案信息可以方便地被整个网上的所有用户使用，原有的时空阻隔被完全打通，许多原来因地域隔阂而重复保管的档案信息在网络环境中将成为冗余信息。档案机构在确定拟数字化档案的范围时必须充分考虑网络共享的这一特点。

二、档案信息数字化的标准

（一）档案信息数字化工作的宏观组织

1. 加快档案数字化标准规范建设

国家档案局要责无旁贷地承担起档案数字化相关标准的制定工作，并严格监督这些标准、规范的执行情况。目前，我国虽已出台了《纸质档案数字化技术规范》，但规范范围有限，照片、录音、录像、缩微胶片的数字化标准仍未问世。由于国家标准出台相对滞后，落后于实际工作的需要，导致各地早期数字化的档案资源缺乏规范，形式不一。加快档案数字化标准体系建设，是档案数字化宏观管理的首要任务。为保证数字化档案资源与数字图书、情报以及其他文献信息检索利用的一体化，国家档案局应积极联合图书、情报部门，制定共同的技术标准，建立统一的技术模型和技术规范，以实现不同数据资源的"无缝整合"，提高信息资源的利用效率。

2. 建立档案数字化工程中心

各级档案行政主管部门应组织资源成立地区档案数字化工程中心。档案数字化工程中心的基本任务是开展档案信息数字化技术研究，提供档案数字化技术咨询，专业从事档案数字化加工。档案数字化工程中心可以采取灵活多样的组织机制，既可以是非营利的事业机构，也可以是商业化的经济实体；可以是地方档案馆的下属部门，也可以是多方合作的股份公司。无论采取何种组织形式，档案行政主管部门在中心的运行过程中应有专业"话语权"，能够通过合法的形式对其进行指导、监督与控制，以保证档案数字化工作的规范、有序。

3. 建立档案数字化机构认证制度

对从事档案数字化的机构实行认证、许可制度应成为发展的一个方向。质量认证和许可证制度是现代经济的重要组成部分，目的是控制生产者和生产过程的规范化，确保产品质量。认证分为商业性认证和法规性认证，后者具有强制性。目前，数字化档案信息的法律地位正在逐步得到认可，作为法律证据的数字档案信息不仅要有可信的来源，而且要由可信的机构对其进行数字化处理，包括嵌入验证其信息真实性的"数字水印"等。目前除档案部门外，从事档案数字化工作的有各类文献信息机构或其下属经营开发公司、信息技术公司、新闻出版机构等，这些机构技术力量和管理能力参差不齐，基础条件不同，经营运作纯市场化，追求的是经济利益的最大化。

4. 启动档案数字化工程

档案工作是国家的一项基础性事业，不可能实现产业化。档案的数字化需要大量的经费支撑，对公共档案而言，这些经费主要来自政府的财政预算。美国政府在 2000 年投资 3000 万美元兴建数字图书馆工程，这项工程的实施，使美国全部学校和公共图书馆资源都展现在网上。为了加快档案数字化建设的步伐，引起各级地方政府的重视，国家档案局和地方档案行政主管机关要力争启动国家或地方的"档案数字化工程"或"数字档案馆工程"，以获得专项经费的支持。

（二）数字化档案文件格式的选择

1. 数字文件格式的实质

数字化的实质是信息记录方式和载体形式的变换。传统的档案信息以图、文、声、像等形式记录于纸张、胶片、磁带等传统载体上，这些信息经过数字化后，以数字代码的形式加以记录，即这些图、文、声、像信息按照某种规定的方式变换成数字代码的组合，并被转录到磁带、磁盘、光盘等数字载体上。

2. 数字化档案文件格式选择的基本要求

档案保管利用的长久性，要求所选文件格式具有相对稳定性和对技术环境的相对独立性。文件格式必须在数字化之前选定，并且一经选定只能一以贯之。格式的随意改变或多样性将造成难以想象的困难。然而，数字文件格式本身处于不断发展之中，新的格式层出不穷并日臻完善。这种"稳定性要求""变动性现状"之间的矛盾，使得数字化档案文件格式的选择成为一个重要课题。根据所表达信息类型的不同，数字文件格式分为图形图像格式、音频格式、视频格式等。不同信息类型的档案，所选择的文件格式不同。

（1）文件的保真度

"忠于原文"是档案数字化的基本要求。数字化可以看成对档案内容的"拷贝"，这种改变信息表达方式的拷贝过程极易造成内容的失真。为此，在选择文件格式时要考虑其保真程度。数字化档案目的不同，对信息保真度的要求也不同，但无论如何，档案数字化对保真度的要求要高于其他文献。严格地说，任何格式的数字文件都存在不同程度的信息失真，关键是将失真度控制在可允许的范围内。

（2）文件的大小

高密度存储始终是档案管理追求的目标。档案文件卷帙浩繁，即便只是其中少数精品数字化，也将占用巨大的存储空间。也许在起步阶段，档案数字化在存储空间上的压力并不大，但与一般文献的数字化不同，数字档案文件通常需要长久保存，其累积空间是十分惊人的。为此，在选择文件格式时必须将文件的大小作为一个重要的因素予以考虑。

（3）与软硬件平台的相对独立性

大多数数字文件需要长期保存，为此，在选择数字化文件格式时，拟选格式对软硬件平台的依赖程度是一个十分重要的因素。

文件格式根据其对软硬件环境的依赖性可分为应用软件专用格式、中间转换格式两种。应用软件专用格式是某种应用软件在运行过程中为其数据对象自行规定的记录格式。专用格式虽然能够保存文件信息，但对特定软硬件环境具有很强的依赖性，其存储处理和还原受到操作系统、应用软件版本等的限制，要"原汁原味"地再现档案的原始面貌，必须重构这种专用格式特定的生成环境，包括操作系统、特定版本的应用程序，甚至特定的硬件平台。在经过较长时间后，再建某种专用格式的生成环境不仅投资很大，而且通常难以实现。因此，应用软件的专用格式并非数字化档案的明智选择，无论这种格式的技术支持有多好，除非这种专用格式已经成为事实上的标准。

中间转换格式是按照跨应用软件跨软硬件平台要求为同类专用格式相互转换而设计的数字文件格式，如图形图像文件的 TIF 格式、PDF 格式等。作为各类专用格式相互转换时的"中介"，各种应用软件都尽力支持中间转换格式，因此，中间转换格式具有较大的通用性。中间转换格式的优点十分明显，由于能在不同操作系统和硬件平台上使用，不受数字环境的限制，因此便于资源共享和长期保管。以这类格式保存的数字文件，需要迁移的频率较小，迁移过程相对简单，数据丢失的风险减小。数字化档案应尽量选择中间转换格式。

（4）通用性

通用性是指某种数字文件格式被用户和业界广泛使用和支持的程度。具体表现为：选择该种格式的信息系统的相对数量，各类应用系统对该种文件格式的技术支持或兼容性，获取该格式工具软件或应用系统的便利性，该种格式的技术开放程度等。

　　档案信息数字化的根本目的在于利用，因此，所选的文件格式必须考虑广大档案用户的利用环境，即用户软硬件环境对所用文件格式的支持程度。显然，选择通用性较强的文件格式会得到更多用户环境的支持。事实上，一个文件格式之所以流行，不仅因为这种格式自身具有种种优势，而且在于这种格式获得了更多的技术支持，其利用环境的建立十分便利。比如，用户可以通过网络或其他途径方便、廉价甚至免费地获得其生成、阅读、处理、转换所需的各种工具软件，或者大多数用户已有的应用程序兼容这种文件格式。

　　文件格式的通用性通常与其技术开放性相关。技术公开的文件格式，便于众多应用系统的开发者实现对该种文件格式的兼容或支持，从而增加其流行度。而通用性的加强，又迫使更多新的应用系统以这种格式为规范，以求达到与其兼容。反之，具有技术专利的文件格式通用性必然受到限制。

　　（5）标准化程度

　　每一种类型的文件都有多种多样的格式，这些文件格式的产生源于三种情形：配合特定应用软件及其软硬件环境而制定的格式；计算机相关厂商为占领或规范市场而推出的文件格式；国际性组织或协会为规范、统一起见，而推出或推荐的某种文件格式，或者对某类格式做出的某些技术规范，如国际标准化组织和国际电话电报咨询委员会为数字图形图像文件制定的国际标准 JPEG 格式、为音频文件制定的压缩技术规范 MPEG 等。

　　选择数字文件格式时应优先考虑标准格式或规范化程度较高的文件格式。这一方面是出于所选格式的通用性、技术开放性考虑；另一方面，标准格式或规范化程度较高的文件格式通常在技术上更为合理。

　　需要指出的是，一个标准格式的形成是要经过时间考验的，在许多情况下需要 3 ～ 5 年甚至更长的时间。在标准格式问世之前，某些被业界或用户广泛支持、使用的格式，由于已牢固占领并主导市场而成为事实上的标准格式。

　　3. 档案数字化的目的

　　（1）受制于数字化工作的目的和性质

　　文件格式的选择还受制于数字化工作的目的和性质，目的不同，所选的数字文件格式就有可能不同。档案数字化工作的目的之一是长期保管，为保管目的而数字化存在两种不同情形：其一，使用数字化复本替代原件长期保存和使用，原件销毁；其二，为重要档案原件制作异地保管的数字化复本。显然，"替代性保管"和"复本保管"对数字化工作的要求是不同的。对于前一种情况，数字文件内容上的"原真性"要求和长期保管的安全性要求远高于后者。为此，"替代性保管"所选的数字文件格式必须具有良好的还原性、安全性，其识读、显示出来的数字文件在内容上应与原件完全一致，在原件销毁之前要严格地比对、鉴定，并能通过数字签署等技术固化数字文件的内容，防止保管、利用过程中信息被篡改。因此，"替代性保管"对有损压缩格式的选择应十分小心，即便采用，也必须将压缩比、分辨率、采样频率等技术参数的设置限于能够"维持档案原貌"的限度，不能过多地考虑存储容量问题，而拟选格式是否具有安全管理和数字签署功能倒是一个重要的考虑因素。"复本保管"对数字文件格式的选择要宽松得多，主要考虑在维护"原真性"的前提下如何缩小文件的大小和日后文件还原的便利性。

（2）数字化目的内容

对档案进行数字化更多的是出于利用目的，主要是为了快速、便捷地利用档案的信息内容。为利用而数字化对数字文件原真性的要求要比为保管而数字化低得多。为利用而数字化同样要区分两种情况：网络利用和非网络利用。非网络利用的范围十分有限，目前主要通过将数字化档案封装打包成光盘的形式发行。这种形式的数字化与制作、发行一般文献的光盘资料无异，注重短期利用效果，因此，选择文件格式时应更多地考虑拟选格式的通用性和文件的大小。由于以光碟的形式打包发行，有时可能选择更具针对性的专用格式，只要利用起来方便倒也无可厚非。网络利用是数字化档案利用的主要形式，如网站档案信息公布、网上档案传输服务等。由于受到带宽的限制，网上档案利用尤其是网上实时响应对文件大小的控制近乎苛刻，此时选择文件格式不能在文件"质量"上做过多要求，只要能提供所需的信息即可。近年来，专门针对信息资源的网络利用推出了众多"流媒体"文件格式，这类格式对档案的网络利用而言是不错的选择。

第二节　纸质档案的数字化管理

一、纸质档案的数字化

（一）纸质档案数字化的技术模式

1. 目录数据与全文图像分体方式

每份文件的目录数据与全文图像分开存放：目录信息存放于目录数据库；全文图像以文件形式按照预定的存储规则和命名规则存储于文件服务器。目录数据库记录中的一个字段用以存储对应全文图像的存储路径，在目录数据库中检出文件记录后，借助记录中的存储路径可链接、显示该文件的数字图像。这种分体存储方式减小了目录数据库的规模，加快了对目录数据库的操作处理速度，提高了数据检索和更新的效率，确保了数据库的稳定性；缺点是地址链接容易出错，数据挂接颇费精力，备份比较复杂，需要通过软件来实现全文图像和目录数据库的一致性备份，因此程序编写较为复杂。

2. 目录数据与全文图像一体方式

文件的目录数据与全文图像作为一条记录存放在同一数据库中，即将档案的数字图像作为文件记录的一个字段（大对象数据项）直接存储到数据库中。

3. OCR 全文与目录数据合一、图像分体方式

为实现对档案内容的全文检索，对于印刷清晰的纸质文件，很多应用系统在扫描其数字图像的同时，还采用 OCR 识别技术将扫描后的图像文件转换成文本文件，建立文本与图像页面之间的对应关系。使用时，具有全文检索功能的系统可以对存入其中的文本文件进行逐字、逐词式的全文检索（即基于文件内容的检索），查找到所需内容后，再调阅该文本内容所对应的图像页面（扫描图像），用以观看档案文件的原貌。OCR 后的文本全文可作为不定长字符型字段附加在相应文件的目录数据之后，供档案管理系统对该文件进行自动标引和全文检索。除全文检索外，这种方式的另一个优点是可以对存储的档案文件进行自动、半自动标引，大大减少了著录标引工作的工作量。缺点是代价较

大，需要配置全文检索工具软件。

（二）纸质档案数字化的工作流程

1. 档案整理

（1）检查案卷文件及其目录数据质量

在开始扫描前，整理人员先按扫描计划和工作进程，以一定数量的卷数为一个批次，从档案库房提取档案，检查案卷的完整性，并按照《档案著录规则》等的要求，规范档案目录内容，包括确定档案目录的著录项、字段长度和内容要求。对有错误或不规范的案卷题名、文件名、责任者、起止页号和页数等进行修改。

（2）拆除装订

如果不去除装订物会影响到扫描工作的开展，则应拆除装订物，包括起订、拆卷、撕开粘贴页等，使档案文件以散张形式存放。拆除装订物时应注意保护档案不受损害。

（3）区分扫描件和非扫描件

拆分前检查卷内页号是否完整无误，发现有误及时纠正，发现没有页号正确添加，以防止档案文件的丢失和错序。然后从中选出需要扫描的页面，再次编制所需扫描的页号，两个页号通过不同的铅笔颜色或位置区分，以确保档案还原时能够清楚区别和核实页数。此后，把同一案卷中的扫描件和非扫描件区分开，并按扫描后的电子文件组织形式进行重新分类，以便批量扫描。

（4）页面修整

破损严重、无法直接进行扫描的文件，应先进行技术修复。因褶皱不平而影响扫描质量的原件，要先进行相应处理（压平或熨平），再进行扫描。

（5）档案整理

登记分类整理后的档案按顺序交付扫描人员，交接时填写纸质档案数字化加工过程交接登记表单，详细记录档案整理后每份文件的起始页号和页数，由交接双方签字。

（6）装订

扫描工作完成后，拆除过装订物的档案应按档案保管的要求重新装订。恢复装订时，注意保持档案的排列顺序不变，做到安全、准确、无遗漏。

2. 档案扫描

（1）扫描方式

扫描之前要根据拟扫档案的质量和对扫描速度的要求，选择采用自动进纸扫描或平板扫描。自动进纸扫描仪中档案要随扫描仪滚动轴一起滚动来完成扫描过程；平板扫描仪则将档案固定在静止的稿台上，通过感光鼓的平移来完成扫描过程。尽管这两种扫描方式形成的图像文件相同，但在扫描速度和对文件纸质的要求上差别很大。自动进纸扫描仪多为中速或高速扫描仪，速度每分钟几十甚至上百张，比平板扫描仪快一个数量级，因此对纸质要求较高。

（2）扫描色彩模式

第一，黑白二值扫描。又称单色扫描，以这种方式扫描的图像只有黑白两级灰度，即每个像素非黑即白，没有彩色或中间色（灰色）呈现。黑白二值扫描方式不能很好地表现照片图像，对于学籍登记册、婚姻登记表等证件档案，由于其上贴有身份照片且尺寸较小，用二值扫描基本上无法辨认，故不宜采用。

第二，灰度扫描。所生成的图像既包括黑白两色像素，也包括黑白之间的中间性灰色像素，因此能较为精确地表现图文的明暗变化和内容细节，但占据的存储空间要远远大于二值扫描图像。灰度扫描适用于存在明暗变化的黑白图像，字迹清晰度差，或者带有插图照片的黑白档案的数字化扫描。一些年代久远的档案，由于纸张已经发黄，文件底色与其上记载的文字内容的对比变得不太明显，这类档案虽然没有照片，但仍应采用灰度方式扫描。

第三，彩色扫描。彩色扫描所生成的图像文件是彩色的，它能丰富地表现档案的全貌及细节部分。彩色扫描生成的图像占据存储空间巨大，在档案数字化扫描过程中，除有特殊需要外，一般不宜将纸质档案扫描成彩色的图像文件。

（3）色彩位数

采用彩色或灰度扫描时，还需要确定色彩位数或灰度等级。色彩位数或灰度等级越高，所表达的颜色（或灰度）种类越丰富，越接近自然色。对于纸质档案而言，一般文稿或图片的质量不会很高，即使采用高色彩位数扫描，效果亦不可能有太大提高，相反文件的大小却成等比数列增加。

（4）扫描分辨率

分辨率是扫描过程中最为重要的一个参数，是单位长度内图像包含的点数或像素数，一般用每英寸点数表示。分辨率越高，图像越清晰，但所占的存储空间也越大。分辨率越低，图像细部就越失真，所占存储空间也就越小。因此，选定扫描分辨率时，要在图像清晰度和所占存储空间之间进行权衡，原则上以扫描后的图像清晰完整、不影响图像的利用效果为准。

（5）亮度

亮度是调节扫描后生成图像明暗效果的特定指标。亮度值越高，图像越明快；亮度值越低，图像越灰暗。亮度值调节的合适与否关系到所形成图像文件的清晰程度，影响着 OCR 识别的准确率。

如果采用灰度或彩色扫描，生成的图像文件在事后仍可借助图像处理软件进行亮度调整，但如果采用的是黑白二值扫描，扫描时确定合适的亮度就非常关键，它不仅能使白底黑字的档案更加清晰，而且可以借助亮度调节来修复档案原文在黑白反差上存在的缺陷。

（6）扫描登记

扫描后要认真填写纸质档案数字化加工过程交接登记表单，登记扫描的页数，核对每份文件的实际扫描页数与档案整理时填写的文件页数是否一致，不一致时应注明具体原因和处理方法。

3. 图像处理

（1）图像数据质量检查

对图像偏斜度、清晰度、失真度等进行检查，发现不符合图像质量要求时进行图像处理。由于操作不当，造成扫描图像不完整或无法清晰识别时，要重新扫描。发现文件漏扫时，及时补扫并正确插入图像。发现扫描图像的排列顺序与档案原件不一致时，及时进行调整。同时，认真填写相关表单，记录质检结果和处理意见。

（2）纠偏与图像拼接

扫描操作失误而造成图像颠倒，或扫描时送纸没有完全垂直而使图像文件发生偏斜的，要进行旋转还原和纠偏处理。对大幅面档案进行分区扫描形成的多幅图像进行拼接处理，合并为一个完整的图像。

（3）去污

对图像页面中出现的影响图像质量的杂质，如黑点、黑线、黑框黑边等利用系统提供的专用工具进行去污处理。处理过程中应遵循"在不影响可懂度的前提下展现档案原貌"的原则。在此原则下，利用图像处理技术修复因原件保护不当而造成的明显缺失，如文件上的污痕、渍点或褐斑等。

（4）裁边处理

如果图像文件有黑框或多余的白边而影响美观，则要进行适当的裁切，尤其是采用彩色模式扫描的图像，以使图像与档案文件的实际边缘相符，并有效缩小图像文件的容量，节省存储空间。

（5）色彩调整

色彩调整旨在使录入的图像更符合原档案图文的色彩，或在不影响原真性的前提下对图文色彩的失真进行校正。色彩调整较复杂，包括各颜色通道的色阶上下限调整、色调变化调整、各色调区域的色调平衡调整、色相调整、对比度调整等各种手段。色彩调整仅在必要时采用。

4. 图像存储

档案文件经过扫描和图像处理后必须以一定的方式存储，这一环节的主要任务是合理选择图像文件的存储格式和有效标识存储图像文件。

（1）存储格式

纸质档案数字化后将形成成千上万幅图像文件，数据量巨大，因此图像压缩十分必要。图像压缩是在保证图像质量的前提下，通过某种数学运算方法将图像的数据量降到最小，分无损压缩和有损压缩两种。无损压缩不破坏原有图像信息，压缩后图像可通过相应的恢复算法精确复原；有损压缩则在可接受的图像质量条件下对图像进行不可复原性压缩。有损压缩比无损压缩有更高的压缩比，因而压缩后的图像数据量更小，更适宜网上传输。

（2）分层设定图像文件格式

图书情报界在数字资源存储规范方面已经做了大量工作，对数字资源的文件格式选择提出了标准性、可操作性、前瞻性等要求，这些要求富有积极意义，档案界也应当与图书情报界携手合作，提出适用于多方的共享标准。就数字化文献的文件格式而言，图书情报界的建议是要根据数字图像的应用目的和应用环境，将其应用分为三个层次：存储层、网络层、索引层，分层设定数字化图像的格式规范。

（3）图像文件的命名

纸质档案目录数据库中的每一份文件都有一个与之相对应的唯一档号，以该档号为这份文件扫描后的图像文件命名。多页文件可采用该档号建立相应的文件夹，按页码顺序对图像文件命名。

5. 目录建库

目录数据库建设工作与档案数字化工作密切关联，在很多情况下两者是同步进行的。目录数据库的质量关系到数字化资源的利用与管理效率，因此在数字化流程中目录建库及其质量核查被作为一个独立环节，提出了严格要求。录入数据的质量要采用人工校对或软件自动校对的方式进行检查，对著录项目是否完整，著录内容是否规范、准确等要进行严格的审查。

6. 数据挂接

（1）数据关联

以纸质档案目录数据库为依据，将每一份纸质档案扫描所得的一个或多个图像存储为一份图像文件。将图像文件存储到相应文件夹时，认真核查每一份图像文件的名称与档案目录数据库中该份文件的档号是否相同，图像文件的页数与档案目录数据库中该份文件的页数是否一致，图像文件的总数与目录数据库中文件的总数是否相同等。通过每一份图像文件的文件名与档案目录数据库中该份文件的档号的一致性和唯一性，建立起相对应的关联关系，为实现档案目录数据库与图像文件的批量挂接提供条件。

（2）交接登记

纸质档案数字化转换过程交接登记表单，记录数据关联后的页数，核对每一份文件关联后的页数与档案整理、扫描时填写的页数是否一致，不一致时应注明具体原因和处理办法。

（3）汇总挂接

档案数字化转换过程中形成的目录数据库与图像数据，经过质检环节确认为合格后，应通过网络及时加载到数据服务器端汇总，通过编制程序或借助相应软件，实现目录数据对相关联的数字图像的自动搜索、加入对应的电子地址信息等，实现批量、快速挂接。

7. 数据验收

数据验收是档案数字化质量控制的重要环节。要以抽检的方式检查已完成数字化转换的所有数据，包括目录数据库、图像文件及数据挂接的总体质量。一个全宗的档案，数据验收时抽检的比率不低于 5%。目录数据库与图像文件挂接错误，或目录数据库与图像文件出现不完整、不清晰、有错误等质量问题时，抽检标记为不合格。一个全宗的档案数字化转换质量抽检的合格率必须达到 95% 以上方为验收"通过"，其中合格率为抽检合格的文件数占抽检文件总数的比例。

8. 数据备份

经验收合格的完整数据要及时进行备份。为保证数据安全，备份载体的选择应多样化，可采用在线、离线相结合的方式实现多套备份并异地保存。备份数据也要进行检验，检验的内容包括备份数据能否打开、数据信息是否完整、文件数量是否准确等。数据备份后应在相应的备份介质上做好标签，以便查找和管理。数据备份还要填写纸质档案数字化备份管理登记表单。

9. 成果管理

对数字化档案数据的保管与利用要加强管理，以确保其安全完整和长期可用。档案数字化成果在提供网上检索利用时要制作单位的电子标识，并根据具体情况分别采用可下载或不可下载的数据格式。

二、纸质档案数字化系统的基本结构

（一）扫描仪

1. 扫描仪的种类

扫描仪按扫描原理分为平面扫描仪和滚筒式扫描仪两大类。平面扫描仪使用光电耦合器件 CCD，一般用于普通幅面档案的扫描；滚筒式扫描仪使用光电倍增管，性能高于 CCD 类扫描仪，因此多用于大幅面图文的扫描，特别是大幅面工程图纸。扫描仪还有单面扫描和双面扫描两种。双面扫描仪一次扫描可以同时完成对文件正反两面内容的扫描。档案馆应视实际需要决定是否配置双面扫描仪。

2. 扫描速度

扫描速度指标对档案馆颇为重要，因为档案馆藏数量庞大，高速扫描有利于提高工作效率，缩短档案数字化的时间。扫描仪按扫描速度可分为中、高速自动进纸扫描仪和低速平台扫描仪。高速自动进纸扫描仪处理速度可达每分钟几十至几百张，缺点是无法处理大幅面的档案文件，对档案纸张质量的要求较高，纸张状况较差时容易损坏档案原件。

3. 扫描仪的光学分辨率

分辨率是表示扫描仪精度的重要指标，反映扫描仪对图像细节的表现能力，用每英寸长度上扫描图像所含像素点的个数 DPI 来表示。扫描仪分辨率有两种：光学分辨率和插值分辨率。光学分辨率是扫描仪的实际分辨率，是决定图像清晰度和锐利度的关键指标。插值分辨率则是通过软件运算的方式来提高分辨率而得到的数值，又称作软件增强的分辨率。

4. 色彩位数

扫描仪色彩位数越高，所能反映的色彩越丰富，扫描出的图像也越真实。目前，30、36、42 位色彩的扫描仪开始成为市场上的主流产品。扫描仪的色彩位数并非越高越好，过高的色彩位数不但提高了扫描仪的价格，而且所形成的文件将占用很大的硬盘空间，所需的扫描时间也会增加不少。普通档案扫描使用 30 位色彩的扫描仪已经足够。

5. 动态密度范围

动态密度范围表示扫描仪所能探测到的最淡颜色和最深颜色间的差值。范围越宽表示扫描仪可捕获到的可视细节越多，再现色彩细微变化的能力越强。普通平板扫描仪的密度范围在 2.4 ～ 3.5 之间，能够满足普通文档数字化的要求。对用于扫描工程图纸的滚筒式扫描仪，动态密度范围要求较高，一般的滚筒扫描仪密度范围大于 3.5，因而能够分辨出图像细微的层次变化。

6. 扫描仪接口方式

接口指扫描仪与电脑的连接方式，常见的有 EPP 接口、USB 接口、SCSI 接口和 IEEE1394 接口。EPP 即打印机端口，其最大特点是方便，对计算机要求低，且现在的加强 EPP 口和 USB、SCSI 的速度已经很接近，但扫描质量较差。USB 接口速度较快，安装方便，可以带电拔插，但它对主板质量要求高。

7. 随机软件、资料

扫描仪的功能要通过相应的软件来实现，除驱动程序和扫描操作界面以外，几乎每一款扫描仪都会随机赠送一些图像编辑、OCR 文字识别等软件。不同扫描仪配供软件不一，选购扫描仪时要关注配套软件的品种及其说明材料。

（二）计算机

计算机是档案数字化的基本工具。整个数字化系统需要一台服务器来管理运行，对服务器的性能要求较高，必须有较大的存储容量和较快的运行速度，具体配置因数字化系统的规模而异，可购置专用服务器，也可使用高配置的计算机来替代。理想配置为双 CPU 处理器、大容量内存、热插式硬盘驱动器 SCSI 硬盘和集成 RAID 控制器等。

（三）信息存储设备

大量档案图文信息的存储离不开海量存储技术。数字化后档案信息的存储有在线、近线和离线三种方式，分别适用于网络共享数据备份等不同情形。存储介质有磁盘、光盘、磁带等，存储设备有硬磁盘机、光盘库、光盘塔、光盘阵列、磁带机、磁带库等。

三、纸质档案数字化系统

（一）软件配置

纸质档案数字化系统需要用到的软件有两类：系统软件和应用软件。系统软件包括操作系统、数据库管理系统等平台。应用软件是在上述软硬件平台的基础上实现数字化流程的文档扫描图像处理和数据存储等软件程序。这些软件程序可以从市场上购置，或者随硬件设备配送获得，对于大批量纸质档案的数字化处理而言，仅仅依靠上述分散的、专用的工具软件是不够的，必须采取系统集成方式，将整个数字化流程集合为一个统一的制作、加工系统，开发出专用的"纸张档案数字化制作软件系统"，以实现档案数字化加工的"流水线"制作和"规模化"管理。

（二）基本要求

纸质档案数字化制作系统是一套批量加工纸质档案的数字化制作管理集成软件。适应不同规模的制作环境开发不同的版本；适用不同类型的纸张，兼容各种档次的扫描设备；提供高效的扫描录入和图像处理功能；提供完善的质量保障和工序流程管理，实现标准化和规范化的生产；采用先进的软件开发技术和开发工具；基于大型数据库管理系统；网络版系统采用 CS 和 BS 相结合的结构；客户端浏览器支持大多数标准图像及文本格式，合法用户通过系统的认证可以由此访问服务器，调出数据和图像，浏览器可以对图像进行放大、缩小、旋转、反色、自动播放等操作，尽可能采用多线程技术，以实现图像的边下载边浏览，缩短等待图像的时间，提高工作效率；采用多层安全防护，充分利用大型数据库管理系统的安全防护机制，对任何数据操作都可以在后台进行监控，阻止非法用户破坏数据系统。

（三）纸质档案数字化制作软件系统的功能模块

1. 认证注册子系统

鉴于档案数字化工作的特殊性，并考虑到多台电脑同时工作时的跟踪管理，网络版的档案数字化制作系统应采取科学的加密认证措施，具有网络注册认证功能，以保证只有合法用户才能登录并合理使用系统资源。

2. 原文扫描子系统

该模块实现系统最主要的功能，即原文扫描。系统带有扫描仪、数字照相机接口，可以直接获取来自外部的数据信息。通常，系统能够支持基于 Twain 协议的各种扫描仪。

3. 图像编辑子系统

该子系统的主要功能是实现对图像的各种处理。在多机操作环境下，系统应支持对网络服务器文件的处理，同时标记已处理过的标识，以便很好地分工协作。完整的图像编辑子系统包括以下功能：支持常用的几何作图，如画矩形、直线等；支持添加文字注释；支持剪切、复制、粘贴图像的局部；支持图像形态学运算、几何运算、点运算等多种图像的特殊效果操作；支持任意角度的旋转纠偏、去黑边、自动去污等；支持不同颜色的图像相互转换；支持不同格式的图像相互转换；支持图像颜色的局部处理；支持 OCR。

4. 消蓝去污子系统

该子系统通过调节图像背景颜色和亮度来改善图像质量，达到"还旧如新"的效果，俗称"消蓝去污"，主要用于处理一些因年代久远或保管不善而在档案表面出现发黄、变旧、生霉、水渍的老档案。该子系统的功能要求是：支持图像的局部处理，使图像局部效果增强；可以实现将灰黑模糊的档案原件图像调整为字迹明显、基本无污点的理想效果；可以还原关闭保存当前文件之前的一切修改；经过处理后的图像文件具有高压缩比。

5. 图像拼接子系统

受到扫描设备幅面的限制，一些小型扫描设备不能直接处理大幅面的档案原件，因此需要采取局部扫描、后续拼接的处理工艺。图像拼接子系统的主要功能就是能实现左右拼接、上下拼接和连续拼接等。

6. 档案查询子系统

档案查询子系统即浏览器，用以实现数字档案的快速查询与图像浏览。该子系统可按以下结构设计：左视图采用树形结构显示查询结果的目录树，便于快速定位，并获知相关级属关系；右视图采用显示控件，显示查询结果的指定页，并采用多线程设计，以实现即时下载显示；左视图可以显示隐藏；右视图中显示的图像支持缩放、旋转、全屏显示、翻页等功能，并可以根据用户权限决定是否允许打印或保存到本地。

第三节　照片和音频档案的数字化管理

一、照片档案的数字化

（一）照片档案数字化对象的选择

完整的照片档案包括底片、相片和文字说明三部分，其中相片是由底片冲印得到的"复制件"。照片档案的数字化究竟选择底片还是一般相片作为扫描对象，需要进行研究。

1. 底片

若采用底片作为扫描母版，图像效果较好，因为底片是银盐胶片，图像分辨率和密度要比相片高很多，耐久性和稳定性也比相片好，以其作母版扫描出来的图像色彩及细节的保真度高。缺点是必须使用专门的底片扫描仪或者在常规扫描仪上加装透扫适配器，对扫描设备的要求比较高。

2. 相片

用相片作为扫描母版，图像效果要次于用底片作母版。相片本身是底片的"复制件"，在冲洗过程中通常会因为控制不当而出现色彩失真或偏色等问题，在长时间保存后，相片还会因为化学作用而发黄、变色，尤其是彩色相片，用这样的相片作扫描母版，在颜色、亮度、饱和度等方面可能会有很大失真。

（二）照片档案数字化方式与分辨率

1. 照片档案的数字化

可以采取用扫描仪扫描输入和用高档数码相机对其进行翻拍录入两种模式。扫描输入是照片档案数字化最通用的方法，所需设备简单，操作过程也比较简便，并适用于各类照片档案的数字化处理。翻拍录入过程虽然比较快捷，但要配置辅助照明设施，拍摄过程中对变焦、曝光等的调控要求较高，拍摄难度比想象中的大。由于普通数码相机在光学成像过程中会产生像差，因此需要使用中高档数码相机，中高档数码相机镜头一般都配有较大值光圈、变焦镜头、高分辨率 CCD 等，可以保证高质量的拍摄效果。

2. 照片扫描分辨率

照片档案记录的是图像而不是文字，分辨率的高低对其质量的影响更为敏感。理论上说，分辨率越高，扫描图像越清晰，存储空间越大，扫描所需时间也越长。但当扫描分辨率高于一定阈值后，照片质量不会有明显提升，反而陡增存储空间，延长扫描时间。因此，在设定扫描分辨率时，要在分辨率与图像大小之间认真权衡，区分是底片扫描还是相片扫描，综合考虑被扫描照片的尺寸、原照片的图像质量和利用性质及其还原输出要求等因素，在实际测试的基础上，具体确定每一批照片扫描的最佳分辨率。

（三）照片档案数字化的前与后

1. 照片档案数字化前的处理

底片乳剂层中含有明胶，明胶在长期遭受温度、湿度和空气氧化作用后，会产生霉斑、皱纹、粘连、褪色等现象。相片、底片保管不当也会沾上污垢、斑点、手印等。扫描后的霉斑会在图像上产生白点，破坏数字影像的质量，而采用图像处理技术并不容易清理干净。因此，最好的办法是在扫描之前对底片、相片上的霉点、斑渍等作适当清理。当然，处理方法必须正确、恰当，避免进一步伤害照片。

2. 照片档案数字化后的处理

照片档案在数字化过程中不可避免地产生一些"噪声"干扰，造成形与色方面的失真。为此，需要通过照片档案数字化系统中的图像处理功能，或者专门的图像处理软件来对数字化后的照片图像进行处理，但这种处理必须立足于"尽量恢复其本来面貌"的宗旨，不可随意行事。

事实上，现有的图像处理软件功能十分强大，可以随心所欲地改变数字图像的外观形态。但是照片档案与一般的纸质档案是不同的，其侧重的就是图形和色彩，而不是文字符号所表达的意思。因此，对数字化后的照片档案进行图像处理，极有可能破坏原作品本来的构图、格调或韵味，使照片档案失去其原始性。

一般来说，照片档案图像处理的内容局限于以下三项：旋正，将颠倒或歪斜的图像调整到正直位置；裁白，将扫描图像中原照片以外的空白区域切除；去污，将扫描过程中产生的黑白点和瑕疵修整、去除。

（四）数字化照片档案的保管

作为母版保存的照片档案图像，一般选择 JPEG 格式保存，重要的保真度要求更高的档案可以选择无损压缩的 TIFF 格式保存，但同一图像的 TIFF 文件将比 JPEG 文件大很多。

数字化照片档案可以用不同的文件格式刻录到多套光盘上，异地保存，同时存储在服务器上提供在线利用。为便于照片档案的有效利用，应建立照片档案专题数据库。照片档案著录项目及其专题数据库结构，应尽可能遵循档案著录标引规则和相关的数据库结构规范，著录项目可选择全宗号、归档年度、保管期限、分类号、照片张号、照片题名、责任者、形成时间、摄影者、照片原文、主题词、整理人、密级、参见号、存放位置、组卷标识、归档日期、备注等。

二、音频档案的数字化

录音档案是以声音为信息表达方式的档案材料。在档案库房中，领导讲话、文艺演出、座谈、采访和会议录音等都是馆藏的重要内容。传统的录音档案主要以录音带、唱片作为记录载体，数字化后的音频档案则记录在数字光盘、磁盘、数字磁带等介质上。这里之所以以"音频"代替"录音"，是为了与数字技术中的专业术语一致。

（一）音频档案数字化的现实意义

1. 网络共享呼唤数字化音频档案

随着宽带网技术的飞速发展和音频压缩技术的成熟，数字音频广播、数字音频工作站、网络自动化播出系统等由概念变成现实，这类数字传媒必然会利用到珍贵的档案资源，因而需要对大量音频档案进行数字化。

2. 传统录音档案亟待通过数字化加以保护

使用录音磁带保存声音档案，即使严格遵守磁性载体档案的保存环境，在长期保管和反复利用过程中，磁粉也会有不同程度的脱落，造成磁性衰减、退化，甚至出现磁带粘连、霉变的现象。为此，每隔 10 年需要进行一次复制，"因为使用的是模拟记录方式，这会使声音档案的信息损失 10% 左右"，造成复制后录音档案的失真，这种失真将随复制次数增加而倍增，最终因噪声过大而无法播放。数字化技术能够缓解这一难题，采用数字化方式"复制"后，声音信号转化为二进制数字，由于存在校验机制，理论上说无论复制多少次，也无论利用多么频繁，声音也与原先完全一样，从而保证了音频档案的原真性。

3. 音频档案数字化带来的实际效果更好

档案馆藏中，声像档案由于其形象生动始终拥有较高的利用率，尤其是与文化生活相关的材料。这些为群众所喜闻乐见的声像档案经数字化后通过网络广泛流传，对于充分发挥档案价值、提高公众档案意识、增强档案馆的社会性，无疑具有更为积极的现实效果。

4. 音频档案数字化所需投入较低

音频档案的数字化无须购置昂贵的高速扫描仪、配备高档的数码摄录设备。在数字化量有限的情况下，硬件方面只需配置一张高质量的声卡，软件方面则有众多免费的编码、播放和转换软件供选择使用，所需投资极小。

5. 音频档案数字化的技术实现相对简单

音频档案的数字化不存在太大的技术障碍，信息技术界已开发出各具特色、各有所用的音频格式，各种格式的转换软件比比皆是。对档案界来讲，唯一需要考虑的是对某种录音档案宜选用何种音频格式，选择哪款转换软件。至多在数字化规模较大而软件开发力量又可行的情况下，自行开发更为适用的音频档案采集、转换系统。

（二）音频档案数字化的原理

1. 模拟电平信号对原始声音的保真度

由原始声音到模拟声音振动的电平信号是由拾音设备来完成的。拾音设备的性能决定着模拟电平信号对原始声音的保真程度。对需要数字化的录音档案而言，数字化的对象通常是已经固化在录音带、唱片等载体之上模拟声音振动的模拟信号，这种模拟信号本身应视作"原始声音"，它们在相应的播放设备中转化为模拟电平信号。

2. 模数转换设备的性能

模数转换设备是模拟电平信号向数字信号转变的基本硬件。模拟电平信号送入计算机后，由其完成模数转换。模数转换过程中会产生噪声，导致"原始声音"的失真，档次高的模数转换设备信噪比较好，产生的噪声较小。为保证数字化音频档案的质量，应尽可能选用高品质的模数转换设备。此外，在模数转换过程中，其他相关硬件设备也会对音质产生一定的干扰或影响，如不稳定或低品质的主板或接口卡、屏蔽不良的通信线缆等。

3. 数字化过程中的采样频率、采样精度和声道数

模拟电平信号向数字化信号的转变是通过对模拟信号的"采样"来实现的。计算机在固定的时间间隔内对模拟电平信号的强弱进行测量，并用一组数字记录下来，以此记忆下模拟电平信号的变化。采样频率、采样精度和声道数是决定数字化音频质量的三个关键指标。采样频率是指每秒钟对电平信号采样的次数。采样频率越高，数字音频信号的保真度就越高，但数据量就越大。根据音频采样定理，对于随时间连续变化的模拟信号波形，只要采样频率高于信号中最高频率的 2 倍，即可从采样所得信号恢复出原始信号的波形。虽然数字化音频的质量可以通过选择较高的采样频率、采样精度和声道数得到改善，但数字化音频文件所需的庞大的存储容量，通常使档案专家需要在音频档案保真度要求和存储容量限制之间作出折中的选择。

4. 文件压缩方式

文件压缩方式是决定音频档案保真度的另一关键因素。通过模数转换获得的数字信号需要选择一定的方式存储。由于数字化音频文件过于庞大，因此，在存储之前通常采用某种方法对其进行压缩，从而形成不同格式的音频文件。同一音源的不同存储格式，存储容量相差极大，音色的保真度也有较大区别。档案专家必须根据被数字化音频档案的不同要求作出合理选择。

（三）音频档案数字化的软硬件设备

1. 传统放音设备

根据拟数字化录音档案的规格、型号配置相应的放音设备，如开盘式放音

机、钢丝带放音机、盒带录音机、电唱机等。放音设备必须能将声音源以电平信号的方式输出，若原设备不具有音频输出插孔，应进行改装。

2. 模数转换

模数转换设备是音频档案数字化的核心部件，好的模数转换设备有低失真、低时延、高信噪比等特点。音频模数转换设备分为家用声卡和专业声卡两类。家用声卡价格低廉，其模数转换器的品质较低，容易发生延迟、抖动，因此，在将模拟信号转换成为数字信号后，声音效果会减弱。

3. 多媒体计算机、操作系统和数据库管理系统

配置高主频、大内存、大硬盘容量的高可靠性多媒体微机。同时配置至少一台对音频档案进行著录、标引，建立音频档案目录数据库的普通录入终端。

4. 音频制作软件

选作录音档案数字化的音频制作软件应当具备以下功能：音频电平控制功能，这对高质量的音频文件非常重要；均衡功能，可以控制音频的音质；噪声控制功能，可以削减音频中不必要的噪声幅度；CD"抓取"和制作功能，可以直接获取 CD 上的所有数码信息，并且可以把制作结果备份到 CD 上；为高级处理准备的插件程序支持功能，可以在音频编辑系统中使用第三方软件；流媒体支持功能，可以直接从音频编辑系统中输出流媒体，而无须另外的编码器；批处理功能，可以自动处理批量任务。

（四）音频档案数字化处理的基本步骤

1. 原音带处理

被数字化磁带的正常播放是录音档案数字化的前提，也是保证数字化音频质量的关键一步。旧磁带普遍存在信号强度减弱、磁粉脱落、霉变、粘连等问题。因此，在正式数字化前，要对破旧的录音磁带进行清洁、修复和必要的处理，以获得合乎要求的信号源。必要时，应将旧磁带在放音机中快速倒带一次，用录音机清洁带对放音机磁头进行清洁。

2. 音频线路连接

在关机状态下，使用音频连接线将放音机的音频输出口与计算机声卡的音频输入口相连，启动多媒体计算机，选择声音和音频设备属性中的音频选项，

将录音控制设置为线路输入开、其他选项关。然后，打开放音机和电脑音箱，调整计算机音箱音量直到合适为止。

3. 音频采集

打开音频制作软件，创建新的音频文件，选择采样频率和采样精度等参数，在按下放音机放音按钮的同时，启动音频制作软件的录音按钮，通过控制和调整制作软件显示的电平波形来将录音音量控制在适宜的程度，以防止失真。

实际工作中，对于批量录音档案的数字化，通常设计专用的音频档案数字化系统。该系统将音频制作软件作为插件嵌入其中，整个音频数字化的各个环节及其过程控制集成在系统平台上完成，操作者加载好磁带后启动音频档案数字化系统，设定好相应的参数，由系统按照已调整好的参数自动完成采录过程。采录中，操作者只需监测程序的运行情况，最终核对存盘即可。

4. 音频编辑

采集得到的音频文件可以使用音频制作软件进行编辑处理。主要内容包括音量调节、音调调整和噪声处理。例如，如果采集得到的音频文件音量太小，可使用 Cool Edit Pro 2.0 对波形振幅进行提升，将其调整到最佳状态；可利用 Cool Edit Pro 2.0 的图形均衡器对音频文件进行高低音均衡调节，使整个声音文件听起来更加逼真；可使用 Cool Edit Pro 2.0 的降噪功能去除音频文件中的各种杂音。

5. 音频存储

编辑处理的数字音频信号应选择合理的音频文件格式以适当的方式存储到计算机中。

6. 后期工作

上述 5 个过程只是将录音磁带本身进行了数字化，在某些情况下，录音档案所对应的声音内容还需要以文本方式输入计算机，以便对音频文件实现"全文"检索。每份音频档案原则上对应一份文本文件，该文本文件与音频档案拥有相同的文件名，但扩展名不同。

数字化后的音频文件及其对应的文本文件，必须通过建立规范化的音频档案目录数据库或专题目录库来实现有效利用。音频档案数据库除包括一般档案数据库设定的著录项目外，还要包括音频文件存储路径、其对应文本文件的存储路径、原录日期、数字化日期、数字化责任人等内容，并通过数据库的地址链接方式，将数字化音频文件与其对应的文本文件联系起来。后期工作还包括根据不同的利用需求对音频文件进行格式转换。为保证数字化音频文件的安全，通常要将音频文件、相应的文本文件、目录数据库以及音频制作软件等一起刻录到光盘上，并一式多套异地保存。

（五）音频档案数字化的文件格式选择

1.音频文件的类型

（1）无损压缩格式和有损压缩格式

数字音频文件可按压缩方式分为无损压缩和有损压缩两大类。无损压缩格式在对声音信号进行压缩时没有任何信息损失，真正的无损压缩音频文件是能直接采用播放软件播放的，并且不同无损压缩格式之间可相互转换而不丢失任何数据。无损压缩的缺点是压缩率小，为 **60%** 左右，缺乏支持硬件。与无损压缩相对的是有损压缩格式。为了减少音频文件的存储容量，便于在计算机或网络上存储和传输，音频文件更多地采用有损压缩格式。有损压缩的声音品质存在无可挽回的损失。

（2）普通音频文件和流式音频文件

音频文件按网上传输方式分为普通音频文件和流式音频文件两大类。普通音频文件如果在网络中利用，需将其全部下载完后才可以播放。

流式音频文件是针对网络应用而出现的音频文件格式，又称流媒体格式，它是将音频多媒体文件经过特定压缩处理后，放在网络服务器上进行分段传输，利用者不需要将整个文件下载到本地，可以采用边下载边收听的传输方式。在现有网络带宽的限制下，为了达到网上流式传播的目的，音频文件需经过专门的压缩处理，以缩减文件的大小，但其品质基本上能被人们所接受。

2.音频文件格式的选择

理论上说，除 MIDI 外，所有格式都可以成为对音频档案数字化的存储格式。音频文件格式的选择关系到整个数字化工作的成效，格式一经选定不宜变动。因此，在选择前必须进行充分的论证，乃至必要的试验。作出选择时至少应注意以下六点。

（1）在存储空间与保真度之间取得平衡

就追求保真度而言，当然选择无损压缩格式，应选取高采样频率和高采样精度。然而，无损压缩占用的空间数十倍于有损压缩，若设定高采样频率和高采样精度，空间占用更是惊人。事实上，无论采取何种存储模式，失真总是存在的，区别只是失真度的大小而已。对大批量音频档案的数字化，存储空间受到现实条件的限制。为此，在追求最小失真时必须考虑存储空间问题，在存储空间与音频失真度之间取得平衡，将音频失真度控制在档案管理所允许的范围内。

（2）区分音频数字化的目的

如果数字化是出于保存的目的，即数字化后的音频文件将用来替代原先的模拟录音带或唱片永久或长期保存（原录音带或唱片因技术或物理原因将在被数字化后逐步销毁），在选择音频格式时，对保真度的要求相对较高。

如果数字化是出于利用的目的，即数字化后的音频文件只是用作原录音带或唱片网上、网下利用的替代品，则所选的文件格式只要满足用户的利用需求即可。

（3）区别数字化对象的性质

被数字化的音频档案有两种类型：音乐歌曲、言语声音。前者对音质的保真度要求高于后者。具体选择时，要根据利用主体对象是专业音乐人士还是普通社会公众来设定采样率、压缩比等可变参数。话音的保真度要求不如乐曲，因此，在选择上述格式时，可设定相对较低的采样率、采样精度和较高的压缩比，除非有特殊要求。

（4）注重所选格式

在通行、标准化程度无损压缩中，CD 是最流行的格式，并已成为国际标准。有损压缩中，MP3 是目前最为流行的音频格式，WMA 则由于微软公司可能采取"捆绑式"推销和强势舆论宣传以及其技术上的支持，而可能成为未来的主流音频格式。

（5）充分考虑所选格式是否有较强的软件支撑

每一种音频格式都需要相应的编码软件和播放软件，并且需要具备对其他各种主流格式的转换工具。为此，在选择前，应对各种音频格式作充分的市场调研和技术摸底，了解清楚其相关可用软件的类型、来源，并对各种音频格式的情况作细致的分析对比。强有力的软件支撑和技术支持是选择数字化档案音频格式的重要决定因素。

（6）考虑音频档案的利用形式

数字化后的音频档案大多通过网络提供利用，在纯粹为此种方式而数字化的情况下，流媒体格式是当然的选择。其中 RA 作为网上最流行的音频流，以其可根据带宽提供不同音质的特殊功能列于首选。在非纯粹网上利用的情况下，更适宜选择既适合网上传输，又有较好音质的 MP3、WMA 等格式。总之，音频格式的选择是一个受制于多种因素的综合性决定，不同数字化背景下作出的选择可能不同。

第四节　视频档案的数字化管理

一、视频档案的数字化

采用模拟手段制作的传统录像带类型众多，与录音磁带一样，录像带经过长时间的存放和利用，磁介质会发生退变、老化，信号逐步衰减，影像质量越来越差，甚至无法正常播放。与此同时，传统的模拟录像系统和放像设备正逐渐淡出历史，能够正常使用的越来越少，存放在模拟录像带上的珍贵影像资料将面临永久丢失的危险。因此，将馆藏模拟录像资料数字化，转换成可存储于任何数字媒体的计算机视频文件，是安全保管和有效利用这些重要档案的唯一出路。

（一）视频档案数字化的记录原理

1.视频档案数字化的信号

传统录像带中所录制的视频信息为模拟信号，若要在数码设备上存储和播放，必须将模拟的视频信号通过模数转换技术，转变为计算机能够识别的二进制数字视频信号，这一过程就是录像档案的数字化。

　　无论是模拟录像带还是计算机视频文件，其动态视频均由一系列单个的静止画面组成，这些静止的画面通常被称为"帧"，它们连续播放便形成了视频。为了保证人的肉眼感觉不到视频画面的跳动和闪烁，一般每秒钟要传送 24～30 帧图像。不同制式的模拟视频标准对每秒钟包含的帧数及每帧静止图像扫描显示的行线数有不同规定。

　　视频档案的数字化过程远比音频档案的数字化过程复杂，但基本原理是一致的，都要经过数字化采样、量化、压缩和编码等过程。视频档案的数字化要同时采集视频图像信号和视频中的音频信号。其中，视频图像捕获的信号以帧为单位，一帧图像可以简单地看作是由 M 行 N 列的像素点阵构成的，采集设备依次对各像素点进行采样、量化与编码。

　　2. 数字信号

　　（1）主观概率和参数

　　视频档案数字化采集时涉及的主要概念和参数有：所用的色彩空间；采样频率，各个色彩分量的采样频率与模拟视频信号的帧频、行线数、分辨率图幅宽高比等有关；采样精度，即每个分量采样时的色彩位数；所采用的压缩标准。

　　（2）视频数据的处理

　　采集得到的未经处理的数字信号，在经过"打包"即插入各种校验码后，即可作为有用的信号数码流进行相关处理。但是这些未经处理的数字信号数据量巨大，不加压缩而直接存储是不现实的。

　　解决上述困难的方法是对视频数据进行编码压缩。通过删除相邻之间的相同信息，并充分利用人眼的视觉特性去除大量"冗余"信息，可以在保证视频质量没有明显降低的前提下降低码率，将数字视频的数据量降低到原来的几十分之一甚至几百分之一。20 世纪 90 年代以后，数字视频的压缩在各个领域迅速普及，各种压缩标准相继问世，基于不同压缩标准的视频文件格式形形色色、各领风骚。国际上现有的视音频压缩编码标准主要有两大系列：国际电信联盟制定的 H.26x 系列标准和国际标准化组织 / 国际电工委员会制定的 MPEG 系列标准。H.26x 系列标准主要用于可视电话、会议电视等较低清晰度的视频压缩。

（二）视频档案数字化软硬件的配置

1.视频档案数字化系统的组成

提供模拟视频信号输出的放像设备，如与录像带配套的录像机、放像机等；对模拟视频信号进行采集、量化、编码的视频采集设备，通常由视频采集卡来完成；对数字视频进行编辑的编辑系统（软件）；视频档案的存储设备或存储系统。

在对模拟录像带数字化之前要准备好相应的放像设备，保证放像设备能够正常工作。数字化音频的质量取决于模拟录像带的播放质量。制作、播放模拟录像带的录像、放像设备类型众多，但随着数码技术的发展，数字式摄录设备盛行，传统的模拟录像机、放像机很快淡出市场，目前已很少见，而有幸存留下来的设备，其物理状态也不容乐观，许多已无法正常播放。但是，这些放像设备却是播放相应录像带的必要工具，一旦缺失，对应的模拟录像带便可能永久失读。

2.视频采集设备

视频采集设备由高配置的多媒体计算机的内置或外置的视频采集压缩卡组成。动态视频的数据量非常大，对计算机的速度要求很高。目前市场上的主流微机已基本可以满足要求。视频采集压缩卡简称视频卡，负责对送入计算机内的模拟视频信号进行采样、量化和压缩编码，是整个录像档案数字化系统的核心部件，其性能好坏对视频档案的质量起着关键性作用。因此，必须谨慎选择。现有的视频采集卡大致分为三个档次。

（1）低档视频采集卡

低档的视频采集卡不是真正意义上的采集卡，而只是一个类似视频转换器的产品，如具有初级视频采集功能的电视盒或者有电视输入和采集功能的计算机显卡，其功能是将电视的模拟信号进行转换，再输入计算机，成为计算机可以识别的数字信号，然后在计算机中利用软件进行视频采集。缺点是不能进行硬件级的处理，包括压缩编辑等。低档视频采集卡分辨率较低，保存的文件类型少，功能相对单一，主要适用于在计算机上看电视和做简单的视频采集。

（2）中档视频采集压缩卡

中档的视频采集压缩卡即通常所说的视频采集卡，它能将电视机或者录像机的模拟视频信号转入计算机。中档视频采集压缩卡种类较多，性能较好，搭配的软件较为专业、丰富，进一步可划分为视音频整合采集和视音频分离采集两种。视音频分离的采集卡为节省成本而省略了音频的采集部分，因此对计算机，尤其是计算机声卡的要求比整合型的高，如果计算机声卡较差，就可能出现采集时声音信号和视频信号不同步的现象。整合型采集卡较视音频分离型采集卡高档，它在视频卡中加入了音频采集部分，因而能明显提高视频采集效果。

（3）高档视频采集压缩卡

高档视频采集压缩卡是 MPEG 采集压缩卡的高端产品，可以采集来自任何视频源的视频和音频，制作包括 VCD、SuperVCD、DVD 和广播电视在内的各种数字视频应用。高档视频采集压缩卡提供的是纯硬件级压缩，多数附带价格高昂的专业多媒体制作软件。

在挑选适用于录像档案数字化的视频采集卡时，要仔细比较各种采集卡的性能、价格，对以下几项参数应予以特别关注：是否支持视频数据的硬件级处理，这类卡采用硬件完成压缩过程，既节省了时间，又节约了空间，而且硬件压缩后的图像质量较好；帧速率，帧速率的高低直接影响采集卡制作的视频文件能否流畅；是否带音频输入功能，如果视频卡仅能采集图像信号，音频信号必须通过声卡来传输录制，则将增大对计算机资源的占用率，并容易造成视频与音频信号的不同步，建议采用视音频整合采集的视频采集卡；是否附赠VCD 制作软件。

3. 视频采集、编辑系统

录像档案的采集、转换和编辑除了需要视频采集卡外，还需要借助视频采集软件和视频编辑系统来实现。一般在购买视频采集压缩卡时会附带视频采集软件。通过视频采集软件，在实现录像档案的数字化采集之前，可以设定所需生成的视频文件格式，设置视频文件的各项参数，如调节录像信息的亮度、视频取样标准，以确保采集信号的质量。

视频采集卡配套提供的视频采集软件功能相对简单，通常无法对视频信息进行复杂的编辑和转换。因此，对采集后的视频信息，在必要的情况下，可以使用专门的视频编辑软件甚至功能强大的非线性视频编辑系统进行编辑处理。视频编辑与文本编辑类似，是将采集好的视频素材进行二次加工，如插入、剪切、复制、粘贴、拼接视频片段等，还包括字母、图形乃至不同视频、音频的叠加、合成等，通过上述处理，在不破坏原真性的前提下，可以使视频档案更加清晰、美观和生动，并对视频内容进行适当的引导、指示和标注。

非线性视频编辑系统实际上是由视频编辑软件、高性能计算机、视音频卡和大容量 SCSI 硬盘阵列组成的集成系统，而不仅仅指编辑软件。非编系统功能强大，因此价格昂贵，动辄几十万甚至上百万，主要为广播级的视音频编辑所用。视频档案的数字化并不追求华丽的电影效果和很专业的影视编辑手法，只需对视频档案作最简单的编辑处理。因此，除了广播影视等少数专业系统的档案部门外，一般档案馆室无须配置非编系统。

4.视频存储设备

数字化视频档案的离线或近线存储可选介质较多，刻录机的倍速和磁带机的数据阅读速度要尽可能高。联机存储情况下，对存储容量和读取速度的要求更高，因此硬盘容量要大，目前速度至少 7200 转。在网络共享环境下，最好配置磁盘阵列。

二、视频档案数字化的步骤与格式

（一）基本步骤

1.原像带处理

该步骤与音频档案数字化类似。从库房中取出拟数字化的录像带，检查磁带的完整性及信号的质量并作相应的记录，必要时对原像带进行修复和倒带处理，以获得符合要求的信号源。

2.设备准备和连接

数字化前先要准备好相关的软硬件设备。具体配置要视拟数字化视频的实际情况而定。配置好设备后，采取正确的方法连接。

3. 视频采集

线路正确连接、放像设备正常工作后，打开视频卡所带的采集软件，运行采集程序，并监控计算机上播放的视、音频质量。在正式采集之前，要做一系列的参数设置和调整工作：视频源设置，选择输入的视频端口，端口设置必须与实际连接方式相一致；视频制式设置，使视频采集卡能自动检测和接收不同制式的视频信号；视频格式设置，依据源视频质量情况和原来录制水平；视频码流设置，确定视频的传输速度；图像大小设置，设定采集图像的分辨率等；工作目录设置，设定采集后视频文件的存储路径。

参数设置后预览采集的信号，如果不理想则修改参数，优化采集环境，直到满意为止。此后，便可正式进行视频信号的采集。采集过程中，要对图像的播放质量进行严格监控。

4. 视频编辑和格式转换

采集后的视频文件可以根据需要，使用视频编辑软件或非线性编辑系统进行剪辑、编排和视频质量及效果调整，必要时根据需要进行格式转换。

5. 光盘刻录

将数字化后的视频档案刻录到光盘中，刻录光盘前要先建立光盘内目录页面，以方便利用者浏览光盘时查找，然后把硬盘上的数字视频和光盘目录一同刻录到光盘上。检查光盘质量，打印光盘封面，并将其粘贴到光盘的盘盒上，用记号笔在光盘反面写上光盘的编号。光盘装盒后，竖直排放在卷柜中。

6. 后期工作

数字化后的视频档案同样需要采用数据库的方式对其进行管理和利用。鉴于视频档案数据过于庞大，一般将视频数据与其目录数据分别存储，视频数据以文件方式存储，目录数据以数据库形式存储，以此避免因数据库过于庞大而降低对其的检索和操作速度。每一相对独立的视频片段建立一条数据库记录，每条记录中不仅包括一般的档案著录项目，还要加入视频对象的源盘名称、摄制日期、摄制地点、摄制人员或单位播放长度、源盘制式及技术参数、数字化采集人、存储路径、存储格式、存储参数、采录编辑系统或软件、内容提要等字段。每一条目录中记录着其对应视频片段的存储路径，通过存储路径建立起两者之间的关联。

（二）视频档案数字化的文件格式选择

1. 主流视频文件格式

（1）视频音频交错格式

此格式为 1992 年 Microsoft 公司推出的视频文件格式，它将视频和音频交织在一起同步播放。其优点是图像质量好，独立于硬件设备，可以跨平台使用；缺点是体积过于庞大，无统一的压缩标准，用不同的压缩算法生成的 AVI 文件必须使用相应的解压缩算法才能播放出来。例如，高版本的 Windows 媒体播放器可能播放不了早期的 AVI 文件。AVI 有较大的市场拥护度，目前主要应用在多媒体光盘、电影、电视等各种影像信息的保存上。AVI 也是我国电子文件管理国家标准认可的视频文件归档格式之一。

（2）动态图像专家组

运动图像压缩算法的国际标准，采用有损压缩方法减少运动图像中的冗余信息，同时保证图像的显示质量。MPEG 文件也是我国电子文件管理国家标准认可的视频文件归档格式。MPEG-1 制定于 1992 年，用于传输速率为 1.5Mbps 的运动图像及其伴音编码。VCD 采用的就是 MPEG-1 压缩编码标准。MPEG-1 格式的图像质量优于 VHS 录像机，音频质量接近 CD，经过 MPEG-1 压缩后，视频数据压缩比可达 100 ∶ 1 至 200 ∶ 1，音频压缩比可达 6.5 ∶ 1，一部 120 分钟长的电影可以压缩到 1.2GB 左右大小。

MPEG-2 制定于 1994 年，用于传输速率为 4 ～ 10Mbps 的高清晰度视频信号，与 MPEG-1 兼容。DVD、SVCD 采用的就是 MPEG-2 压缩标准。MPEG-2 最大的优点是影像清晰，采用 MPEG-2 压缩算法可以把一部 120 分钟长的电影压缩到 4 ～ 8GB 的大小。因此，适合用来存储对保真度要求很高的珍贵影像资料。

MPEG-4 制定于 1998 年，是为了网络播放而设计的流式视频文件格式标准，它要求传输速率在 4800 ～ 64000bps 即可，追求使用最少的数据获得最佳的图像质量。MPEG-4 最大的特点是能够保存接近于 DVD 画质的小体积视频文件，具有比特率的可伸缩性、交互性和版权保护等功能，是视频传输、检索等应用领域普遍采纳的文件格式。

（3）MOV

MOV/QT 起初是由 Apple 公司为其 Mac 操作系统开发的图像及视频处理文件格式，但随着个人电脑技术的飞速发展和普及，苹果公司不失时机地推出了 QuickTime 的 Windows 版本。MOV 格式具有较高的压缩比和较完美的视频清晰度，其压缩方式与 AVI 类似，但画面质量高于 AVI。MOV 几乎支持所有主流个人计算机平台，是数字媒体领域事实上的工业标准，其默认的播放器是苹果的 QuickTime Player。最新推出的 QuickTime 版本在原有的基础上进一步扩展了 Internet 方面的功能，能够通过 Internet 提供实时的数据流，网络上很多视频的宣传片都采用的是 QuickTime 文件格式。

（4）RM 格式

RM 是一种流式媒体格式，主要用来在低速率的网络上实时传输视频、音频。该格式压缩比很大，并可根据网络数据传输速率自动调整压缩比，从而实现实时传送和在线播放。其他格式的视频文件可通过 RealServer 服务器转换为 RM 格式并对外发布和播放。RM 是目前网络视频的主流格式。

（5）ASF

高级流格式是微软公司为了和 RealPlayer 竞争而推出的一种流式视频格式，可以直接使用 Windows 自带的 Windows Media Player 进行播放。它使用了 MPEG-4 压缩标准，其压缩率和图像质量非常优秀，其图像质量比同为流媒体格式的 RM 更好。

（6）WMV 格式

WMV 也是微软公司推出的一种流媒体格式，它是由 ASF 格式升级延伸来的，在同等视频质量下，WMV 格式的文件体积更小，非常适合在网上播放和传输。

2.视频文件格式的选择

数字化视频文件格式的选择同样需要考虑其保真性、通用性和利用的便利性等要求。从保真性角度讲，数字化采集形成的视频文件应保存为无损压缩的格式，但这是不现实的，因为不加压缩的视频文件数据量巨大，大量视频文件的累积在存储容量上将难以想象。事实上，正是压缩编码技术的飞速发展，才使视频文件的数字化存储和网络传输成为可能。所以，只能尽可能保持文件的原真性。对视频档案而言，采用有损压缩在所难免。

综合而言，MPEG 压缩标准的视频格式在各个方面优于其他格式。因为 MPEG 是一个国际化的系列标准，具有良好的兼容性和通用性，能够比其他压缩算法提供更好的压缩比，并且已经成为市场的主流。MPEG-1、MPEG-2、H.264/MPEG-4AVC 压缩标准均可作为视频数字化的文件格式标准。考虑到 MPEG-1 的通用性较强，其数字信号质量与录像带的信号质量相当，而且 MPEG-1 是制作 VCD 的必需格式，通过 MPEG-1 格式还可以将数字视频文件转换为 MPEG-2 格式来满足制作 DVD 的需要，因此，MPEG-1 可以作为录像档案数字化文件的首选格式。

大容量 DVD 光盘的逐步使用，使以 MPEG-2 或 H.264/MPEG-4AVC 高清晰度的视频格式存档具有可行性。但是，大量模拟录像档案由于受到制式的限制，其原始图像质量并不高，数字化后若采用过高标准的视频格式是无意义的，结果只能是增大存储容量。

在流媒体技术出现之前，视频文件的管理和利用局限于单机环境，网络利用几无可能。但随着宽带网和流媒体技术的逐步推广，视频文件的网络利用已成为现实。同时，对于流式视频文件的检索，由于用户端无法直接对其进行更改，大大降低了病毒感染和黑客侵入的概率，增强了系统数据的安全性。

事实上，视频文件根据保管目的和利用环境的不同，其归档格式不应当是唯一的，在很多情况下，可能需要同时保存为脱机格式、近线格式和在线格式。

（1）脱机保存格式

为了尽量保证其原真性，脱机保存格式根据视频源的质量可选择使用 MPEG-1、MPEG-2 和 H.264/MPEG-4AVC、AVI 等。例如，将数字化后的视频档案刻录到 VCD、SVCD、DVD 盘上。从技术上看，H.264/MPEG-4AVC 已胜过 MPEG-2，有可能成为今后高清晰视频的主流标准。

（2）近线保存格式

近线保存格式介于在线格式和离线格式之间，主要存放不经常被访问的视频档案，如果有用户访问，则调入在线服务器供用户利用。MPEG-1、MPEG-2 和 H.264/MPEG-4AVC 均可作为近线视频文件格式。随着视频文件的不断增加，近线也可考虑采用流式视频文件。

（3）在线存储格式

在线存储格式一般存放流式格式，这既解决了视频文件的网络利用问题，又保护了视频文件的安全性。如果已归档脱机存储格式为 MPEG-1、MPEG-2 和 H.264/MPEG-4AVC 格式，则需用流式编码软件将其转换成流式文件，然后在线提供利用。当然，如果视频文件暂时不提供网络利用，可待将来需要时再批量转化为在线格式。总之，脱机保存的视频文件应尽量接近其源文件，作为视频文件的"原件"来长期保存，其格式相对稳定。但随着计算机网络技术和视频文件编解码技术的发展，其在线保存格式会不断变化。

第四章　档案信息社会化网络传播管理

第一节　档案信息社会化网络传播管理模式构建

一、传统传播过程模式

在传播学理论中，专家学者通常运用构建模式的方法来分析传播过程的结构和性质。模式研究在传播学理论中占有重要的地位，可以帮助人们了解传播的结构，揭示传播过程各要素之间的关系，预测传播效果。由于档案信息传播现象是一种复杂的社会现象，需借助简化的形式展示传播现象，借此对传播现象进行系统、全面的考察，并通过合理的信息传播模式，展示传播过程的特点与规律，指导信息收集、检索和传播，因此，传播模式研究无论在实践上还是理论上都具有重要意义。

（一）传统传播过程模式

在传播学史上，H.拉斯韦尔是首位提出传播过程模式的学者，他将传播过程的五种要素按一定结构顺序排列，称为"5W"模式或"拉斯韦尔模式"。

拉斯韦尔清晰地阐释了"5W"模式，使得传播过程直观明朗，并且界定了传播学的五个研究领域。"谁"是传播活动的起点，即传播者；"说什么"即信息内容；"渠道"即传播媒介；"受众"即接收信息的公众；"效果"即信息传播至受众所产生的各种反应。该模式为后人进行模式研究奠定了基础，在大众传播中获得广泛应用。但是，这个模式还是不完全的，它属于一个单向直线模式，并没有为受众提供反馈渠道，忽视了受众对信息传播的作用。

此后，很多学者在"5W"模式基础上构建了其他类型的传播模式，如

1954 年施拉姆受 C. E. 奥斯古德观念的启发，设计了一个"循环模式"，亦称奥斯古德 - 施拉姆模式。该模式认为传受双方都是传播行为的主体，强调了社会传播的互动性，这种双向互动既可以是直接的，也可以是间接的。1967 年丹斯提出了"螺旋模式"，该模式强调传播是循环往复的，不存在机械的起点和终点。

（二）档案信息传播的基本模式

档案学界对档案信息传播模式的探讨已有一定的规模，谭彩敏和叶女英构建的档案信息传播模式最为典型，之后的研究都是在此基础上发展的。

叶女英所构建的档案信息传播模式反映了档案信息传播的基本过程，档案馆对档案信息进行收集整理，借助适当的传播渠道将信息传递给受众，最后，受众将利用结果和建议反馈给档案部门。

（三）档案信息的网络传播

社会化网络作为一种新兴的传播媒介，是迄今为止共享面最广、时效性最强、互动性更强的传播手段。此模式使得档案信息的社会化网络传播过程可视化，并且可以指导档案信息社会化网络传播的工作实践，促使档案信息传播达到有序化与最优化。

二、档案信息驱动

（一）档案信息驱动机制

档案信息传播活动必须依托充足的馆藏资源，传播效果取决于馆藏资源的数量和质量。文件形成单位及档案管理人员严格以其是否具有凭证、情报和精神文化等价值为原则进行鉴定，确定哪些档案信息可以向公众开放，以实现造福人类社会的现实价值。

我国档案信息传播已进入面向公众需求传播的阶段，逐步向双向互动传播的等级发展。档案馆应思考如何以较丰富的档案信息内容满足用户的信息需求。

1. 公众的档案信息需求

（1）学术研究性需要

档案蕴含着大量的信息资源。科研人员在进行专题探讨和撰写学术论文时，需要理论性和专业性较强的档案信息，为了提高科研能力和学术水平，他们通常需要查阅大量的档案资料，利用档案的凭证价值和情报价值开展深入研究。

（2）证据参考性需要

档案具有真实性和原始性的特征，能够作为法律凭证，具有法律效力。作为证据的档案必须是客观的、合法的，其能够作为民事诉讼的依据，也能够证实个人学历、出国留学资格等。参考性是指档案为学习和实践提供某种参考。

（3）决策管理需要

机关工作人员和企业领导为了实现战略性目标，利用方向性和政策性强的档案进行决策管理，合理分配资源。

（4）休闲文化需要

档案是人类文化活动的结果或产品。随着社会主义文化强国的建设，公众逐渐重视精神生活品位的提高，档案部门应为公众提供优秀的档案文化产品。档案文化产品的开发有利于传播档案文化，普及档案知识，使受众修身养性、陶冶情操。

2. 档案馆

档案馆是档案信息的主要提供者和发布者，需要了解馆藏资源和用户需求，还应分析采用何种技术传播档案信息。主要的信息传播技术有以下三种。

（1）信息拉取技术

信息拉取技术是用户获取档案信息的传统方式，用户有明确的查询目的，档案馆被动地根据用户请求将查询结果返回给用户。

（2）信息推送技术

信息推送技术是指通过相应的技术标准和协议，主动给用户推送感兴趣的信息。

（3）信息定制技术

信息定制技术是通过定制网络跟踪最新的"动态"。档案部门密切关注用户的特性，经过分析、过滤和整合后，将用户的隐性信息需求反馈回服务中心，从而提供针对用户心理和行为习惯的个性化服务。

在基于社会化网络的档案信息传播模式中，丰富的发布方式可以更好地展示档案信息，既可以编辑文字，也能上传相片、音频与视频；传播的内容也更加广泛。例如，2014年上海市档案日举办了"上海先行·档案记录"宣传系列活动，以档案馆馆藏资源为依托，利用大量的档案史料、照片和影视资料传播档案信息，并同步于上海档案信息网，让大众更好地了解档案。

在该模式中，用户逐渐转变为信息生产者与传播者为一体的角色，具有传播者与受众的双重身份，通过社会化网络，他们不仅可以接收来自档案馆或任意一个传播者的信息，也可以向社会化网络中任何一个受众传播档案信息。除此之外，社会化网络使受众可以随时与传播者沟通交流；还可以依据自己的知识、经验以及档案需求，对档案信息进行进一步提炼、加工、整合和检验，选择合适的传播媒介进行二次传播。

（二）档案信息联动机制

档案信息联动机制是指以档案馆自身力量为主，与社会机构合作，借助社会文化力量，形成开放式、社会化的编研机制。与社会机构合作，其传播选题要以公众需求为导向，选编易懂、大众化的题材；内容要有特色；语言要生动、简练。合作要有针对性，根据不同历史时期、不同社会情境以及不同事件驱动下产生的不同需求，注重需求的时效性，紧随社会需求进行选题，才能确保档案价值的实现。

1.联合媒体进行新闻发布

山东省档案馆策划开馆仪式，其与山东省电视台合作，进行广泛的媒体宣传，随后，关于开馆仪式的文字、图片、视频又进一步在社会网络传播，这样既提升了档案馆的形象，又吸引了众多参观者。

2.联合文化中心与高校档案馆开展档案展览

例如，上海市档案馆与复旦大学档案馆合作，在复旦大学光华楼一楼大厅展出《庆祝上海解放65周年档案图片展》，共分"运筹帷幄迎解放""决胜千里战上海""克难攻坚建家园"三大板块，这些精美的图片吸引了复旦师生驻足观看。同时，在复旦大学的微信公众号对此活动做了详细介绍，既向社会公众宣传了档案馆和档案工作，也弘扬了城市记忆文化，展示了档案行业风采。

3. 联合影视媒体传播档案信息

上海市档案局与永乐文化传播有限公司联合摄制《追忆——档案里的故事》电视系列专题片，该专题片依托上海地区丰富的档案馆藏，再现了上海的沧桑巨变与风土人情，在上海电视台纪实频道黄金时段播出。该片也可以在上海档案信息网在线观看，进一步扩大了受众范围，提高了知名度，让更多的人了解了上海的过去，使得档案信息得到广泛传播。针对上海市档案日，东方网、《解放日报》、《文汇报》等各类媒体通过追踪报道、深度采访、制作系列节目等形式进行全方位的宣传，其中东方网通过开设主题活动、新闻报道、图说等专栏进行展示；《解放日报》对上海市档案馆主编的《档案揭秘外交风云》进行连载；《文汇报》将这次"档案日"的活动日程安排利用整版进行刊载等。

4. 联合博物馆、图书馆等公益文化单位传播档案信息

为配合上海档案日宣传活动，上海天文博物馆、上海邮政博物馆等24家博物馆、陈列馆举办公共开放日活动。这些活动可以在社会化网络上查找到，但是其内容与发布方式较单一。对此，档案馆应加强合作，利用社会化网络的便捷性和传播性，提高档案信息传播效果。

（三）档案信息反馈机制

信息反馈是档案信息传播所产生的信息回流，档案管理人员将档案信息传播的作用和效果进行收集整理，通过比较反馈信息与目标，调整传播策略，避免和纠正传播过程中的偏差，保障传播的顺利进行。档案信息反馈包括正反馈、负反馈和前反馈。正反馈是指档案信息传播所产生的正面效果及经验；负反馈是指档案信息传播所产生的不良后果；前反馈是通过预测传播可能产生的偏差，并将其反馈给档案部门，从而防止偏差的产生与发展。档案部门对反馈结果进行分析，总结正面经验，使传播活动更加全面、深入；总结反面教训，及时纠正，使传播活动更加完善、稳妥。

档案信息反馈机制在档案馆的整体管理和服务体系中居于重要地位，它不仅是档案信息传播效果的表现，也是管理决策的主要依据。档案馆应建立用户反馈的双向沟通渠道，既需要档案馆主动调查用户的需求及满意度，即被动的信息调查，也需要在用户主动进行反馈的时候，能够保障反馈渠道的畅通与反

馈信息的处理,即主动反馈信息的收集。在档案信息社会化网络中,解决了之前档案馆与用户沟通方式少、周期长等弊病,档案馆可以对各种主动反馈的信息迅速地、及时地进行处理并给予答复,以进一步改进信息传播的效果。同时也要重视对用户被动反馈信息的调查,以保证整个档案信息社会化网络传播模式的有效运转。

第二节　档案信息社会化网络传播流程管理

在社会化网络环境下,传统的档案信息传播方式已不能满足社会公众的信息需求,只有通过档案信息社会化网络传播流程管理,才能保证信息的有效传播,促进档案信息的共建共享。档案信息社会化网络传播流程管理并不是传播要素的简单聚合,它应当依托丰富的信息资源和必要的信息技术,借助健全的管理制度和方法,传播档案信息。而且这不是档案信息社会化网络传播流程的终点,还必须对传播的效果进行评估。因此,档案信息社会化网络传播流程管理具体包括:档案信息社会化网络传播平台的搭建、受众分析、资源建设、传播路径解析、效果评估。

一、档案信息社会化网络传播平台的搭建

(一)档案信息社会化网络传播

1. 分析档案信息社会化网络传播

档案信息社会化网络传播是指以移动智能终端为载体,使用社会化网络媒介传播档案信息。受众获取档案信息的方式由传统的实体化向网络化发展,受众不仅可以通过移动智能终端获取档案信息,也能够借助媒介传播信息。借助档案信息社会化网络传播平台,在充分整合档案资源的基础上,为受众提供最新的档案资讯、业界消息等,将档案渗透到公众日常生活中。作为档案信息社会化网络传播流程管理的首要环节,传播平台的搭建对提升档案信息传播力和服务效能发挥着重要的作用。

2. 档案信息社会化网络传播平台

档案信息社会化网络传播平台是数字档案馆和移动无线网络技术相结合的

新型产物。档案服务紧跟时代步伐，实现了新型的传播形式，用户可以使用移动智能终端随时随地获取所需的档案信息。在档案信息化的背景下，开展了一股各种事物与网络平台相结合的新浪潮，对事物进行全新模式的改进，档案资源同样也不例外。在这股浪潮下，档案信息只有以社会化网络形式进行推进，才能吸引更多的用户群体，提高档案资源利用率。档案信息社会化网络传播平台的建设应有如下四个步骤。

（1）需求分析

坚持将受众的需求摆在首位。以档案内容为导向的传统传播模式已不能满足现今受众的需求，而社会化网络传播档案信息的方式以用户需求为中心，利用移动智能终端为受众提供相应的档案信息。

（2）功能实现

为了满足社会化网络用户的需求，需实现以下这些功能：在线预定功能、阅读及下载可开放档案功能、检索档案信息功能、在线展览、参考咨询、互动平台、个性化服务等。

（3）界面设计

界面设计好坏直接影响到受众对网络平台的使用频率以及档案信息传播效果，网络平台界面的设计要坚持简单友好原则，在配色、版面、标识等方面认真考量，注重用户体验。

（4）资源注入

任何一个传播平台构建都是以信息资源为基础的，以社会化网络方式构建的传播平台同样不例外，其资源主要来源于馆藏实体资源。为保证档案信息社会化网络平台的正常运行，档案相关部门需加大人力、财力的投入，对馆藏实体档案进行数字化。在信息大爆炸的今天，档案馆必须顺应时代潮流，为档案用户提供及时准确的档案信息。

（二）档案信息社会化网络传播的受众分析

在社会化网络环境下，受众趋向复杂多样化，档案馆应以受众为基点，在全面剖析受众需求的基础上，制定相应的传播策略与机制，为其提供优质的传播服务。

1. 社会化网络受众的类型

依据受众接受档案信息的行为和状态的不同，受众可以分为现实受众和潜在受众。现实受众指主动利用社会化传播媒介查阅档案的用户，潜在受众指没有特定目标、随意浏览档案的用户，或者有使用社会化网络媒介能力但未接触的受众。

（1）查阅型受众

查阅型受众是档案传播的核心，该类受众注重档案信息的真实性和系统性，档案部门应为其提供以下服务：第一，提高检索功能的便捷性，编制数字化档案的全宗目录和专题索引；第二，优先数字化和扫描录入具有高价值的档案、特色档案、利用率高的档案；第三，支持档案全文在线阅览与下载。

（2）休闲欣赏型受众

休闲型受众逐渐增加，档案信息社会化网络传播平台开始增加休闲类档案信息的传播。休闲档案通常采用简洁明了的语言，贴近受众的日常生活，在尊重档案原始记录的基础上，利用社会化网络媒介的优势，增强了档案信息的感染力、生动性和活泼度，达到娱乐、消遣的目的。档案馆的休闲化是一种必然趋势，档案馆需重视这类受众的需求。

（3）专业型受众

专业型受众即档案信息社会化网络传播平台的服务者，也是利用者。他们一般需要两类信息：其一，与档案工作相关的信息，如会议通知、档案政策法律等；其二，档案资讯，用于了解同行和业界的最新动态。

（4）学习型受众

学习型受众主要浏览档案征集办法、档案理论学术、档案法规政策等内容，他们通过档案信息社会化网络传播平台对档案知识进行了解和学习，无形中提高了档案意识。

2. 社会化网络受众的特点

随着传统媒介的数字化转型、社会化网络媒介的深化，社会化网络受众也表现出新的特点：个性化、自主性、参与性。

（1）个性化

社会化网络受众与传统受众的最大区别就是个性化，个性化即非大众化。

社会化网络环境下的用户来自不同的领域，具有不同的知识背景与信息需求，档案部门应根据受众的个性化需求为其提供精准的服务。目前，档案部门所提供的个性化服务仍然是初级的，受众在档案信息传播过程中缺乏主动权和参与权。真正的个性化服务要求传播者和受众之间有默契，即受众可以运用社会化媒介自由地表达个性化的需求，档案管理人员可以为其提供"定制"服务。档案馆应在充分了解馆藏资源的基础上，把握档案需求热点与方向，分析受众的需求。

（2）自主性

社会化网络技术的发展促使受众能够积极主动地检索感兴趣的和所需要的档案信息。在社会化网络传播中，受众不再被动地接受档案信息，而是根据自己的档案需求，借助移动智能终端，自行安排时间和计划，随时随地检索档案信息。

（3）参与性

社会化网络加强了与受众的双向互动。与传统受众不同，社会化网络受众不再是被动的接收者和旁观者，他们可以参与到档案信息的传播过程中，发表自己的观点，共享自己的档案知识和文化，监督档案信息的传播过程，从而成为档案传播的参与者，甚至是管理者。

个性化、自主性和参与性是网络受众最主要的特点，当然社会化网络受众还有其他的一些特点。应研究社会化网络受众特征和类型，制定相关策略，稳定现实受众，争取潜在受众，为受众提供"定制"的个性化传播服务，进而优化传播流程，提升传播效果。

二、档案信息社会化网络资源建设

档案信息社会化网络资源是档案信息流程管理的基础，没有丰富的档案信息资源，档案信息传播流程也不能有效运行。档案信息社会化网络资源是指在社会化网络中传播与利用的档案信息。档案信息社会化网络资源建设是档案信息社会化网络传播流程管理的前提，其本质是以社会化网络为传播媒介，以用户为中心，将相对分散的档案信息、技术、人员等融合，组建一个资源丰富、应用便利的数字化传播平台。

（一）丰富档案信息社会化网络资源

1. 数字化档案信息资源建设

（1）档案信息社会化网络资源的来源

档案信息社会化网络资源主要有两个来源：一是数字档案副本，即利用技术手段将实体档案数字化加工处理后形成的电子档案，这是社会化网络资源的根本来源；二是电子档案原件，即直接在社会化网络中生成并由网络传输的虚拟文件，这是实体档案的有效补充。档案信息数字化以实体档案为基础，以档案全文数字化为关键内容，通过呈缴和征集的方式收集电子档案，实现档案贮存、传播方式的数字化。

（2）档案信息社会化网络资源建设的首要途径

现阶段档案信息资源数字化建设的首要途径是对实体档案进行必要的数字化加工。实体档案要想在社会化网络中实现高速流动和广泛传播，必须将其转换成数字化档案信息。在档案信息数字化过程中，首先，鉴定档案是否具有价值以及其密级性；其次，鉴定数字档案的完整性和传播性；最后，针对在社会化网络中直接生成的档案按照归档要求进行备份归档。

随着现代信息技术的广泛应用，电子文件大量产生，成为记录社会活动的新的档案形态，接收电子档案是档案信息社会化网络资源建设的重要任务。各级各类档案馆应建立数字档案移交与归档制度，制定相关的标准和工作流程，配备社会化网络安全防护和数字化技术手段，从源头上确保数字档案的真实性与完整性。

2. 档案信息数据库建设

建设档案信息数据库的目的是存储和保管数字化档案，经合理分类和规范化处理后，有效整合各类档案信息。它包括特色数据库和基础数据库两类。基础数据库综合了社会公众在日常工作生活中直接形成的具有保存价值的档案，包括政治、经济、法律、教育、文化等各专业领域的信息，记录和见证了国家与个人的发展历史及进程；特色数据库是依据地域特色建立的数据库，这类数据库在保持档案的真实性和原始记录性的同时，突出自身特色。档案数据库的建设以档案信息收集为前提条件，通过技术手段对档案信息进行整理和编研，形成具有针对性、专题性的档案信息。

（二）档案信息社会化网络资源的技术建设

1. 硬件环境建设

结合档案部门的现实情况，置办相关的技术设备和基础设施，还需要建立专门的微机室、多媒体制作室、数字档案信息保管室及阅读场所。

2. 软件环境建设

档案信息社会化网络资源建设需要很多关键技术来支撑。档案信息社会化网络传播平台，是依托无线网络进行管理和访问的。现在中国联通、中国移动、中国电信已经由 4G 技术向先进的 5G 技术发展，用户能够通过 5G 无线网络更便捷地获取档案信息。但是 5G 技术还不成熟，网络覆盖率不高，国家有关部门与运营商应协作解决这些问题，建设全面、快捷的绿色无线网络环境。

无线网络技术的高速发展给档案用户带来全新的服务体验，档案管理人员必须熟练操作数字档案信息软件，才能保障档案信息的有效及时传播。数字档案信息软件是一个具有多个功能的复杂系统，具体包括档案管理系统、电子公文归档系统、决策支持系统、财务系统、虚拟信息系统等。这些软件专业性极强，需要专业的档案人员来操作使用。

3. 网络环境建设

数字档案馆的网络基础设施包括局域网、电子政务内网、电子政务外网以及互联网。档案馆局域网主要用于档案馆内部的行政管理、档案整理与检索利用等。为保障涉密电子文件与数字档案的安全，局域网、政务内网与政务外网间采取物理隔离的办法。

档案信息社会化网络资源建设就是运用数字化的技术手段，将纸质、缩微、声像、实物及其他载体的档案与资料进行合理组织、优化配置，同时整合"虚拟"档案，使之最终形成完整的档案信息社会化网络系统。档案信息社会化网络资源建设不仅包括档案信息内容建设，还必须有相关技术的支撑，才能更好地为用户提供多媒体数字信息传播服务。

三、档案信息社会化网络传播

（一）社会化网络传播途径

1. 社会化网络

社会化网络是基于用户之间的社会关系分享、交流以及获取信息的平台，社会化网络结构中的节点可以是个人也可以是组织，信息是沿着节点传播的，不同节点之间的连线构成了信息传播的路径。合理的传播路径能拓宽传播区域、延长传播时间，档案工作人员可以通过合理布局或限制节点来监管档案信息传播的过程，因此，探析社会化网络传播路径是档案信息传播流程管理的必要环节。

2. 传播途径

路径一：档案馆作为传播主体，将馆藏档案信息通过社会化网络媒介向社会化网络受众（包括档案专家）传播。这种传播模式属于"中心式"传播，由档案原创节点（档案馆）向一级传播节点（档案馆关注者）传播档案信息，每条分路径长度较短，传播路径呈散发状。

路径二：档案专家作为传播主体，将档案信息资源通过社会化媒介全部或部分向社会公众传播，部分受众接收信息后对此评论转发。这种传播模式也属于"中心式"传播。

路径三：档案界权威人士将馆藏档案信息资源或从社会化网络媒介获取的档案信息资源经过加工整理后向社会公众传播。这种传播模式属于"关键点"传播，由档案原创节点（档案馆）发出档案信息，原创节点之外会形成局部的"中心"传播，部分节点（档案专家）的影响力接近甚至超过原创节点，这些关键点推动了档案信息扩大传播效果。

路径四：档案信息社会化网络受众将掌握的档案信息部分或全部通过社会化传播媒介向外输出，主要是基于传播者个人的社会网络内部传播，传播范围较小，以"链"式传播为主，是一种小众化的传播模式。"链"式传播是以原创节点为起点，沿着某个关系链不断传递下去。

在档案信息实际传播中，主要是多种方式综合的结果，若想扩大档案信息的速度和范围，就必须采用综合式传播。综合式传播一般具有较明显的中心传播特点，受众接受档案信息的同时进行再次传播，每个关键节点都会形成局部"中心式"传播。解析社会化网络传播路径，对于档案数据采集、信息推荐与过滤、传播媒介的选择、剔除消极影响等意义重大，档案馆下一步工作的重点即如何从社会化网络中自动发现和控制利用传播路径。

（二）档案信息社会化网络传播效果的评估

档案信息社会化网络传播效果的评估是指基于明确的目标，由专业的评估机构和人员，履行必要的评估程序，对传播效果作出客观、公正的评判。档案信息社会化网络传播效果评估虽然是档案信息流程管理的最后一个部分，但却是不可缺少的环节，具有重要价值。档案部门必须重视对社会化网络传播效果的评估，不断总结经验与教训，调整并逐步优化档案信息社会化网络传播过程，规范和引导档案工作，促进档案事业持续健康发展。

1.评估的原则

档案信息社会化网络传播效果的评估工作必须秉承科学、可操作、动态、全面和系统的基本原则，这样才能确保评估结果真实有效。

（1）科学性原则

评估要与实际相结合，在综合考虑的情况下，选择最适合评估目标的评估指标，确保其能正确反映档案信息传播的实际效果。

（2）可操作性原则

档案信息社会化网络传播效果的评估指标必须具有有效性和可操作性，即评估指标与实际相符，易于收集。

（3）动态性原则

档案信息社会化网络传播是一个动态的过程，移动通信网络、网络病毒、档案信息等都会影响档案信息社会化网络传播的过程。档案信息社会化网络传播效果也是动态积累的过程，评估是贯穿整个传播过程的，因此，不能仅对社会化网络传播的结果进行评估，结果和过程要兼顾，评估的指标也不能是单一静态的。

（4）全面性原则

全面性的评估强调整体性，应当贯穿档案信息传播的全过程，囊括每一项相关指标。

（5）系统性原则

评估指标的确定在满足上述原则基础上保证系统性原则，即评估要循序、连贯地进行，在确定评估主体之后，只有选择典型的评估客体以及建立完善的评估体系，才能对档案信息社会化网络传播效果进行有效的评估。

2.评估的主体与客体

（1）评估主体

档案信息社会化网络传播效果的评估主体就是对档案信息传播效果进行评估的组织、团体或个人。

（2）自我评估

自我评估即档案信息服务部门的自我反思与评价，他们对于档案信息社会化网络传播平台的情况最为熟悉，内部自我评估有利于保证档案信息传播过程的顺利进行，保证档案信息服务部门既定方针的贯彻执行。但是，由于评估主体单一，容易产生对评价结果的质疑，评价结果也容易受主观因素的干扰，从而影响评估结果的公平公正。

（3）外部评估

档案专业评估机构能以专业、客观的视角进行评估，档案馆可在自我评估基础上引入专业评估机构对其传播工作进行综合评估，评估结果相对专业、客观。在档案信息传播领域，具有专业性和权威性的档案界人士对档案信息的组织和利用能力较强，能客观公正地对档案信息社会化网络传播效果进行评估。

（4）评估客体

档案信息社会化网络传播效果的评估客体即档案馆，通过测评指标评估档案信息传播效果。

3.评估指标体系

这里从社会化网络受众满意度、档案馆效益、社会化网络传播质量三个维度来构建档案信息社会化网络传播效果评估基本指标体系。

（1）社会化网络受众满意度评估

受众是信息传播的中心，对受众满意度的评估直接影响传播效果的评估。

受众满意度评估是档案信息社会化网络评估的首要指标，如果没有对受众满意度的评估，则是一种片面的评估。

在社会化网络环境下，影响档案信息受众感知档案信息传播的因素主要有这几点：档案部门提供的档案信息的可靠性和及时性。档案部门根据档案信息受众的需求及时准确地为受众提供可靠的档案信息，档案受众满意度将会提高；提供档案信息传播的保证要素，硬件设施和软件设施是档案部门提供档案信息传播的基本保证；提供档案信息分众传播和个性化服务，由于受众类型多样，要提高档案信息社会化网络传播效果，必须划分用户族群，分别采用不同的传播策略与机制，从而提供个性化服务。

根据档案信息受众感知档案信息传播的影响因素，受众满意度的评估可以参考以下几种指标。

指标一：条件保障。条件保障包括基础设施和馆员服务。其中，基础设施是必备条件，包括办公软件、数字化转换设备以及档案信息社会化加工、编研与输出设备等。馆员服务指馆员是否以受众为中心，服务态度是否热情、有耐心，是否能及时准确地满足公众的信息需求。

指标二：档案信息内容。对档案信息内容的评估包含综合内容评估和特色性内容评估。综合内容指档案馆基本概况及职能、馆藏资源的简介、业务动态等。特色性内容主要指各档案馆的特色馆藏资源，即反映地方特色、文化特色、时代特色，具有重要影响和利用价值的档案资料。

指标三：档案传播结果。对档案传播结果的评估包括传播预期、用户反馈的满意度、档案信息传播对用户的影响等。传播预期是对服务水平的评价，也就是用户认为能够得到的服务水平，主要从解答问题的时效，正确的、权威的、全面的解答，以及解答问题的格式等部分进行评估。用户反馈的满意度是指用户对于档案信息传播的建议和批评。档案信息传播对用户的影响是指档案信息传播在某一方面帮助了用户，如为用户解决了一个信息问题、为用户提供了法律凭证从而解决了纠纷、为学生提供学术所需的期刊资源等。

（2）档案馆效益评估

档案馆为非营利性机构，由于受收入与成本分离、档案的产出难量化、软预算约束等因素的影响，导致档案馆很难以最低成本获得最大的产出，使得档案馆并不重视档案的产出与效果。实际上，档案效益评估是非常重要的，对档案馆效益进行正确评估，可以促进档案馆合理分配资源、科学管理、优化投入与产出。档案信息传播不仅具有社会效益，也具有一定的经济效益，因此档案馆效益评估也是从其经济效益和社会效益两个方面进行评估的。

档案馆在进行社会化网络传播过程中，在呼吁档案信息化数字化建设的同时，需要有成本意识，确保利用有限的资源达到理想的传播效果。档案馆经济效益的评估从经济性、效率性、效果性方面开展。

（3）社会化网络传播质量评估

社会化网络传播质量评估是档案信息社会化网络传播效果评估的关键部分，是提高档案信息社会化网络传播的重要保障。社会化网络传播质量评估指标主要包括：礼貌，对社会化档案管理人员的礼貌程度给出分值；正确性，社会化档案管理人员所提供档案传播结果的正确性；满意度，对所获得档案信息传播服务的满意度给出分值；重复性，特定时间段内使用社会化媒介检索阅读档案信息的次数；公知度，至少有占规定百分比的特定服务对象（如大学生、档案专业人员等）知道档案馆提供档案信息社会化传播服务；完成时间，档案信息传播平均完成时间是多少小时。

第三节　档案信息社会化网络传播风险管理

社会化网络为档案信息传播提供了方便，但由于互联网的自由开放、管理者能力素质不高，再加上网民素养参差不齐等，可能阻碍档案信息的有效传播。因此，如何处理自由与监管的平衡，实现有效的风险管控，变得越来越重要。

一、档案信息社会化网络传播风险与掌控

档案信息社会化网络传播者包括组织和个体两方面。社会化网络组织传播者一般指为受众提供档案信息传播服务的专职机构，一是以档案的成文机关为主，如政府机关及各企事业单位等；二是负责收集、保管档案的各级各类档案

部门。社会化网络个体传播者是指以个人身份从事档案信息社会化网络传播的个体，如档案学者、档案爱好者、档案需求者。

（一）档案信息社会化网络组织传播者

档案信息社会化网络组织传播者虽然掌握着大量的档案信息，但是它们同样存在着一些问题，档案部门必须时刻注意并采取一定的措施，降低档案信息传播的风险。

1. 传播者观念障碍与风险管控

"重保管，轻利用"，档案管理人员长期重视档案的收藏与保管，忽视了档案信息的传播功能，导致档案利用率低下；"重保密，轻开放"，档案管理人员过分强调档案的保密性与内向性，限制对社会开展档案传播利用服务。对此，档案信息传播者应转变观念，树立开放意识和信息传播意识；政府应加大支持力度，积极推动档案信息数字化建设，促进档案信息社会化网络资源的共建共享。

2. 传播者素质障碍与风险管控

不少档案传播者缺乏必要的档案信息技能，因而不能适应受众获取档案信息方式的变化。社会化网络改变了受众获取信息资源的方式，传播者需要掌握和熟练操作移动网络技术、计算机技术等，丰富档案信息资源的传播方式，满足受众对档案信息的个性化需求、完整性需求、时效性需求。

档案管理人员信息安全意识不强。社会化网络的集成性和开放性以及系统的漏洞给档案信息传播带来了负面影响，虚假信息滋生、病毒侵袭等影响了档案工作的有序开展。档案信息传播者应树立科学的信息安全意识，加强危机感与责任感。

3. 档案信息社会化网络个体传播者

在社会化网络环境下，档案信息社会化网络个体传播者逐渐扩大，开始主动参与信息传播。社会化网络使得人人都是信息源，增大了档案信息内容监管的难度。档案信息社会化网络个体传播者的文化背景、受教育背景等因素制约着档案信息的传播。针对此，应组织传播者及时传播权威档案信息，加强对网络舆情的监控，依法惩戒谣言以及虚假信息传播。

（二）档案信息社会化网络传播内容风险与掌控

丰富的档案信息社会化网络资源内容是档案信息传播的基础，社会化网络环境下，档案信息数量巨大、种类繁多、结构互异，因此，有必要对档案信息内容和组织进行研究。

1. 档案信息社会化网络资源的内容

（1）数字化档案信息匮乏

我国档案信息化建设起步晚，发展缓慢，很多档案仍尘封于档案库房中，还未鉴定。档案工作者应加大力度推进档案信息的数字化，而且要重视社会化网络中直接形成的电子文件的收集整理和归档。

（2）数字化档案信息分布不均

第一，数字化档案地区分布不均衡。数字化档案信息的分布基本呈现沿海地区较西部地区丰富、城市较乡村丰富的局面。同时，还出现了档案集中的情况，如少数民族的特色档案仅可在少数民族聚居地查找，借阅比较困难。

第二，档案信息行业分布不均衡。高等院校一般掌握先进前沿的知识与技术，数字化档案建设发展良好，而城建档案仍以纸质档案为主，数字化建设相对落后。

（3）档案信息的保密性

档案信息涉及军事秘密、商业秘密、个人隐私等内容，档案信息必须在有限范围内传播，所传播的信息必须是合法的。档案信息不能及时解密在一定程度上阻碍了档案的传播。档案馆要及时对馆藏档案进行鉴定，通过鉴定后，把符合开放条件的档案全部开放，从而更好地发挥档案资源的作用。

2. 档案信息社会化网络资源的组织

社会化网络为档案信息传播提供了便捷，也带来了一系列的问题，如保存控制、利用、信息安全问题等，为社会公众充分利用社会化网络中的档案信息带来了挑战。由于档案信息的来源广泛、组织分散、结构复杂，各行各业乃至各级各类档案馆对数字档案工作缺乏统一的规范制度，所遵循的技术准则和文档格式也各不相同，导致数据存储和输出格式不统一，大众很难从"信息爆炸"的网络中获取所需的信息。对此，档案部门应该建立一套科学规范的数字档案标准体系，包括数据库结构、数据内容标准、标引方法、档案著录准则、统一的输出格式等。在确定数字化档案数据标准时，必须确保该格式的档案具有兼容性和共享性，强化异构信息的统一性和关联性，这样有利于数字化档案的统一管理。

3. 档案信息社会网络传播媒介风险与掌控

传播媒介是传播者与受众之间沟通的手段、途径，它是信息传播的必经之路。虽然社会化媒介具有传统媒介无法比拟的优势，但是也存在一些问题。

（1）社会化网络运用层次浅、水平低

微信、微博等社会化网络媒介在档案信息传播工作中仍处于初步尝试阶段，与其他领域的运用相比还存在一定的差距，未能充分发挥其优势，总体来说，在档案信息传播方面，社会化网络运用层次浅、水平低。

要想改变社会化网络的应用现状，一方面，要改变大众和档案人员的思想观念，正确引导受众和档案人员认识社会化网络。国家和档案机构领导应给予政策支持，加大对社会化网络服务的投入。档案工作人员代表着档案馆的形象，其工作能力与态度直接影响档案信息的传播效果，他们应积极主动接受相关知识的培训与普及，以受众为中心，满足受众档案信息需求；另一方面，则是要借鉴国外社会化网络传播的先进经验。

（2）受众媒介素质较低

媒介素质就是受众对社会化媒介的选择能力、理解能力及使用技巧。社会化网络的普及对受众媒介素质提出了更高的要求，实际上受众的媒介素质参差不齐，直接影响到档案信息社会化网络传播效果。

社会化媒介的主要覆盖人群呈年轻化、高学识化，而年龄较大、学识水平一般、网络操作能力较差的人群仍采用传统的媒介获取档案信息。这些受众不熟悉社会化媒介的操作方法及运营规律，无法接收到档案部门利用社会化媒介所传播的信息。针对此，档案部门应仔细研究传播大众，细化档案传播工作，采用合适的传播方式。同时，组织档案讲座、发布社会化网络操作指南等，提升档案受众的媒介素质。

（3）档案信息社会化网络传播的安全性与稳定性存在隐患

社会化网络的安全性和稳定性一直是困扰档案信息传播的障碍。其一，互联网病毒侵入问题危及档案信息数据库的安全，导致数据丢失、访问受限，也可能造成国家档案机密外泄等问题；其二，大众安全意识薄弱，部分受众不懂得如何采取措施防护移动智能终端的安全，缺乏对社会化网络的安全认知。

对上述情形，应采取以下三点措施：

第一，建立和完善社会化网络传播内容的规章与制度。要保障档案信息社会化网络传播的安全不仅依赖于技术支持，也需要以制度作为保证。对于泄露国家秘密和窃取国家秘密的行为要严厉惩处，加大执法和监察力度。

第二，增强档案信息社会化网络传播安全保障的技术水平。首先，设置网络防火墙。防火墙能够提高安全等级，隔离档案信息内部与外部网络，并有效防范计算机病毒；其次，定期进行排查，及时检测漏洞，主动下载最新补丁修复漏洞；最后，提高社会化网络安全技术水平。采用加密技术，提高档案的密集程度，使用正版杀毒软件，及时更新病毒库，构筑全面的病毒防范体系。

第三，提高社会化档案人员的安全意识和技能。一方面，对档案人员进行档案信息社会化网络传播方面的宣传和教育，使其从思想上提高防范意识；另一方面，组织对档案人员开展的安全技能培训，在日常工作中可保障档案信息社会化网络传播系统的正常运转，从而在面对病毒、黑客攻击时，能采取有效的防范措施，减少档案信息传播的风险。

二、档案信息社会化网络传播受众风险与掌控

档案信息社会化网络传播受众不同于传统的档案信息受众，他们不仅被动地接受档案信息，还可以根据自己的信息需求，主动查阅档案信息并与传播者互动；此外他们还参与档案信息的传播过程，在有条件的情况下可以发表自己的意见和看法。

（一）社会公众的档案意识

1. 应用广泛

档案信息在社会生活中的应用越来越广泛，但是社会公众的档案意识不强，是阻碍档案信息社会化网络传播的主要因素。公众的档案意识与档案信息社会化网络传播息息相关，公众档案意识淡薄，则档案需求较少，传播服务将

很难进行；反之公众档案意识浓厚，就会主动关注档案信息，扩大档案信息需求，从而使档案信息传播满足公众的需求。

2. 档案重要性

档案由国家统一管理，大量档案资料被封存于档案馆内，社会公众对档案的认识不够，很大一部分人不知道档案为何物，认为档案与自身毫无关系，对于档案的重要性及如何主动利用档案就更不了解。因此，档案信息传播者应扩大档案信息社会化网络传播的宣传范围，加大宣传力度，加强公众对档案工作的认识。

（二）社会公众的档案信息素养

1. 档案信息素养提高迫在眉睫

我国仍处于社会主义初级发展阶段，经济发展水平不平衡，农村地区经济文化发展比较落后，公众文化素质整体水平不高，从事档案工作的档案工作人员信息素养也不高，非档案专业人员较多。

2. 提高社会公众档案信息素养的措施

（1）九年义务教育

国家要继续实行九年义务教育，提高整个民族的文化素质。我们可以借鉴欧美的经验，建立信息素养教育体制，让档案教育走入学校，全面提升公众的档案信息素养。

（2）政府扶持

政府加大对落后地区信息基础设施的投入，覆盖无线网络，提高这些地区的信息化水平。国家还应加强档案信息技术培训，帮助用户掌握在社会化网络环境下检索、阅览档案信息的能力，可以编印使用指南，也可以开展在线教育，从而提高其信息技能和档案意识。

（3）档案管理人员完善自我

档案工作人员不断加强和完善自身档案信息素养能力，学习与档案信息相关理论知识，参加必要的社会化网络技术教育，与行业内人员互动交流。

社会化网络促进档案信息的广泛传播，同时也潜伏着一定的社会风险。社会化网络所具有的技术使用门槛不设防、传播方式多样、传播范围广等特点，使其如果被恶意利用将会影响国家安全和社会稳定。

第五章　档案管理信息系统建设

第一节　档案管理软件的开发与应用

现代科技和生产的发展使得档案的数量急剧增加、档案利用率不断提高，传统的手工整理、档案检索已经越来越不适应现实，如何以较少的人力、物力更好地整理、加工档案信息，为利用者提供准确、快捷的服务，已成为亟待解决的问题。计算机具有运算速度快、精确度高、逻辑判断能力强、存储量大、容易操作、能够实现网络化多媒体管理等人力所无法达到的优点，利用计算机管理档案，正是解决这一问题的有效的方法。

一、计算机在档案管理中的应用

计算机可以在档案管理业务过程各个环节都发挥一定的作用，但是，档案工作对计算机管理系统的首要要求是利用计算机来管理好档案的组织架构以及信息内容，以方便查询，所以编目管理，即目录管理，是计算机管理系统的核心功能。

计算机管理系统在档案业务中还包括以下内容：档案的收集、档案的整理、鉴定销毁、档案保管、档案检索、档案利用、档案统计、档案编研、数据交换、光盘发布等。

（一）档案计算机管理重在制定标准和丰富数据源

我国档案计算机管理刚刚起步时，遇到的问题很多，如计算机的选择、应用软件的开发等。而实践证明，设备问题固然重要，但最关键的还是如何保证档案机读数据的质量和数量。所谓质量主要是指按照标准和规范对档案信息进行的加工处理，即档案信息处理的标准化问题，而数量则是指应尽快地把能满足应用的较充足的数据装入计算机。搞好标准化，才有现代化，这是经过实践获得的重要经验。在此基础上才会有通用性强、可以满足多种应用的计算机软件。在档案计算机管理的发展过程中，可以看到某些单位的计算机几经更新，越来越先进，而应用效果却很晚才见到；不少单位同时开发制作着功能类似而互相难以通用的软件。原因就是标准化水平不高和数据量不足。与计算机的快速发展相比，标准的制定相对要缓慢一些，尤其是由一系列标准构成体系从而实现标准化，周期就会更长。我国从 1985 年开始公布了第一批档案工作标准，到 20 世纪 90 年代初，与档案管理自动化有关的标准才做到了基本配套，且数据量也日益充实。此时，档案计算机管理应用的效果才逐步显露出来。积极支持、倡导和从事标准化工作，为增加档案机读信息而努力工作的档案工作者，可谓功不可没。

（二）档案计算机管理要不断跟踪新技术的发展

可以说，几乎计算机技术的每一项新进展，都在档案管理现代化中引起了反响，并被用于新的工作环节，解决了档案工作中一个又一个问题。从基于机读目录的自动编目、联机检索，发展到借助光盘存储器的档案全文信息存储与检索；从一般文件信息处理，发展到录音档案、影像档案等多媒体档案信息的处理；从一般的档案管理软件算法，发展到使用属于人工智能应用的知识库技术和模糊集合运算技术，解决了一些传统性难题；从人工著录标引，发展到自动著录标引；从单纯的档案信息检索、利用管理，发展到档案管理的各个环节；从专用软件发展到基于标准化系列的通用性软件和商品化程度较高的优质软件；从较封闭的单机和局域网应用方式，发展到档案与图书、情报信息共同运作的广域网工作方式，以及将部分档案管理信息联机进入国际互联网络；从一般的科技档案管理，发展到以计算机辅助设计、计算机辅助制造为基础的包含科研、生产全过程的信息综合管理等，各种应用进展举不胜举。可以预见，随着计算机技术的进一步发展，还会有更多的新应用出现。

（三）档案计算机管理要适应资源共享的需要，建立综合性网络数据库

随着档案计算机应用的普及，档案数据库已从内部库、局域网库开始发展到办公自动化、图书资料和科技信息等综合性网络的共享库的建立。档案计算机管理应用是从自建自用内部机读目录数据库起步的。到 20 世纪 90 年代初期，应用计算机的单位普遍建立了档案信息管理的局域网，而且一些部委、省、市及大型企业单位的档案管理局域网还加入了办公自动化或行业体系的广域网，形成了较大的互联网。由于实现了多种信息的共享，网上用户的信息拥有量变得极为丰富，改变了以往孤立的档案信息系统中常见的应用方式封闭、数据量少和效益低的状况。

（四）档案管理的多媒体信息处理已从技术探索逐步向实用化发展

档案部门从 1992 年开始进行多媒体技术的应用研究，目前已经在档案馆指南、多媒体档案信息管理两种应用方式上进入实用阶段。一些已投入使用的多媒体系统，可以为用户提供该局的办公引导、测绘管理、业务信息查询等服务，图、文、声、像并茂，使用方便，形象生动。随着计算机网络的多媒体化，网络的基本工作方式和运作功能也正在朝着多媒体化方向发展。有一些办公自动化网络带有多媒体视频会议功能或多媒体电子文件处理及归档功能。

（五）档案计算机管理促进了软件市场的发展

档案计算机管理促进了软件市场的发展，而软件的商品化又促进了计算机应用的普及。从 20 世纪 90 年代开始，出现了以较完善的标准和规范为依托的通用化及商品化趋势，并开始形成较丰富的软件市场，对档案管理中的计算机普及起到更大的推动作用。

二、档案管理软件应遵循的原则

（一）标准与规范性

档案管理软件应遵循档案的相关标准，包括著录标准、信息分类和主题词标引规则、整理标准、数据交换标准、电子文件存储标准等。

（二）灵活性

灵活性、标准性、规范性是辩证统一的。国家、行业、地方标准存在一些差别，系统只有具备一定范围的灵活性，包括灵活的实体分类、标准著录与动态著录、报表灵活设计与输出等，才能适应各种标准。

在配置的灵活性方面，要允许用户选择操作系统、数据库、单机网络环境、体系结构等。

（三）可扩充性

随着业务的发展，用户会有新的需求，包括新的档案管理方式、更高级的计算机体系结构、更大容量的存储要求等。档案管理软件必须能够方便地扩充，才能满足新的业务需求。

（四）安全性

存储的安全性：数据需要长期保存，数量大，数据整理和录入花费巨大，系统必须提供多种存储备份方式，保证数据的安全；数据要有相应级别的安全管理措施，防止被非法修改、删除，保证数据的原始性。

存取的安全性：档案数据中涉及单位和国家的机密，系统必须提供访问的权限控制。

传输过程中的安全性：档案数据在传输过程中要保证安全。

（五）检索效率

检索方式：档案最大量的应用在查询，查询用户水平参差不齐、思维习惯各有特点，系统需要提供灵活的检索途径和方式。

检索速度：随着系统使用时间的加长，档案数据量不断增大，系统要保证数据量的增大不会降低检索速度。

（六）开放性

档案产生于各业务部门，计算机档案管理系统与许多系统之间都存在必然的联系。档案系统中的数据要能和其他系统无缝衔接，如办公自动化系统、计算机辅助设计系统等。

（七）易用性

档案数据各种操作都应当便于掌握，易于操作。

三、档案管理软件功能要求

在功能设置时，考虑了不同类型的档案管理对软件功能的要求存在的一些差别。如机关档案管理侧重于档案管理与文档一体化功能；企事业档案管理

侧重于档案管理与生产、经营、管理、科技活动的衔接，如计算机辅助设计的
CAD 电子文件和光盘存储及其他技术性档案的管理等；综合性档案管理侧重
于档案保管、利用统计、借阅管理等。

（一）对数据管理功能的要求

在规定了常规的建立、修改、删除等功能基础上，还专门确定了数据应采
用 DBF 格式，因为这种数据格式被所有主流数据库管理系统兼容。此外，还
从使用角度规定图纸幅面为 A0、图纸处理精度为 200dpi，这些指标的确定一
般是满足应用要求的下限，利于实现合理的技术设备的成本投入。另外，还
对其他种类的信息的格式也作了规定，如文字型信息采用 XML 文档和 RTF、
TXT 格式，扫描图像数据采用 JPEG 或 TIFF 格式，视频数据采用 MPEG、AVI
格式，音频数据采用 MP3、WAV 格式等。这些格式的确定为档案信息的传输、
交换和长期保管及有效恢复创造了条件。

（二）对整理编目功能的要求

这部分功能要求突出了文档一体化的管理，对电子文件自动归档操作中包
含的主题词设置、自动标引及归档涉及的封面、表格自动打印等作了规定。这
些规定把计算机辅助档案管理中已实用化且可以高效率完成的功能正式确定下
来，有利于发挥计算机的效能。

（三）对利用查询功能的要求

这是计算机辅助档案管理中最常用的功能。为适应现阶段技术水平并兼顾
近期发展，对全文检索和图、文、声、像一体化检索功能提出了要求。

（四）对辅助实体管理功能的要求

这部分功能对综合性档案馆、机关、大型企业和企业集团档案管理部门而
言是很重要的。规定的功能包括档案征集、接收、移交、鉴定、密级变更处理
等，还要求对上述处理的时间、来源、数量、种类、载体、人员等进行管理。
这些功能有利于把与此相关的工作较系统地纳入计算机的自动处理流程。

（五）对安全保密功能的要求

为确保档案信息的安全，要求档案管理软件的研制、安装、运行必须符合
国家的安全保密规定，使软件系统达到相应的安全保密等级，以确保在安全基

础上采用新技术，提高工作效率和工作质量。

（六）对系统维护功能的要求

这部分功能主要是针对保证系统的可维护性、可运行性设定的。其中的权限管理、运行日志管理等，不仅是重要的安全措施，也是使软件系统适应电子文件管理的重要要求，兼顾了软件对电子文件管理发展的需要。

四、档案管理软件的筛选与测评方法

（一）测评目的

我国档案管理软件的开发与应用已经有十几年的时间了。据有关部门的不完全统计，我国各部门先后开发的计算机档案管理软件接近 1000 个，其中仍在使用的软件不少于 400 个。每年仍有数十个新开发的软件被推出，其中有不少称为通用型软件。有如此丰富的软件资源可供各级各类档案管理部门选用，应当说是很可喜的事。但从实际情况看，并非这么乐观，一方面很多档案管理者挑来挑去找不到满意的软件；另一方面一些软件由于其局限性或某些缺陷而难以推广。造成这种情况的原因主要有两个：一是我国档案标准化工作起步晚，虽然近年有较大的发展，而且正在完善配套，但计算机技术的发展似乎更快。例如我们正在完善档案著录规则时，计算机已经开始大规模处理图文信息了，我们刚刚开始研究怎样制定这类标准时，能同时处理图、文、声、像的多媒体档案信息的计算机应用又成为热点，而且计算机网络化在档案管理中的普及很迅速，已经成为一种必不可少的平台。这些新发展都对档案信息管理的标准化提出更多、更新、更高的要求。标准化相对滞后的情况，使得具有广泛通用性的档案管理软件难以出现。二是软件的开发者没能按照产品生产或者商品化的规律办事，使得不少软件存在制作欠缺规范、功能设计带有随意性、隐性缺陷较多、售后服务不周到、后继开发和版本更新不及时等问题，于是这些软件难于推广或者寿命短暂也就是必然的了。

对于上述问题的解决，在当前除了加快制定和完善标准之外，还可以采用其他一些办法，如积极促进档案管理软件市场的发展，凭借优胜劣汰的市场规律来改善软件质量，扩大优秀软件推广面，并起到抑制重复性开发、节约人力和财力的目的。软件测评工作就是力图筛选出工作平台新、通用性强、兼容性好、质量有保证的计算机档案管理系统。

（二）测评方法

档案管理软件的测评遵循一套以质量认定为主的规范化的方法。测评涉及的功能度、兼容性等 8 个方面，是在与国际标准、国家标准及其他一些关于软件开发的常用技术规范总体兼容的情况下，根据计算机管理档案的要求进行归纳确定的，指标得当、包容面宽，既适应计算机技术的发展，又适应档案管理的实际情况。

1. 功能度测评

功能度测评主要是考察软件的实际功能与其标称功能的吻合程度，及该类软件应具有的常规功能是否齐全。例如，有的软件标称的档案自动标引功能就把处理速度描述得很快、正确率说得很高，但是实测时因达不到指标就要被扣分。而另一些软件则把这类功能指标、运行的限定条件和注意事项等描述得较为客观、清楚，这样就较少被扣分。有的软件尽管内在功能不错，但由于开发前调研论证不够充分，忽视了某些常用功能，推广起来会遇到问题，因此也会被扣分。例如，对于文书档案一体化的软件，就应把计算机辅助立卷、文书与档案机读目录格式的互相转换等功能作为常规功能。

2. 兼容性测评

兼容性测评主要是考察软件在其所标称的多种硬件或者软件环境支持下的运行状况，以及该类软件在所推广应用的范围内的常见机型上能否正常运行。例如，一些带有光盘设备的图文系统，除了主机有选择余地外，像扫描机、光盘驱动器等必须专配，在兼容性上就打了折扣。对于网络系统来说，还要求图文信息的传递转换设计周到合理，才能体现出较好的兼容性。另外，从测评的情况看，为保证兼容性，使用的软件工具和平台并不是越新越好，应当在成熟性和先进性上统筹考虑才较为合理。

3. 速度测评

速度测评主要是考察软件运行中的数据库打开时间、数据查找时间、数据删除时间、索引时间、数据汇总时间、报表生成时间、打印时间，以及完成编目、联机检索、图文传输处理等特定功能目标所需要的时间。速度指标主要是从档案管理的实用要求来确定的，同时还要兼顾计算机技术的发展情况。

4. 易用性测评

易用性测评主要是考察软件的易安装性、易操作性、操作引导的清晰程度、在线帮助信息的完整性、人机对话界面的合理性和易懂性、用户自定义功能的便利程度等，在实测中发现这类指标常被扣分，而且商品化程度高的软件与主要是自己用的软件在这项测评中的差距很大。值得软件开发者注意的是，以前那种由开发单位派技术人员上门安装调试，为用户办班授课推广软件的方式已经跟不上时代发展。一些开发经验丰富的公司和新技术掌握较快的大学、研究机构所提供的软件，在这项测评中占有较大的优势。推广的实际情况也反映出，易用性好是用户乐于接受该软件的重要条件。那种具有自动引导安装、自我说明完善、在线帮助完整、操作简便的软件是软件商品化的一种标志。

5. 容错性测评

容错性测评主要是考察软件对各种误操作及不合理使用方式的屏蔽和示警能力。近几年开发的软件在容错性方面的进步是很大的，送测的软件在这项测评中多数有较好的表现，尤其是对于档案数据录入中的误操作及属性自动识别和限定功能，已经是一种常见的容错性设计。但也发现在对错误信息的处理方式上，有不少软件欠缺妥当。有的示警信息说明不够清晰完整，有的软件不能保留或返回原现场，这种情况属于反应失当，实测中也常把这种现象当作由于误操作引发的软件故障。分析起来，这种情况也可能是软件开发者对所使用的工具软件或平台缺乏深入了解，过分依赖这些环境提供的出错处理功能造成的。

6. 安全可靠性测评

安全可靠性测评主要是考察软件对非授权用户的识别与抵制、对网络非法用户侵入的防范、口令密码设定与管理的严密程度、数据传输加密和解密的安全性、对极限使用方式和极限环境的适应性、硬件和软件运行的故障率等。实测中发现，多数软件考虑到了这类功能，但是又或多或少存在问题。例如一些软件开发者对防止非法拷贝采取的措施较为严密，但是为用户提供的信息安全保密方法却非常简单，不少系统只设置了普通口令，而对系统维护性操作未划分权限，这样会对安全造成很大的隐患。一些系统设置的对使用过程自动记录和建档的日志功能很好，但对这类信息也应做加密处理，并采用隐蔽性保护措施，防止被破坏。而网络系统的安全可靠性设计上问题就更多，这是因为网络上的信息库必须按共享要求设计，提供公共接口、遵守通信协议等，而许多设计者对网络的安全隐患的严重性缺乏足够的认识。

7. 数据结构的合理性测评

数据结构的合理性测评主要是考察软件所建立的数据集的逻辑结构和物理结构，在满足功能要求的情况下是否合理，并与《档案著录规则》等国家标准是否兼容，数据操作是否简捷、高效、节省存储空间、操作权限明确，网络环境中的数据集分布与流动是否合理等。数据结构设计得好坏往往决定了系统整体技术指标的高低，这也是档案管理软件的重点测评项目，原因是档案信息量很大，只有做到数据的逻辑结构和物理结构均合理，才能保证系统高效、可靠。

8. 资料的测评

资料的测评主要是考察软件操作使用所必须具备的资料是否完整、清晰、可用性强。软件开发过程中生成的资料不作为测评重点。其实在实测中，通过对操作手册的检验也可以间接看出软件的开发是否规范。这项测评也可以说是区分商品化软件与一般自用软件的标志。通过送测的资料，可以在某种程度上区分软件在论证、开发、调试、维护等方面的差别。那些管理科学、工作程序严谨、技术水平较高的软件，在资料测评中均会有较好的表现，而那些开发水平较低或自用的软件，资料也往往粗糙，而且漏洞较多。甚至有的软件按手册操作经常"碰壁"，使手册的引导也变成了误导。较普遍的问题是资料偏重于指导操作，缺少系统维护或故障对策等方面的内容。

在进行了上述 8 个项目的测试后，再汇集起来对软件作一个总体评价。

（三）软件测评的作用

1. 为软件的推广提供了可靠的依据

国家档案局在筹划和开展测评工作时，明确地把着眼点放在软件的筛选和推广上。通过这项工作的实际开展，确实起到了这样的作用。经过测评筛选后，达到优秀和良好等级的软件，无论是内在质量，还是展示出来的外在形象，都体现出较高的水平。组织这项工作的国家档案局科技成果推广部门也认为测评是成功的，获得的结果让人信服，对筛选出来的软件进行推广感到有把握。

2. 对软件开发起指导作用

实际情况是，与其说测评是对软件开发结果的评价，不如说是被测软件进行改进的起点和过程。一些软件开发单位在送测前就详细地了解了测评的内容和要求，送测后又对测评中发现的问题认真地修改，然后继续送测，使测评实际上成了提高软件质量的重要手段。实测中能一次达到优秀的可能性极小，最终能达到这一等级的几个单位都体现了精益求精的态度和坚韧不拔的精神。

3. 对软件的商品化起促进作用

商品化的档案管理软件应当是什么样的？通过测评方法的制定，为其提供了较规范的模式。可以说，测评方法将影响今后档案管理软件的开发工作，使"手工作坊"式的软件开发向规范化、集约化、社会化的方向发展。当高质量的商品化软件大面积推广之时，那种低水平重复开发软件的现象自然会得到抑制，这将大大节约档案部门的人力和资金，产生良好的社会效益和经济效益。

五、档案管理软件的组织体系结构

系统体系结构从整体上说是二层结构与三层结构的结合，应用层与业务处理层的相互渗透较深。系统基本上采用组件技术进行系统的构造，系统组件分为核心（基本）组件和扩展组件，组件的整体设计思想是：对业务中基本的、一致的处理进行分类、提取，成为核心组件；将各个独立的、不一致的处理提取为扩展组件。核心系统主要是通过组装核心组件形成的；扩展的产品系统通过核心组件与扩展组件的组装而成。

系统化的复用将为软件企业在竞争日益激烈的市场上赢得有利的地位，因此，对软件复用的研究和实践，引起了学术界和产业界的高度重视。直接面向系统化复用而提出的"领域工程"，也成为目前软件工程领域的一个重要研究方向。一般认为，领域工程是为一组相似或相近系统的应用工程建立基本能力和必备基础的过程，它覆盖了建立可复用的软件构件和构架的所有活动。领域工程实施的目标是产生 DSSA，即"专门领域软件体系构架"。DSSA 最外显的组成部分是"应用构架库"和"软件构架库"。

六、档案计算机管理的发展趋势与对策

（一）档案计算机管理的网络化趋势

档案计算机管理的发展，是计算机等新技术的社会化发展大环境中的一部分。20 世纪 70 年代，随着计算机存储容量和运算速度的增加，人们认识到计算机其实是信息处理机。到 20 世纪 80 年代初，又有人提出网络就是计算机，或者说网络才是真正的信息处理机，不过这个认识直到 90 年代初才被大多数人所承认，原因是这时计算机网络有了全球性的发展，在短短几年中就几乎深入到世界的各个角落。

用户上网意味着其信息拥有量迅速扩大。上网用户可查找的信息量无疑是天文数字，何况互联网络还正处在高速发展的过程之中。档案工作者面临两个问题，一是如何借其扩大视野，依托网络丰富信息资源；二是如何突破封闭的管理模式，把应当开放的档案通过网络及时提供给社会。

（二）电子文件增加迅速

随着计算机应用的普及，各类电子文件的数量增加很快。CAD 电子文件的管理方法研究已纳入国家重点支持的科技进步计划，进展较快。与此同时，国家档案局也积极推动了对于办公自动化电子文件归档管理方法的研究工作，并取得了初步进展。

（三）与档案计算机管理有关的一些新技术的发展

语音识别、文字扫描模式识别、超文本和超媒体信息处理等方面的应用，已逐步从研究阶段进入实用领域。计算机的每一项新的技术发展，几乎都会在档案管理中找到用武之地。档案信息的多样及其巨大的数量，为新技术的应用提供了广阔的天地。

（四）计算机多媒体技术的发展

计算机多媒体技术的发展很快。随着多媒体计算机的普及，多媒体互联网络的发展也加快了速度。美、日，甚至是一些发展中国家，都在参与新一代支持多媒体信息处理的因特网的设计和技术更新，其中美、欧之间的竞争甚至已

达到白热化的程度。

（五）新型计算机技术的发展

随着技术的发展，信息技术和电脑技术还会出现新的飞跃。各种功能奇特、先进实用的电脑，将会使人们的工作和生活更加方便快捷、多姿多彩，同时也会给档案工作带来更多、更大的变化。如高性能、低能耗计算机的普及；智能化计算机的开发应用；便携式办公系统的推广；新型高密度、高可靠性存储设备的应用等。

需要研究的问题和对策主要包括以下七个方面。

1. 加强领导和统一规划

把以往各单位分散的小系统设计转变成多单位、多部门，甚至全国性的基于大系统工程的社会行为。做到以档案行政主管部门牵头，结合科研、教学等多方面的配合，将有限的资金和技术力量调配好，实现以下目标。

第一，从技术开发到推广应用，形成有机联系在一起的多层次结构。

第二，在标准化方面，由针对某事的独立标准，形成集信息处理、设备选用、技术开发等多方面结合的立体化结构。

第三，在技术人才方面，由相对封闭的"档案工作者与非档案工作者"的简单划分，转变为"参与档案工作的"社会化观念，寻求更为广泛的社会服务和技术支持。只有如此，才能使当前的"人才危机"问题得到根本解决。

2. 计算机应用的普及给档案管理的基础工作和管理方法带来巨大影响

计算机在档案管理中的应用不仅带来了高效率和高质量，也改变了档案工作的传统方式。一些单位由于用计算机直接管理文件级档案，产生了是否还需保留案卷级管理的问题；有些部门应用计算机管理档案，根据新的《归档文件整理规则》改革了文件整理方式；档案电子化带来了某些原件是否需保留的问题等。

3. 档案计算机管理网络安全问题的严重性及其对策

随着网络化的发展，档案信息的上网管理及其安全性、可靠性、加密技术、"防火墙"技术，以及档案信息与其他信息资源和处理软件的兼容性等问题日益突出，网络安全问题已成为限制其发展的最大障碍，怎样妥善解决这类问题将成为今后的研究重点。依据发达国家的经验，对于电子文件和电子档案涉及的网络安全问题，不仅要作为工程技术问题予以解决，还必须从政府行为和社会行为的角度来综合考虑，采取合理措施，才可能达到效果。

4. 随着计算机和网络的多媒体化，应注意促进档案多媒体信息管理的实用化

首先，应注意解决多媒体信息演示系统开发方式的工具化问题。如果其开发软件实现了工具化，就可以做到通过改变参数来调整功能结构，并随机填充相应内容，即可得到完全不同的多媒体演示应用系统，从而节约大量人力、物力，使其能广泛地普及应用。

其次，要解决多媒体档案信息处理的标准化和长久保存问题。多媒体信息技术的设备兼容性较差，其信息存取和交换有诸多不便，而与多媒体档案信息长久保存有关的载体筛选工作还很薄弱。上述工作投入大、周期长，需要引起有关部门的足够重视，采取更为有力的解决措施。

此外，还应注意用多媒体技术实现档案管理功能的更新。计算机已经从内部信息的多媒体处理转向处理功能的多媒体化。

5. 解决计算机普及速度加快而档案部门计算机专业人员短缺的问题

针对这个问题可以采取以下措施：一是要提高档案工作的标准化程度。档案工作现代化的基础是标准化。计算机在档案管理应用中涉及的每个问题，如数据著录、设备兼容、应用软件推广、信息联网等都需要一系列的标准才能解决。二是要在标准化的基础上，大力推进计算机应用的社会化服务，这是档案部门获得高质量的技术支持和减少人力、物力投入的最有效的途径。三是要加快在档案工作者中的计算机知识普及，令每个档案工作者都能够尽快掌握应用计算机的知识和技能。

6. 解决电子文件归档和电子档案的长期保存问题

电子文件的归档问题应引起更多的注意，要加紧制定有关的国家标准或行业标准。对于办公自动化和 CAD 等产生的各类电子文件的真实性、完整性和安全性予以保证，同时为档案馆接收电子文件形成的电子档案提供指导和规范化的要求。目前在生成和使用电子文件的部门，对电子文件如何安全长久地保

管考虑不够充分，而处理电子文件归档管理的档案工作者对其特性又很陌生，因此这个问题必须从现在起就引起广大档案工作者的重视。

7. 解决新型载体的安全使用和长久保存问题

随着计算机存储技术的多样化，应随时跟踪技术的新发展，及时对档案信息新载体的使用和保管方法进行实验论证、深入研究，以保证档案的安全可靠和长久保存。

第二节　数字档案室的建设

各级、各类机关的档案室工作是国家档案事业的重要组成部分，是提高机构工作效率和质量的必要条件，也是档案馆工作的前端和基础。因此，数字档案室建设是档案信息化的重要内容，是连接机关办公自动化和数字档案馆，建设、集成机关档案信息资源，确保机关档案资源共享利用的关键环节。它对于维护机关电子档案的真实、完整、有效和安全，提升档案室工作效率和服务能力，促进数字档案馆建设乃至档案信息化的全面、持续、有效发展具有重要意义。

一、数字档案室概述

（一）数字档案室的概念及内涵

《数字档案室建设指南》将数字档案室定义为："机关在履行职能过程中，运用现代信息技术对电子档案和传统载体档案数字副本等数字档案信息进行采集、整理、存储、管理，并通过不同类型网络提供共享利用和有限的公共档案信息服务的档案信息集成管理平台。"该概念包括以下内涵：

建设和应用的主体是政府、企事业单位和各类社会组织的档案室，是为了更好地履行档案管理职能。

技术条件是全面应用现代信息技术，包括数字技术和网络技术。其中网络系统应包括各种类型的网络平台。

管理对象主要是电子档案（即归档电子文件）和数字化档案（即传统载体

档案数字副本)的信息。

管理的功能包括档案管理的各项业务。主要是满足机构内部职能活动的需要，同时实行有限的公共档案信息服务。其"有限性"是由机构所有档案的价值特征和档案工作的职能所决定的，它有别于数字档案馆。

建设要求是建立档案信息"集成"管理平台。为此需要强调统一规划，统一建设，统一实施，统一管理，做到数据集成、功能集成、流程集成，协调和处理好档案部门与文书部门、档案工作与业务工作、档案室与档案馆之间的关系，在文件生命周期中发挥好承上启下的信息枢纽港作用。

（二）数字档案室建设原则

1. 资源强档原则

数字档案资源建设要做到"三管齐下"：一是将来源于机构信息系统的电子档案收起来；二是将室藏传统档案的数字化工作做起来；三是将档案数据库建起来。

数字档案资源是数字档案室的立足之本和利用之源，也是国家档案资源建设的入口和源头。只有从源头上将数字档案资源做大做强，才能做到"上游有水下游满"。所谓"做大"，就是严格按照归档范围，使档案资源做到应收尽收、门类齐全、内容完整；所谓"做强"，就是要确保数字档案资源的真实、完整、有效和安全，做到配置合理、格式规范、管理有序、特色鲜明。因此，实行机构重要数字信息的资源化管理，应当成为数字档案室建设的永恒目标和基本条件。

2. 标准先行原则

数字档案室建设应统筹协调文件管理与档案管理、业务工作与档案工作、档案室与档案馆之间的关系，确保数字档案室系统与前端办公自动化系统、后端数字档案馆系统的衔接。为此，应当严格遵循既有的标准和规范，以便在系统设计、建设、运行中能够步调一致、统一规范，真正形成文档一体、馆室一体的档案管理体系。

3. 整体推进原则

数字档案室基础设施、信息资源、制度规范、人才队伍的建设，需要依靠管理体系和行政手段整体推进，特别是要将数字档案室建设与机关电子政务、企业电子商务和社会信息化建设密切结合起来，确保这项工作全面、协调、可持续发展。

4. 确保安全原则

数字档案室建设应建立健全与机关整体信息安全管理相匹配的档案信息安全管理制度，按照信息安全等级保护和分级保护要求，采取安全保障技术方法，配备必要的软硬件设施，完善灾难恢复应急机制，确保数字档案室建设和运行的安全。

5. 系统集成原则

数字档案室分布点多面广，分头建设必然造成资源浪费和信息孤岛的问题。为此，应在国家统一规划、科学管理指导下，研制实用的数字档案室集成系统，采用先进的架构体系（如云平台、B/S 架构等）推广应用，使数字档案室系统具备统一规范的功能设置、数据结构、业务流程、性能指标，并做到与数字档案馆资源的无缝对接。

二、数字档案室的建设任务

数字档案室建设任务包括基础设施建设、应用系统建设、数字档案资源建设、保障体系建设，需要机关、企事业单位的档案部门、信息化部门、业务部门和保密部门共同参与实施。

（一）基础设施建设

依托本单位信息化基础设施，建设相对独立、稳定可靠、兼容性强，能够满足数字档案室运行需求的网络、硬件、软件、安全保障等基础设施。

1. 网络基础设施

一般应将数字档案室网络管理中心设于机关、企事业单位的中心机房。机房应具备防雷、防静电、防磁、防火、防水、防盗、稳压、恒温、恒湿等基本管理条件，有条件的单位应建设符合《电子信息系统机房设计规范》（GB 50174—2008）要求的 B 级机房。中心机房、网络综合布线的配置，应为数字档案室配备足够数量的网络信息点，网络性能应适应图像、音频、视频等各类数据的传输、利用要求。

数字档案室网络平台应当与单位办公网、业务网统一规划、统一建设，实现跨系统、跨平台的信息交换和利用的分级、分层授权。

数字档案室网络平台与本地区、本部门政务网、业务网互联的，应采取相应措施，确保档案数据安全。

数字档案室网络平台处理涉密信息时，应依据国家和本市有关涉密信息系统分级管理规定确定等级，明确安全域，按照《涉及国家秘密的信息系统分级保护技术要求》（BMB 17—2006）进行建设，并应与单位非涉密办公网和业务网实现物理隔离，禁止接入互联网。

2. 系统硬件

（1）服务器

服务器性能和数量的配置，应能满足数字档案室应用系统以及数据库、中间件、全文检索、备份、防病毒等基础软件的部署和安全高效运行的需求，并适当冗余、可扩展。

（2）存储设备

应为数字档案室配备先进、高效和稳定的磁盘阵列作为数字档案资源在线存储设备。根据本单位制定的数字档案资源保存策略，确定近线或离线备份系统的配置，近线备份应选择磁带库或虚拟带库及相应的备份软件，离线备份可选择光盘、移动硬盘等脱机存储介质以及相应的备份、检测设备。

3. 基础软件

应结合数字档案室应用系统开发或运行需要，为数字档案室配备必要的正版基础软件，包括主流的数据库管理系统（一般采用关系型数据库）、网络操作系统、中间件、全文检索、文件格式转换与迁移、图像处理及多媒体编辑等软件。数字化软件包括扫描软件和图像处理软件、光学字符识别（OCR）软件等。

4. 安全保障系统

应结合实际，参照信息系统安全等级保护有关要求，从多层面为数字档案室应用系统建立安全保障体系。应用系统设计、实施完善的用户权限配置和管理功能，为数字档案资源的安全存储、管理提供保障。配备正版杀毒软件，如有必要，应有选择地配备防火墙、用户认证、数字签名、移动存储介质管理等软件，以及业务审计软件等安全管理工具。涉密数字档案室应用系统必须按照国家有关涉密信息系统分级保护的规定执行。

数字档案室应配备专用的电子档案柜，规范存放电子档案；设置门控系统监控报警系统，配备磁带备份系统、光盘刻录系统、断电保护 UPS 系统等外围辅助设备，健全环境安全和介质安全等功能，确保网络设备、设施、介质和信息的物理安全。数字档案室应健全系统备份、灾后恢复等功能，配备防火墙、入侵检测等相应技术设备，建立操作日志，通过身份认证、访问控制、信息加密、信息完整性校验、入侵检测等技术手段和管理方法，确保档案数据得到有效保护。

5. 终端及辅助设备

为数字档案室应用系统配备专用终端计算机、扫描仪、数码照相机、打印机等终端设备，以及刻录机、移动存储介质等辅助设备。终端配置应充分考虑档案工作的特点和档案室实际需要，如配置宽幅、零边距、高速、底片扫描仪，光盘标签打印机等。

（二）应用系统建设

应用系统建设应能集成管理各门类数字档案资源，具备收集、元数据捕获、登记、分类、编目、著录、存储、数字签名、检索、利用、鉴定、统计、处置、格式转换、命名、移交、审计、备份、灾难恢复、用户管理、权限管理等基本功能，为电子档案的真实、完整、可用和安全提供首要保障，并达到灵活扩展、简单易用的基本要求。

1. 档案门类管理

档案门类管理包括电子档案和实体档案的门类、分类方案、元数据方案的调整及扩展管理。

2. 接收采集

接收采集包括文书、音像、科技和专业类电子文件及元数据的接收采集。

3. 分类编目

分类编目包括分类组织、归档存储、编目著录等。

4. 检索利用

检索利用包括档案检索、利用、编研等。

5. 鉴定统计

鉴定统计包括鉴定处理、统计报告等。

6. 系统管理

系统管理包括审计跟踪、用户与权限管理、数据维护、参数设置等。

7. 技术文档管理

收集保存应用软件研制、测评、运行、维护等过程中形成的文档。

第三节　数字档案馆的建设

一、数字档案馆概述

为了实现人类数字记忆的持续积累、完整采集、长期保存、集中管理、安全控制和有效利用，数字档案馆建设已经成为档案信息化的重要内容。

自从数字档案馆的概念出现以后，我国档案界一直在探讨数字档案馆的概念内涵，出现了各种定义，其中《数字档案馆建设指南》的定义是："数字档案馆是指各级各类档案馆为适应信息社会日益增长的对档案信息资源管理、利用需求，运用现代信息技术对数字档案信息进行采集、加工、存储、管理，并通过各种网络平台提供公共档案信息服务和共享利用的档案信息集成管理系统。"从该定义出发，数字档案馆包括以下内涵。

（一）数字档案馆是传统档案馆功能的拓展和创新

信息社会催生了海量的数字信息，人类社会的生存和发展越来越依赖于数字信息的传播与传承。传统档案馆难以对信息实行全方位、持久性的保管和保护，提供跨时空、零距离、全天候、交互式的服务；数字档案馆能延伸和拓展传统档案馆的功能，承担起保护和利用数字时代社会记忆的历史使命。

（二）数字档案馆是国家基础数字信息的集散中心

数字化基础信息是国家的优质战略资源，数字档案馆通过科学、规范的收集、整理、保管、保护、传递、开发、利用等方式，对分散于不同载体、不同地域、不同媒体、不同领域的基础信息，实行数字化处理、集成化管理、网络化互联、虚拟化共享，使这些基础信息增值为真正意义上的资源，更好地造福于社会。

（三）数字档案馆是"数字化＋网络化"的档案馆

以数字化和网络化为支柱的信息技术的应用是数字档案馆生存发展的基础。数字档案馆建设必须将信息技术与档案馆事业的发展需求紧密结合，必须以信息技术发展为强大的动力，全面、持续、创造性地应用数字化、网络化技术发展的最新成果，不断打造信息时代档案馆的"升级版"。在狭义上，数字档案馆是建立在数字化、网络化平台上的传统档案馆；在广义上，数字档案馆是基于网络环境的面向数字信息对象分布存储的狭义数字档案馆群。也就是说，广义数字档案馆可以被分解为一个个狭义数字档案馆实体。狭义数字档案馆是广义数字档案馆建设的基础，而广义数字档案馆是狭义数字档案馆发展的较高阶段或较高境界。

二、数字档案馆管理系统的功能要求

根据《数字档案馆建设指南》的要求，数字档案管理系统应当具备"收集、管理、保存、利用"四项基本业务功能以及用户权限管理、系统日志管理、数据备份与恢复、系统及其数据安全维护等功能。数字档案管理系统还应当采取必要措施保证馆藏数字档案信息，特别是由电子文件归档形成的电子档案信息的可靠性和可用性。数字档案管理系统功能可以根据信息化发展和档案管理的要求而有所侧重并不断拓展。

（一）收集功能要求

数字档案管理系统应当具备接收立档单位产生的电子文件及其元数据、对传统载体档案进行数字化和采集重要数字信息资源等功能。主要包括以下几点要求：

（1）根据相关要求接收立档单位产生的各类电子文件及其元数据，并在建立一整套接收机制基础上，保证接收过程责权明确，杜绝安全隐患，从源头上保证数字档案的真实、完整、可用。

（2）提供选择在线接收和离线接收方式。

（3）能够批量导入或导出数据，保证数据的可靠和可用。

（4）对在线或离线接收的档案数据进行真实性、完整性、可用性和安全性验证。

（5）具备目录数据和全文数据等多种信息资源的采集功能。

（二）管理功能要求

数字档案管理系统能够对所接收的各类数字档案信息进行整理、比对、分类、著录、挂接、鉴定、检索、统计等操作，使无序信息有序化，并实施有效控制。主要包括：

（1）按照设定的分类方案，将数字档案信息存储到系统中，或根据管理要求进行适当调整。

（2）过滤重复数据和重新分类、编号。

（3）对档案内容进行抽取和添加元数据等操作。目前档案管理都是基于数据库管理方式来实现的，将来不排除使用新的技术方法对数字档案进行有效管理。

（4）辅助人工完成档案的开放鉴定工作。

（5）对档案内容数据及其元数据等相关信息建立持久联系，形成长期保存档案数据包和利用数据包。

（6）对档案类型、数量大小等按照设定要求进行统计、显示或打印输出所需各类档案信息。

（7）辅助完成馆藏实体档案编目（著录、标引）、整理、出入库房管理等工作。

（8）制定档案业务流程或进行流程再造。

（三）长久保存要求

长久保存既是要求，也是策略，包括存储格式的选择，检测、备份和迁移等技术方法的采用等。主要要求包括：

（1）应当选择符合国家标准的格式，暂时未制定标准的，选择开放格式或主流格式。

（2）定期对载体及其软硬件环境进行读取、测试，发现问题，及时解决。

（3）根据数据重要程度以及管理和利用的需要，选择在线、近线、离线、异地、异质和分级存储等技术和方式。

（4）计算机软硬件以及技术或标准规范发生重大变化或发生重大事件时，为了保证数字档案信息可读，应采取迁移等手段对所存储的数据进行技术处理。

（四）存储架构要求

根据档案数据量和管理目的的不同，而采用不同的存储技术及其相关设备。安全性和稳定性是选择存储设备的首要因素。在数字档案馆建设过程中，应根据数字档案馆的数据量和并发用户数的需求，保证数字档案馆合理安全的存储容量和较快的网络传输速度，适当选择采用单一应用平台，配备数据库服务器、文件存储器、备份服务器、备份软件等构成的存储服务平台以及采用 SAN、NAS、DAS、IP-SAN 或其他形式的存储技术方法。

（五）利用功能要求

数字档案管理系统应当根据档案信息的利用需求和网络条件，分别通过互联网、政务网、局域网等建立利用窗口，实现档案查询、资源发布、信息共享、开发利用、工作交流、统计分析等功能。主要包括以下几方面：

（1）运用最新检索技术方法，满足利用者在各种平台对档案数据进行快速、准确、全面利用查询的要求。

（2）通过网络平台或特定载体发布档案信息和共享档案资源。

（3）辅助进行档案信息智能编研、深度挖掘。

（4）为档案管理者和利用者提供在线交流平台、远程指导、远程教育。

（5）辅助开展数字档案的增值服务。

（6）进行档案利用访问量统计、分布分析、舆情分析等相关工作。

（7）对用户、数据项、功能组件进行利用权限的角色授权处理，能够进行门类设置、结构设定、字典定义等系统代码维护工作。

第四节　档案网站的建立与维护

档案网站是由档案部门建立、被链接在一起，并通过因特网或各级公共网络向社会提供查询服务的电子文档集合。

一、档案网站建设的意义与作用

（一）为档案馆提供宣传自己的新方式

互联网络已被公认为是继三大媒体之后飞速发展起来的第四媒体，能够克服传统的档案宣传形式的许多局限，成为档案馆自行加强和深化宣传工作的新窗口、新阵地。档案馆可以充分利用因特网覆盖面广、信息流量大的宣传优势，把需要让外界了解的信息，如馆藏概况、档案管理情况、先进经验、开放利用服务信息等做成精美的网页，放在因特网上，让全世界的人通过浏览网页来了解情况。档案馆还可以在网上发行电子刊物和进行精彩档案利用实例发布等，向全社会宣传推介自己，从而提高社会档案意识和档案事业的影响力。还可充分利用网络及计算机的巨大储存能力和快捷的处理功能，通过举办网上展览、网上档案编研成果展示等形式，在互联网上开辟社会主义精神文明宣传和爱国主义教育宣传的新天地。

现在，因特网上有很多提供免费主页空间的站点，可以根据需要选择申请。如山东省章丘市档案馆，建立了介绍档案馆基本情况、馆藏概况、开放利用及现代化管理情况的网页，这样就为该馆在网上安了家，有了一个属于其自己的完全免费的宣传阵地，为提高档案馆的知名度发挥了作用。

（二）为档案馆提供改善服务的新手段

档案馆可充分利用网络分布的广泛性、开放性、动态性和非线性等特点，在网上公布馆藏指南和检索目录，定期或不定期进行特色档案信息发布等，在互联网上开辟一个为社会各界服务的新渠道。

为提高档案信息资源的利用效果，充分发挥档案信息资源的作用，除正常接待查档外，许多档案馆开展了函电代查、代抄、代复制、档案咨询等多种形式的服务活动。因特网的发展，又为档案馆提供了新的服务手段。电子邮件（E-mail）是因特网提供的一种快速、高效、方便、价廉的信息传递方式，通过电子邮件，不仅可以传递文字信息，还可以传递声音、图像、影像等多媒体信息。档案馆通过电子邮件这种形式可以突破函电代查、代抄、代复制的局限，给利用者提供更加及时、准确、全面的信息服务。一般档案馆都会在主页上公布一个可供联系的 E-mail 地址，这样远在外地的利用者可以把他的查档要求通过 E-mail 告诉档案馆，档案馆根据其要求查阅后，再将结果以 E-mail 的形式传送给用户。

二、建立档案网站应具备的条件

建立档案网站不仅是为了满足政务公开、方便群众的需要，更重要的是为查阅档案信息提供一条新的便捷途径。凡是牵涉到档案信息上网运行的，必须解决问题好有关保密等方面的问题，同时还须具备技术成熟、配套设备先进、档案工作人员业务素质高等诸多软硬件方面的条件。

（一）要解决好档案信息上网的安全性问题

档案工作自身的性质决定了其在一定程度上的保密性要求，而互联网的特点之一就是开放性，且目前互联网的安全技术还不完备，因此，档案信息上网首先必须经过关于保密与开放的鉴定处理。应当开放的档案应尽量开放上网，不能开放的档案则绝不能上网，以避免泄密。同时，还要及时做好社会急需且已到期的档案信息的解密工作。

对于上网信息中包含的一些只对特定群体公开的限制利用范围的档案信息，可以从网络的物理结构、防火墙设计、用户身份认证等多方面进行安全控制，以保障档案信息网上安全运行。

（二）必须对档案信息进行数字化处理

档案信息必须经过数字化处理，建立包括档案目录数据库和档案全文数据库两大主体类别在内的系列高标准数据库，方能在互联网上发布、存储和传输。现代计算机技术，尤其是宽带多媒体综合数字信息网，可以为用户提供文字、图片、动画、声像等多种信息的综合服务。档案信息数字化的方法很多，最常用的有键盘录入、手写识别、声音识别、图像识别、扫描等。

（三）档案信息的处理必须标准化

标准化是计算机网络信息系统的生命线，是档案信息进入互联网的重要前提条件之一。互联网是一个相对独立的整体，它采用标准的 TCP（传输控制协议）、IP（网络层协议）技术和标准的计算机网络语言，使所有的计算机得以相互交流，从而形成一个巨大的全球信息网。标准化的系统利于信息交流，也会提高信息的通用程度。这就要求我们一方面在日常工作中要严格执行档案收集、整理、鉴定、编目、著录、标引、编研等各环节相应的工作标准；另一方面又要在软件开发中坚持信息系统设计与应用标准，并力求以更加开放明晰的表达方式，获得较高的兼容性和可拓展性。

（四）档案信息必须按不同的服务对象和目的选择、分类

服务对象和目的决定服务内容，档案信息上网的主要目的是为互联网上的全体用户服务，而非单纯的档案管理者。因此，在工作中应当严格区分档案网络化管理和档案信息上网这两个完全不同的概念。尤其是档案信息全文上网处于刚刚起步的阶段，现有档案信息数据库还远不能满足网络需求，我们对上网档案信息进行选择、分类和处理制作，更应注意在力争满足广大用户需求的同时，明确自己的核心用户和主要服务宗旨。档案馆除应适时发布社会所关注的焦点信息外，还应将馆藏的特色精华部分优先加以开发利用，并推介给广大网络用户，尽快获得用户充分的支持。

三、中国档案网站总体分析

档案网站作为一种新生事物，一方面充当了档案工作网络时代开路先锋的角色，是打开新时代大门的先行者；另一方面也必然带有新生事物初期的种种天然性的缺陷与不足。总的说来，中国档案网站具有以下主要特点和相关问题。

（一）无头现象

从行业网站发展的基本规律来看，一般采用从上到下、上下结合的发展方式较为合理。在我们国家，其他行业或行政管理部门都有国家级综合网站，如国家人才网、国家地震网、国家旅游网、中华文化网等，各级网站上下贯通互联，逐步形成行业体系。但在档案行业，至今没有龙头网站和样板网站。

（二）孤岛现象

孤岛现象是在以下三个方面因素共同作用下产生的：第一，专业性太强，给人的感觉是只给档案专业人员看的，不适合非档案人员浏览，起不到网络应有的作用，对档案工作的宣传不利；第二，从管理上讲，由于没有龙头网站，致使各地的档案网站各自为政，上下不成体系，成为一个个"孤岛"，没有初步形成上下贯通、网络互联的档案网站的网络体系；第三，从技术上讲，档案网站没有链接或链接很少，犹如死胡同，进去出不来，加入搜索引擎的较少，网址查询困难。

目前，多数网站上没有档案网站或其他相关网站（如政府上网工程等）的链接。据悉，上海档案信息网已向全国上网的档案局（馆）发函征求链接，希望目前的档案网站尽快实现技术上并不难实现的行业网站的"友情链接"。

除档案网站之间实现"友情链接"之外，档案网站与相关网站，如政府办公信息网、文化信息网等也应实现"友情链接"，加入到大信息、大文化的网络中去。

（三）差少现象

质量差，主要是指档案网站的主页界面质量较差，结构比较呆板、单一。档案网站的主页一般是由档案部门的工作人员自行设计的，没有专业美术人员和专业技术人员参与。

内容少，既包括档案界新闻报道类信息较少，也包括档案内容信息缺乏。档案网站内容比较雷同、专业内容不丰富，亟待丰富和完善。在档案网站主体信息——档案检索信息与档案内容信息方面，差距就更为巨大。从总体上，应逐渐实现从案卷级目录检索到文件级目录检索发展，最终实现全文检索。按照目前我国档案工作的水平，应首先将有关的档案目录信息尽快地上传到网站中去，并随着档案现代化水平的进一步提高，逐步实现档案内容的全文检索。

（四）有站无车现象

目前，进入档案网站浏览的上网者多数是档案界的圈内人士，少数是对档案和档案工作有一定关切度的人士。一方面，读者范围相对较小；另一方面，由于内容少、更新慢，读者无须在短时间内重复访问。总之，由于档案网站本身的种种缺陷，造成了这种有站无车现象或称站小车少的现象（站小：指档案网站内容少、功能差；车少：指访问档案网站的读者人数少）。

四、档案网站的发展问题

21 世纪中国档案网站的发展，应重点解决以下问题。

（一）关于建设档案网站的思想认识问题

我国档案网站建设规模及速度与相关部门，如与图书管理部门相比，已处于落后状态。造成这种局面的原因，固然有经费等方面的原因，但主要的原因在于建设档案网站思想认识问题。具体地讲，要解决以下两个问题。

1. 对建设档案网站必要性的认识问题

在 21 世纪，档案事业与网络的"联姻"是天作之合，两者在本质上具有不容置疑的必然联系。从本质上讲，网络是一个公共信息平台，而档案馆是公共信息库。信息库需要网络平台的承载与传输，网络平台需要丰富的信息资源，两者相互需要，一拍即合。特别是数字化的档案馆对网络具有极强的依赖性，不在线的数字档案馆是不可想象的。21 世纪是中国档案事业数字化和网络化时代，对此必须具有充分的深刻认识。

2. 对建设档案网站可行性的认识问题

人们对建设档案网站的远期必要性往往能够给予肯定，但对建设档案网站的现实可行性却常常持怀疑态度。其原因在于，对于网站建设的有关细节问题不甚了了，将其神秘化，无形中夸大了建设档案网站的种种困难。

创建档案网站所遇到的困难主要是技术和经济问题，这两个问题实际上并不是不可逾越的障碍。因为普通的档案网站创建技术并不复杂，能够创建普通档案网站的技术人员比比皆是；而在经费问题上，在网站建设初期可以因陋就简，不必追求网站的功能强大。这样，无须花费许多资金就可以解决网站建设的经费问题。实际上，现在已经建立起来的一些档案网站是在"基本上没花钱"（在已有计算机的情况下）的情况下建成的。

相对而言，创建档案网站难度并不大，而发展档案网站，使之成为真正的网上档案馆则有相当大的难度。建设真正的网上档案馆主要困难在于它需要大量的基础性工作。这些基础性工作主要包括馆藏纸质档案的数字化和办公自动化条件下新产生的电子档案的接收与管理工作，即档案信息数据库的建立工作。档案信息数据库是网上档案馆的内容基础。其中馆藏纸质档案的数字化问题是建立数字档案馆的最大障碍，需要付出艰苦的劳动和大量的工作时间。目前，馆藏纸质档案的计算机录入还没有非常便捷的方法，即使使用扫描仪也需要大量的改错工作。

先进的信息技术为档案工作的开展提供了极好的条件，但同时也给我们带来了新的难题，增加了一些"额外"工作。档案工作者要发扬愚公移山的精神，逐步挖掉纸质档案的大山，使它们走上新世纪的信息高速公路。

（二）档案网站建设的具体操作性问题

1. 网页制作

网页制作是一项比较繁杂细致的工作，既有技术含量，又有知识含量，同时也要有信息储备和一定的审美观点。运作之前要进行大量细致的筹划，做好方案的设计和论证工作，不要贸然动工。

2. 网站的维护与更新

网站要经常维护更新。互联网上的信息瞬息万变，网页要保持活力，就必须经常更新。更新有两层含义：一方面是在网站中不断添加内容和功能；另一方面要对网站内容不断地更新，特别是信息类的内容。站点的维护及更新最好由各级档案部门的人员来进行。一是保证随时更新；二是保证网站的亲合性，即接近档案工作的具体情况，便于更新。网站的维护人员应该是全才，即有档案和计算机两方面的知识与技能，特别是对网页制作比较精通，还要有一定的编辑和审美能力。

3. 档案数据库与档案信息查询管理工作

不断扩大的网上档案数据库和广大利用者的网上查询活动，都需要档案人员进行适当的管理性工作。其中数据库的管理性工作要求有较强的技术能力和严谨的工作作风，而网上利用者的档案信息查询管理工作还要有较高的政策水平。

第六章　档案信息化系统建设的内容

第一节　档案信息化范围的确定

　　档案信息化系统建设是国家信息化战略的重要组成部分，信息化系统建设的好坏直接影响着信息化建设的进程。信息化系统建设所涉及的内容非常广泛，它不仅涉及档案的形成机构、档案的管理机构、档案的利用者等相关的组织、群体和个人，而且贯穿于档案的归档、收集、整理、分类、鉴定、移交、迁移、保管、信息存储、信息转换、信息管理、信息发布、信息利用等多个业务过程。档案信息化是一项长期的工作，它的建设也需要在今后的实践中不断地发展与完善，因此就需要在国家信息化战略的总体规划下制订不同时期的发展目标，确定不同发展阶段的可行方案，规定管理信息系统的应用与实施的范围，才能保证信息化建设取得良好的发展效果。

一、档案信息化涉及的机构范围

　　档案行政管理机关是档案信息化建设的主管部门，档案的保管机构是档案信息化建设的主体单位，档案的形成机构是档案的业务部门，查询、检索和浏览的用户是档案管理机构的客户，档案信息化的建设过程必须有相关的法律、法规作保证，必须制定管理的相关制度标准，确保档案管理的规范化和标准化；信息化应用的需求又能促进法律、法规、制度和标准的建立与完善，促进档案业务的流程化管理，实现档案整理、分类、移交、存储等业务过程的自动化处理，降低人工管理的失误率，提高工作效率，加快档案信息资源的网络化共享、传播与利用，为客户提供优质、便捷的服务。

（一）档案的来源机构

档案的来源机构主要是指档案的来源地。档案学中来源原则的指导思想是，档案的管理应保持和反映档案的历史，这就明确了档案管理的基本原则是按档案的形成机构或立档单位进行归档整理的。因此，档案形成机构的管理模式、运作方式和信息系统中的数据存储管理方式，都会影响档案信息化的整体思路。

对于来源机构的档案信息化主要有两种情况：一种是档案仍然采用传统的手工管理模式，那么对于形成的纸质文件和磁带等存储介质，对于已经建立或正在开展档案信息化建设的档案馆来说，就需要考虑采取数据的录入、纸质档案的扫描加工等措施，来辅助本单位的档案信息化管理工作；另一种情况是，档案的形成机构已经实施了信息化，那么形成的文件是能够以电子文件、数据库文件等形式移交到档案馆进行保存的，作为档案管理机构需要考虑的问题是档案归档方式的选择、数据格式的转换、数字档案的保存以及是否采用电子档案和纸质档案并行归档的双轨制运行方式等。

（二）机构档案室

档案室是档案资源的主要来源地。随着电子政务的推进，必然产生大量的以数字形式存在的电子文件。电子文件的管理方式与纸质档案完全不同，档案工作的组织方式、管理理念等也发生了巨大的变化。新的管理理念对机构档案室提出了新的工作要求，一方面要加强本单位电子文件的积累、鉴定、著录、归档等工作的监督和指导，确保本单位产生的电子文件真实、完整、有效。在新理念的管理过程中，文件管理工作与档案管理工作逐渐融为一体、互相渗透，文件从产生、归档到保存是一个完整的系统过程，任何一个环节都会对其他的环节产生影响。另一方面是对库存的档案进行数字化处理，建设数字化的档案室，在丰富机关网络信息内容的同时，也提高了机关档案的数量。

档案室是信息化建设的重要部门，应尽早参与到信息化规划系统的规划与设计过程中，根据自身的业务需求，制定严格的归档制度，以及既适合档案室的管理又方便档案移交的管理办法，从而在提高机构档案管理效率的同时，也顾全到档案信息化建设的总体目标；在对档案信息化的发展积累经验教训的同时，也为信息资源的积累奠定良好的基础。

（三）档案的保管机构

档案的保管机构就是档案馆。它不仅是收藏和保管档案的主要场所，也是组织开展档案信息交流和提供档案信息利用的主要场所，是社会各方面获取信息资源和文化知识的宝库。因此档案馆肩负着档案管理和提供利用的双重职能。

档案馆信息化的过程也是纸质档案变为电子档案的转换过程，由于档案馆接收的档案来自不同的单位和部门，这些单位信息化的思路和方法、信息系统运行的模式、软硬件支撑平台等都不完全相同，因此需要关注电子文件形成和积累的标准，研究其运作规律，提出档案管理的具体要求，接收电子档案时应按照档案馆的具体要求统一格式进行转换。档案馆现存的纸质档案的数字化、开展利用等工作，都要按照信息化建设的统一要求来进行，防止出现信息化标准不统一的情况。

（四）档案用户

档案用户即档案的利用者，这一群体范围广、类型多，需求也逐渐走向个性化和多元化。在信息社会，人们利用档案信息的意识逐渐提高，一方面对档案信息的真实性、完整性和有效性程度比较关注，特别是完善公开的信息的真实度；另一方面对档案资源的深层挖掘和综合性检索等提出更高的要求，希望能够快捷准确地查找到所需的完整信息，这必然对档案管理机构的信息化建设提出了更高的要求，因此档案信息化必须考虑利用者的多元化和个性化的需求，才能获得更好的利用效果。

二、档案工作者的主体意识

在信息化的工作环境中，电子信息系统已普遍存在，机构内部的信息交流完全以电子的方式进行，为了保证电子文件的真实性，就需要重视整个系统内数据和信息的管理问题。电子文件的管理是从文件的形成之日起开始的，能够提供信息查询，满足用户的实际需要或作为未来的凭证，但变幻的数字代码很难保证与纸质文件一样的内容全真。

因此，我们需要建立一个对从电子文件的形成、运转、处理，到一部分的电子文件转化为电子档案，到电子档案的提供利用，再到电子档案进行迁移和销毁的过程进行控制与管理的计算机自动管理的软件系统。这个系统能够自动记录电子文件的元数据和各种背景信息，能够对电子文件和电子档案进行管理并提供利用，能够保证电子文件和电子档案的行政有效性与法律的真实性，同时也能够接收纸质的信息并对其进行管理。档案管理的各种需求必须在电子文件生成之际乃至生成之前予以界定并置于系统中。因此，档案工作者的一项重要任务就是如何配合信息系统的设计人员明确电子文档信息系统的这些需求，只有使所有参与信息系统建设的机构及其工作人员都认识到电子文档的特性及其凭证作用的重要性，对电子文件的管理才能做到标存规范，才能真正推动信息化建设的开展，也才能达到预期的目标、取得理想的效果。

档案管理者应完成从思想观念到工作作风的转变，不仅要从思想上，而且要从工作上、技能上逐步实现由传统的档案管理向现代化档案信息管理的转变。档案工作者的主要任务是管理信息而非实体。这种角色的转变是一种质的变革，它将引起档案管理人员工作岗位的重新调整，一部分工作人员工作岗位将发生变化，分工将更加细致，业务将更加专业。

档案工作者应加强自身的建设，努力掌握现代信息技术和应用能力、信息加工处理能力等，还要通过各种途径和方式，帮助利用者掌握网络档案信息资源的组织、开发和获取等方面的知识，培养用户的信息能力，使用户方便快捷地获得和利用数字档案信息资源，达到信息资源的最大共享。

三、档案信息化建设的业务范围

（一）统一的法规与标准的制定

1. 法律法规的完善

法律法规的完善包括相应法律法规的修订与完善、档案的知识产权保护、法律法规的法律效力、电子文件的管理等。

2. 标准体系

档案信息化建设对档案工作的标准化、规范化提出了新的要求。因此制定相应的档案信息化建设所需的标准，包括电子文件的标准、数字档案的著录标准、检索与标准、全文数据库标准、安全标准等，是信息化建设的必然要求。

3. 档案信息的存储与利用

如何延长档案信息的存储寿命、如何对网络信息进行访问、数字信息资源的主要管理、数字信息的保管与利用等是档案工作者必须考虑的问题。

（二）档案信息化理论的研究

随着互联网应用技术的普及，人们的管理理论和方法也发生了质的变化，因此在网络环境下，档案学的一些基本理论和原理需要重新认识。对新型档案和新载体档案的研究，包括电子文件的元数据规范、管理标准、管理要求、管理方法、管理条件、利用检索的方式、管理流程以及数字档案馆建设理论与发展规律等的研究，都需要重新定位和认识。

（三）数据信息的备份

为了确保档案信息的安全性，应加强对档案信息的安全管理，提供数据备份，其中数据备份包括系统的选择、数据程序的备份、备份信息的按时迁移、备份的异地存放等。

（四）多媒体数据库的建设

数据库是档案信息化建设中最为重要的资源，因此加强对数据库的建设、管理、存储与提供利用等，是档案信息化建设中最为基础的工作。

（五）数字档案网络化的安全保障体系建设

档案信息化的目的是实现档案信息资源的网络化共享，扩大档案的利用率，为此就必须依靠网络技术，将档案信息在网上进行传输。如何保证档案信息资源的安全，这需要利用计算机网络系统的多种安全防护技术与管理措施。

（六）网络与交互平台的搭建

网络是数字化档案信息传递的通道，网络设备的普及与应用影响着网络数据用户的发展。另外，由于档案数字信息存储在不同地域的各个数据库中，用户若想利用这些信息，就需要一个交互式的平台。这个平台可将分布在各个地域的数字化档案信息联合起来，提供跨平台的检索服务。

（七）加强管理与培训

用户是指那些接受信息服务的个体或群体，其信息需求是信息资源管理系统构建和运行的基础。在网络互联互通的环境下，用户将不再是传统意义上的面对面的实实在在的用户，而是虚拟的用户，一方面档案信息使用权限要明确，用户身份需要识别，要对用户实行授权式管理；另一方面为用户提供一种获取档案信息的环境，让档案信息用户随时了解档案信息的管理状况，保证档案信息资源的开发与利用的良性循环。为了能够通过网络系统较好地利用信息化，需要对用户进行应用培训。

（八）开展创新服务

转变服务观念，开展创新服务，充分利用现代网络技术主动地、不受时空限制地提供信息服务，遵循市场规律，把档案信息变为社会经济资源，把档案价值转化为经济效益。

第二节　档案信息化建设的基本要求

一、档案信息系统的功能要求

在网络信息化时代，为了使档案管理适应网络信息发展的需要，必须提高现代化的管理水平，改变档案管理的传统模式，积极推广适应现代化发展需要的管理体制。这就要求我们从现实的需要出发，充分利用现代化的网络信息技术，立足现在，展望未来，使档案管理不断地向着数字化、信息化、知识化的方向发展，对此，对档案信息化管理也提出了更高的要求。概括起来主要有以下四种功能。

（一）核心功能

档案管理信息系统应能够实现档案的自动发送、接收、归档和保存的任务处理工作。通过自动化的扫描中心和电子文件创建终端，形成数字化文档，同时利用系统工作流，对电子文档启动相应的审批流程，采用自动化办公系统或通过互联网络以邮件等方式通知有关负责人员对文档进行鉴定、审批并促发下一个工作流程，使文档的发送和流转处于一个循环有序的状态，实现档案卷宗的"创建提交审批、鉴定归档"一系列的处理过程。同时工作流的处理可以根据文档的状态网络自动调整，也可根据实际的工作需要灵活设置，大大减少了传统档案管理处理文档所需要的时间，有效提高了档案管理人员的工作效率。

（二）对信息的处理

档案信息管理系统应该是一个综合的信息系统，它应该具备支持各类档案的检索方法、同时提供全文检索的功能，并且具有对各种类型的档案进行信息处理、报表与分析的能力，在此基础上可以建立适应行业和单位需要的辅助决策管理系统，同时为领导的决策提供参考和预警，成为领导工作的有力助手。

（三）简单化操作

档案管理信息系统应同时支持 WEB 和客户端界面，通过工作流的集成，使得整个档案管理工作高度自动化，在操作中尽量简单化、人性化。每一份档案都可以根据预先设置好的工作流程进行自动处理，同时对每一份需要工作人员亲自处理的文档，提供了简单的界面。由于档案管理信息系统和各种应用系统的良好集成，使得工作人员不再担心各种文档的处理手段（各种应用程序），档案管理信息系统将自动启用各种应用程序帮助工作人员完成文档的鉴定审批、归档保存等工作，其操作过程简单、快捷、准确。

（四）信息的共享与安全保证

实现文档的最大共享和安全利用是实现档案资源共享的最高目标。档案管理系统可以和许多常用的外部系统进行集成，高效地利用有效的信息，实现档案数据高速、安全地交流与信息共享，使档案信息能够得到最大限度的共享和利用，避免了信息孤岛和资源重复浪费的现象。档案管理信息系统与办公自动化系统集成，可以把系统中形成的文档信息与办公自动化系统进行集成，可以把系统中形成的文件信息和原文件一同转入文档管理系统，经过档案工作人员接收处理，形成电子档案数据库予以保存、利用，实现文档一体化。

二、对数字信息处理的基本要求

（一）保证档案信息的原始性

档案信息的最显著的特征就是它的原始性，因此在档案数字化的过程中必须保证档案信息的非修改性。如照片档案在扫描的过程中，可能需要对破损或被污染的部分进行修复处理，但是如果采取数字化处理和存储则需要做到不可改变；对于录音录像档案的数字化，必须保持原样"永久化"存储。电子文档按照对象管理模式做到草稿、修改稿、发文纸、正文以及关联信息一并归档，修改稿要保留草稿字样和改稿人姓名、修改内容、修改时间，并做到整套归档电子文件的不可修改；对于实物档案则采取 3D 技术按比例制作存储。

（二）保证档案信息的质量与安全

归档的电子文件除了包括电子文件内容、结构、形成背景外，还包括文件签名和印章等。因此我们不仅要考虑电子文件的完整有效，还要保证电子文件归档后的安全性。

（三）保证档案信息的系统性

保证档案信息的系统性是档案信息化工作的重要内容。信息共享是实现档案工作科学、规范、高效的有效途径，档案信息为现实工作服务将显得更加重要。在本单位的信息化建设条件下，必须加强对现实档案信息的及时收集、维护和提供利用。

第三节　档案信息化建设的内容

档案信息化建设是以信息技术为依托，以档案资源为核心，以档案法律、法规作保障，围绕档案工作开展现代化管理的综合过程。2004 年国家档案局发布的《全国档案信息化建设实施纲要》明确提出了档案信息化建设的核心内容是：档案信息化基础设施建设、档案管理应用系统建设、档案信息化标准规范建设、档案信息的保障体系建设、档案管理的安全保障体系建设、档案管理的人才队伍建设。基础设施是条件，标准系统是手段，信息资源是核心，信息利用是目的，安全管理是保障，人力资源是关键。各项内容是一个有机的整体，内容相辅相成、互为补充。

一、档案信息化的标准规范建设

档案信息化是国家信息化建设的重要组成部分，其建设的目的是使各地区的档案信息资源库连成一体，实现信息资源的社会共享。为防止在档案信息化建设中出现各自为政的不良局面，需要制定有关档案信息化的相关标准，来确保信息化建设的顺利进行。

（一）立法相对滞后

法律规范是由国家最高权力机关，按照一定的立法程序制定，并依靠国家强制力保证实施的行为规范。有关信息化的法律、法规的建设问题是信息时代出现的一个新问题，一方面，我国档案信息化建设起步较晚、基础薄弱、信息技术发展迅速等大量不确定因素造成立法滞后；另一方面，各国政治、经济体制，科学技术发展水平不同，以及文化传统、价值观念、文件与档案管理方式不同，至今已经出台的法律行政和法律规范内容也不尽相同，但资源共享的共同目的又使各国朝着与国际接轨的方向努力。因此，我们必须学习和借鉴其他国家的先进经验，努力缓解信息技术的快速发展与法律、法规相对滞后之间的矛盾。

（二）制定相应的规范制度

标准的规范制度是档案信息化建设得以顺利进行的重要基础。数字资源的形式是多样的，社会对数字资源共享的要求是广泛的，对相关技术设备的要求也是在不断提高的，没有完善的体系作保证，数字资源就难以确保其内容的长期保存、有效共享。目前我国的档案信息系统和网站建设的内容不一，层次不一，规范性、共享性较差，不能适应档案信息资源共享的要求。从信息化建设的科学化要求和解决目前信息化建设中突出存在的各自为政、相互封闭、重复建设的问题出发，在档案信息化建设中必须统筹规划，统一规范，制定统一的档案信息化的标准规范，这是信息化建设需要解决的首要问题。

所谓标准，"是对重复性事物和概念所做的统一规定。它以科学技术和实践经验的综合成果为基础，经有关方面协商，由主管机构批准，以特定形式发布，作为共同遵守的准则和依据"。

所谓标准的规范化是指"在经济、技术、科学及管理等社会实践中，对重复性事物和概念，通过制定、发布和实施标准，达到统一，以获得最佳之需和社会效益"。

　　档案信息化的目的是实现档案信息资源的社会共享。档案信息资源共享体系建设是一个以档案信息资源库建设为核心，以信息技术的应用为手段，以网络建设为基础的系统工程，档案信息资源共享体系建设涉及各种数据、网络建设和应用体系建设等各方面，档案信息标准是档案资源共享体系建设的重要保证。

二、档案信息化的基础设施建设

（一）网络基础设施的建设

　　网络就是用通信设备和线路，将多个计算机连接起来，再配置网络管理软件系统进行信息传递，实现资源共享。因此网络建设是以计算机技术和通信技术为基础的。

　　网络的硬件设施主要包括网络布线、交换机、路由器、配线柜、电源等设施以及服务器、终端计算机、输入输出和存储编辑等设备形成完善的网络系统。

　　网络软件系统包括网络管理软件、IP 地址管理、服务器数据管理、因特网节点控制、防火墙系统等。

（二）网络数据库建设

　　数据库就是存放数据的仓库，它按一定的结构和规则组织起来，是综合各用户数据形式的数据集合，数据和资源这两种技术结合在一起就成为当今广泛应用的网络数据库。

　　1. 网络数据库的环境建设

　　环境是指数据库的外部环境，即数据库的硬环境。它是数据库赖以存储、处理、传递、流通的外部环境。硬件环境的建设任务是从物理结构和逻辑系统上构筑网络数据库的信息运行环境。

　　2. 网络数据库的信息资源建设

　　运用现代信息技术，对档案资源进行信息化处理及存储。数据库是档案网络的重要组成部分,是网络的信息资源,要加强网络建设,必须加强网络数据库的信息资源建设。

3. 经费的投入

网络数据库建设需要相当的经费投入,如硬件设施的配备、软件的开发、馆藏数据化所需的人力物力、网络运行的维护费。

4. 管理人才的建设

档案信息化的发展,除了需要一批懂技术、懂业务的高层管理人员外,还需要能够管理和备份档案信息库的数据管理人员。因此要加强掌握现代化信息技术和数据库管理的高层次信息人员的培训工作。

三、人才队伍建设

人才队伍是档案信息化建设不可缺少的主要力量,是信息化建设的主要承担者。当前人才队伍建设的整体素质与信息化发展的总体要求尚有很大的差距。一般来说,档案部门的员工队伍多由档案专业人员、非专业人员和技术人员组成,技术人员不了解档案工作,档案专业人员则不懂技术,档案工作队伍缺乏既懂业务又懂技术的"复合型人才"。应该说,在现有的档案队伍中,占大多数的是档案专业人员,他们的意识还停留在传统观念上,在技术层面上还不具备档案信息化管理素质。

档案信息化建设必须提升和改造传统的档案管理与利用方式,在档案信息化建设的过程中,整个人才队伍构成应包括:一是档案信息化建设的领导组织体系,这是整个信息化建设的核心领导层,负责档案信息化建设的决策、规划、推进、指挥,为档案信息化建设提供良好的条件和良好的工作环境;二是具有领导能力、富有组织领导责任的领导人,领导人可能不是信息技术的专家,但他们有信息化意识和时代的紧迫感,能够在自己领导的范围内,大力推动信息化进程;三是档案信息化专门技术方面的专业技术人才,负责档案信息化方面的系统设计、建设;四是档案管理实践中积累、整理、开发档案信息资源的档案信息专门人才,负责档案信息化方案具体内容的实施;五是档案资源用户,在社会实践活动中,档案信息的利用是档案信息化建设的主要目的,只要是遵守有关的法律法规，有信息需求的用户都可以成为档案信息的用户。

目前我国的档案信息化建设还处在起步阶段，面临着许多新的困难和挑战，对人才的需求量还很大，但人才的培养不是短时间内就能解决的问题，因此我们要用长远的发展眼光来看待人才的培养问题，要把档案信息化建设的过程作为人才培养的过程来抓，只有这样，人才的培养才能跟上信息化建设的步伐。

档案信息化建设的具体实践需要有专业的人才队伍来实施，专业的人才队伍是档案信息化建设的技术主力。目前我国各级各类档案馆、管理机构中的档案工作者大多是档案专业人员，而这些专业人员缺乏信息社会应有的专业素质，所以目前人才队伍建设的重点是立足于现有人员的专业素养的提高，努力培养档案队伍的专业素养和信息化建设的整体素质。信息素质的培养主要包括以下几个方面。

（一）现代信息意识

在信息化建设快速发展的今天，人们的传统意识也应随着时代的发展而逐步转变到信息化建设的发展轨道上来。当代的管理人员只有具备了现代信息意识，才能捕捉现代档案信息，这就对档案工作者提出了更高的素质要求，要求他们在不断更新观念、加强自我学习的同时，努力提高自身的整体素质。

（二）信息管理能力

信息管理能力主要是指档案信息的评估能力、组织能力以及维护档案真实性的能力。将档案信息提供给利用者，是档案工作的核心内容和基本任务。在网络时代，由于信息量过大，为了及时有效地开发信息资源，档案工作者必须具备比以往更强的组织能力、评估能力，正确评价档案信息的价值，根据用户的需求，筛选组织信息资源。同时由于档案信息的不稳定性，档案工作者必须具备比以往更强的维护文档真实性的能力。

（三）对市场的预见能力

档案管理的最终目的是为用户提供服务，因此只有充分了解用户的实际需求，才能对市场的前瞻性做出准确的定位，这就要求我们充分做好市场调查，根据调查的结果来加强档案信息的收集、积累、开发和应用。档案工作者必须转变思想观念，加强业务知识的培训，不断了解、掌握新知识、新技术和新技能，只有这样才能跟上时代发展的步伐，做一个合格的信息管理人才。

加强信息化专业技术人才的引进工作。由于我国的信息化建设起步较晚，信息化专门技术人才还远远不能满足社会的需要，因此出现了求大于供的现象，而档案信息系统的研发人员更是短缺。基于信息化和人才市场化的大环境，可以在"不求所得，但求所用"的人才管理理念下，借助于外部的信息化大环境，充分发挥社会信息技术人才的优势，加以充分的利用。

总之，建设的目标是造就一支具备现代化信息素质，具备宽厚的知识背景，能够掌握新知识、新技术、新技能的复合型人才队伍，从而对现代信息化的发展起到积极的推动作用。

四、数据存储与数据备份建设

面对日益增多的电子文件和馆藏档案的数字化需求，要充分发挥电子档案的作用，达到存好、管好、用好的目的。档案信息数据的存储与备份是档案信息化工程中不可缺少的项目。

（一）数字化档案数据库的构成

数字档案信息数据是由电子数据构成的，这些电子数据是以电子文件的形式存在的，并以代码的形式记录在硬盘、磁带、磁盘、光盘等介质中，同时数字档案信息依赖于计算机系统存取并可在网上传输。

（二）存储方案的确立

在整个档案信息化建设中，要对档案数据的各项特点及应用要求有一个完整的把握，然后根据这些特点确定相应的存储方案，包括硬件配置、备份方案、存储网络的建设等。数字化的档案数据的特点是：数据的存储量特别大；数据格式的多样化，如文本、图片、音视频信息、不同平台的电子文件等多种格式；数据的长期保存；数据的在线利用等。应在认清档案数据存储特点的基础上，结合对存储介质、存储方式、备份方式的考察，制订科学的数据存储方案。

（三）数据存储介质的选用

数据信息能不能长期存储与介质息息相关，介质一旦受损，其载体信息将会受到影响。因此选择介质是第一步，不同的数据及其不同的处理需求对介质的要求是不同的。目前有很多介质的类型，可供选择。

（四）数据分系统建设

计算机内的数据时刻都在面临着威胁，比如说计算机病毒的入侵、计算机硬件的故障、人为操作故障。为防止计算机数据的破坏，确保数据的安全、有效，必须有组织、有计划地组织数据备份。所谓备份就是保留一套后备系统。备份是一种数据安全的策略，是存储管理必不可少的一个环节。通过备份保证数据的安全，实现异地存储，进行灾难恢复等。在备份前要对备份系统进行选择，确立备份方案，根据所备份的数据的不同要求，选择不同的备份方案。

备份的类型有硬件级、软件级和手工备份三种。硬件级备份是通过多余的硬件保证系统的连续运行；软件级备份是指将系统数据保存到其他的介质上；手工备份就是用文字记录所用的数据。

备份的方式主要有三种，即全备份、增量备份、差异备份等形式。全备份就是对整个系统进行备份，包括系统和数据，一般是通过磁带系统完成的；增量备份是备份上一次备份后增量的数据；差异备份则是在上一次全备份后，对那些增加或者修改文件的备份。

理想的网络数据备份系统应具备以下功能：网络存储备份系统可以对整个网络的数据进行管理；全自动的备份；数据库备份和恢复；在线式的索引；归档管理；有效的媒体管理；分级存储管理，系统灾难恢复；满足系统不断增加的要求。

五、安全保障体系的建设

随着信息化建设的不断向前推进，档案信息的利用也越来越普遍，但电子文档信息所带来的信息安全问题也越来越引起社会各界的普遍关注。档案安全包括载体安全和信息安全。一般来说档案安全的本质是档案信息的安全。在以纸质档案为主的传统档案时代，档案安全更多的是载体意义上的。而在电子文档时代，人们在谈论电子安全时，通常指的是档案信息的安全。信息载体的安全已作为附属部分来研究，对载体的保护仅仅是最基础的一步，因此应采取多种技术措施，对数字档案实施信息安全保护。电子档案在其形成、存储和共享利用等各个环节，都会存在各种类型和各种层次的信息安全问题，主要表现为：

第一，非法访问，即非法网络用户盗用别人的口令和密码等进入网站，对超出自己权限的信息进行访问，从中盗取对其有用的文档信息，致使文档泄密。

第二，非授权访问，即合法网络用户未经政府网站同意，擅自进入网站获取相关文档信息，造成文档泄密。

第三，网页篡改者利用网页操作系统的漏洞和管理的缺陷进行攻击，对网页进行篡改。

第四，因操作失误，无意地把秘密文件拷贝到公共目录中，或发送给其他人，使不应该看到该文件的人能够阅读该文件。

第五，有意把秘密文件拷贝到软盘上带走，或通过网络发送出去。

第六，采用非法手段获得访问权限，并把文件拷贝出去。

第七，有些计算机病毒自动地把电子文档发送出去，使电子文档传给了没有阅读权限的浏览者，造成秘密信息公开。

一般来说，档案信息的安全保障体系建设主要包括：法律法规和管理制度、档案信息安全技术、档案信息安全管理、维护公共设施安全。

（一）建立维护信息安全的法律法规和规章制度

我国对信息化建设十分重视，制定了一系列的法律和法规，如《计算机信息网络国际联网安全保护管理办法》《中华人民共和国计算机信息网络国际联网管理暂行规定》《中华人民共和国计算机信息系统安全保护条例》等，但还缺少国家级的统领全局的信息安全框架。

档案管理机构本身还必须根据国家相应的法律法规、规章制度制定适合自身安全需要、切实可行的安全保密制度。如《安全等级保密制度》《电子文件管理办法》《网络传输通信保密制度》《违章操作审计查处制度》《计算机机房安全管理制度》，尽可能把对信息安全的威胁降低。

（二）利用信息技术保障档案信息的安全

保障信息的安全是符合国家关于档案安全管理的规定的。

1. 数据加密技术

加密技术不仅用于对网上传送数据的加解密，也用于认证、数字签名等安全通信标准和安全协议中，是网络安全的基础。

档案信息共享、交换的运作环境是一个虚拟的电子世界，为了确认合法用户的身份，确保具有合法授权的用户使用档案信息共享、交换系统，有必要对用户身份进行认证。目前有多种方法可用来鉴别用户身份的合法性。

第一，通用字口令。口令是相互约定的代码，假定只有用户和系统知道。口令有时由用户选择，有时由系统分配。它一般是由数字、字母、特殊字符、控制字符等组成的字符串。用户登录系统是会被要求输入通行字的，系统通过比较用户的输入与存储在机器中的资料对用户的合法性进行判别。口令也有可能被攻破，对抗口令加密通常采用加密、签名等方法，但最重要的是进行口令管理，包括选择、分发和更改等。

第二，生物识别。生物识别技术是依靠人体的身体特征来进行身份验证的一种方法。由于人体特征固有的唯一性，生物识别技术的安全性较传统意义上的身份验证机制具有无可比拟的唯一性、稳定性、再生性。而近年来视网膜识别技术研究也取得了骄人的成绩。

第三，信息加密。加密技术无疑是信息安全的核心和关键所在。加密是用一组编码存储和传递已有信息技术，编码后的信息看上去就像是随机乱码，这些"乱码"只有在解码后才会复原。即使让未授权的用户看到加密后的信息，也不会造成什么不良的损坏。

2. 信息的识别和鉴别

（1）数字签名

数字签名也叫电子签名，是利用技术手段对签署电子文件的发件人身份做出确认，有效保证传送的文件内容不被当事人篡改，不被冒名顶替传送虚假资料，以及事后不能否认已发送或已收到的资料等安全性措施。一般来说，对电子签名的认定都是从技术角度着手，主要是通过一种特定的技术方案，来鉴别当事人的身份以及确保交易资料内容不被篡改的安全保证措施。电子签名具有以下特征：一是确认电子署名者的身份，在电子署名过程中，密钥只能为发文者独自拥有，没有其他人可以拥有和使用；二是确认内容的完整性和准确性，原文资料经过多次加密和解密，以及公共密钥与私人密钥的完全对应性特征，使经电子签名的文件资料内容不能轻易被篡改；三是收付方验收证件的过程是验证方在验证文件时，使用发件方提供的公共密钥，任何人都可以验证。在实际环境中，人们根据不同的需要发展了不同的电子签名算法。

（2）数字水印

为了鉴别纸币的真伪，将纸币对着光源，会发现真的纸币中有清晰的图像信息显示出来，这就是我们熟悉的"水印"。长期以来，判断印刷品真伪的重要手段就是检验它是否包含水印。借鉴普通水印的功用，数字水印也是用于证明一个数字产品的拥有权、真实性的一种手段。它们的不同之处在于，传统的水印是人眼可以看得见的，而数字水印大部分不为人眼所见，是深藏于数字化产品之中的图像、文字、符号、数字等标识性的信息，具有不易感知性，只能用计算机来识别、读取。

据有关资料介绍，目前数字水印在档案信息化中的应用主要有两种设想：

一是利用数字水印脆弱性的特点，判断和维护电子档案的原始性。脆弱数字水印对信号的改变十分敏感，将脆弱性的数字水印在电子文件形成时即嵌入其中，并随其一起被传递处理、归档移交，当需验证电子文件内容的真实性时，就可将数字水印提取出来，利用其脆弱性来验证，必要时还可确定其被篡改的位置。

二是利用数字水印来保护档案著作权。保护版权对于数字图书馆来说是一个十分突出的问题，同样，档案信息化管理中也存在着著作权保护问题。不可否认，至少有一部分档案需要在进行信息化并上网传输时关注其著作权，如单位或个人向档案馆寄存、捐赠的档案和档案馆对外征购的档案等。此外，档案编沿作品是档案编研者创造性的治理成果，也具有著作权。所谓的鲁棒数字水印是指这种水印能经受各种常用的编辑处理操作。通过在需要进行著作权保护的电子档案和档案编研作品中加入鲁棒水印，可以限制用户对数字作品的使用，并且能够通过验证产品的所有权来揭露非法拷贝、传播行为，为以法律手段对其进行制裁提供依据。

3. 信息的安全管理

在电子文件的形成、处理、归档，电子档案的保管、利用等各个环节，档案信息都有被更改、丢失的可能性，即使拥有完善的信息安全技术，也需要有相应的管理措施来保证其得以实施。建立并执行一整套科学、合理、严密的管理制度，对于维护电子文件的原始性、真实性十分重要。电子文件的管理不仅注重每个阶段的结果，也要重视目前工作的具体过程。主要要求包括以下几个方面。

（1）电子文件的制作过程要做到责任分明

制作人员要对其制作的文件负全责，在合作制作的文件或大型设计项目中，要注意划清参与人员的责任范围。一般来说，不相关人员不能进入其他人的责任范围，需要时可以采取用只读形式调阅的方式，以防由于误操作、有意删改等原因造成文件信息的改变。

（2）注意加强电子文件的积累

电子文件形成之后，为了防止在分散的状态下发生信息失真和改动，应加强电子文件的积累和管理。一般来说，机关形成的公文型电子文件一经定稿，就不得再进行任何的改动。对于 CAD 电子文件的更改需经过必要的批准手续。电子文件变更过程中的一切变更都应记录在案。对所积累起来的电子文件要有备份。

（3）建立和执行严格的归档制度

在电子文件归档时，应对电子文件进行严密的检查，在内容方面，检查归档的电子文件是否齐全完整、真实可靠，相应的机读目录、应用软件、其他说明是否一同归档，归档的电子文件是否是最终的稿本，电子文件与其他相应的纸质载体的内容及相关说明是否一致，软件产品的原程序与文本是否一致。在技术方面应检查归档电子文件载体的物理状态、有无病毒、读出信息的准确性等。

（4）建立电子文件管理的记录系统

电子文件形成后，因载体转换和格式转换而不断改变自身的存在形式，如果没有相关信息可以证实文件的内容没有发生任何的变化，人们是无法确认它的真实性的。因此，应该为每一份文件建立必要的记录，记载文件的形成、管理和使用情况，用这些记录来证实电子文件内容的真实性。

（5）加强对电子文件利用活动的管理

电子文件入库载体不得外借，只能以拷贝的方式提供利用。对电子文件的利用要实行利用权限控制，防止无关人员对电子文件系统的非法访问，防止利用过程中信息的泄密和损失。

4.加强管理，维护信息的安全

我们通常采取的保障档案信息物理安全的方法主要有防火、防盗、防有害物质等，随着档案信息化建设的不断深入，数字化档案的物理安全也越来越受到人们的重视，逐渐提到了信息化建设的议事日程上。

数字档案载体的信息安全维护与传统档案信息的安全维护有很大的差别，但它们并不是对立的，而是具有密切的联系，传统的维护档案信息与安全的经验，同样适用于数字档案的管理。

完整有效的数字档案的管理系统应当包括：包括计算机、磁盘在内的各种媒体介质的管理；机房环境管理；通信设备的管理；计算机工程技术人员、计算机网络管理员的管理；信息采集定密管理；用户权限管理；操作规程管理；安全意识、人员安全、保密教育等。

六、档案信息的资源建设

信息资源的开发利用是信息化建设的核心，是信息化工作取得实效的关键。但是我国信息资源的开发利用还存在着开发不足、利用率低、效益不高、滞后于信息化建设的应用、滞后于社会经济发展的需要、政务信息公开进展不快、跨部门信息共享困难、公益性信息服务供给不足等亟待解决的问题。

在知识经济时代和信息化社会中，信息资源已成为继能源之后最为重要的社会资源，可以说，在世界信息化、网络化浪潮的冲击下，每个民族、每个行业、每个组织都面临着生存的巨大压力，要么革新自强，要么被时代抛弃。随着信息时代的到来，作为"信息之源"的档案信息，只有适应新的社会环境的要求，实现档案的信息化管理，充分融入信息化网络世界中，才能在信息化社会中得到重视，其价值才会不断提升。

信息资源建设是档案管理的核心问题，信息资源建设是档案信息化建设的基础，离开了信息资源的建设，档案建设就成了一句空话，档案信息化建设也就成了纸上谈兵。档案信息资源的基础是信息技术的应用。

（一）档案信息资源的主要内容

1. 现存的馆藏档案

这是目前最重要的信息资源来源。馆藏档案的数字化是现阶段档案信息化建设的主要内容，也是档案信息化建设最基本的基础资源。

2. 归档的电子文件

对机构电子文件的接收和管理是档案信息资源扩大的主要来源，同时也是信息化建设的重要内容之一。

3. 网络信息资源的获取

档案信息资源建设是我国国家信息资源建设的一部分，它不可能单独完成，档案信息资源建设要想有新的发展，就必须不断更新管理理念，不断扩展自己的工作思路和工作范围，要做到不但能提供档案信息资源，而且能提供其他信息资源。

4. 技术资源和人力资源

档案信息资源不仅包括信息内容本身，还包括技术人员、信息技术、信息系统以及信息管理人员的管理和培训等。

（二）档案信息资源建设的原则要求

1. 标准化原则

制定统一的标准、规范的管理制度，是档案信息资源建设的重要原则，是档案信息资源能够上网利用的前提条件。标准化原则的要求是：需要数字化处理的档案信息资源，必须按照规定的技术模式、文本格式和工作标准进行，避免因存储格式和软件平台的不同而在转换时造成资源浪费，以提高信息存储传输的效率。

2. 系统性原则

档案信息资源的建设是一个涉及面广、历时较长的庞大的系统工程，它是国家信息化建设的重要组成部分，是信息化建设战略的一个子系统。以系统原则应对社会利用档案的需求，与社会经济基础及信息技术的发展步调一致，应设定阶段的目标和远景目标，处理好局部与整体的关系，与整个信息化建设工作一同协调发展。

3. 安全性原则

安全是信息化建设的首要条件，是信息化建设顺利进行的前提条件。安全性原则主要包括三方面的内容：一是在档案信息化建设的过程中，确保档案原件的物理安全；二是在信息化建设的过程中，确保信息原件的原始性；三是在使用的过程中，要做好档案信息的安全保密工作。

4. 高效率原则

档案信息化建设涉及的面比较广，需要花费大量的人力、物力，更需要投入大量的经费，因此必须考虑工作的效率和效益。首先要制订档案信息化的最佳实施方案，包括工作的流程、技术模式、数字化加工系统设施等；其次确保上网信息的规范和信息的安全维护。

（三）档案信息资源建设的系统结构

档案信息资源建设的系统结构主要包括数字化处理工作、数字化处理子系统、数字存储子系统、数字信息发布子系统四部分。

1. 数字化处理工作

档案信息从数字化处理角度，可分为符号信息、静态视频信息、动态视频信息和音频信息。每一种信息的处理方式是不同的，因此要针对档案具体情况，制定合适的处理方案，最大限度地将档案实体上所负载的信息保留下来。档案信息数字化前的准备工作，对档案信息的质量起着至关重要的作用。

2. 数字化处理子系统

数字化处理子系统是整个系统的核心部分，它利用各种设备系统，对不同类型的档案信息分别进行处理，然后输入数据库，进行必要的组织和管理。主要包括以下几个方面。

（1）对现有馆藏档案的数字化处理系统

对非数字化档案，如纸质档案、照片、微缩胶片、音频材料等，采取不同的方法进行数字化处理，使之成为统一的数字化档案信息。

（2）电子文件的处理系统

对电子文件的接收和实行统一规范的管理，以及提供网上查询和检索等利用服务。

3. 数字存储子系统

数字存储子系统可以安全地保存数字化档案信息资源，并对其留有必要的备份。数字信息可以按不同类型存储在各类数据库和文件系统中。

4. 数字信息发布子系统

数字信息发布子系统的任务是通过多种方式，将数据库传输给数字化档案信息的最终宿主。这需要输出子系统具备适应各种要求的数据传输方式及安全可靠的宽带网络。

（四）档案信息资源数据库的建设

数据库建设是档案信息资源建设的重要内容，档案信息化建设必须把数字化的档案信息资源的积累作为核心工作来规划和开展，于是提出了档案信息化的工作内容；有了数字化信息必须很好地管理起来，于是又提出了档案信息资源数据库建设任务。数据库既是信息资源管理和开发的重要手段，又是信息资源开发的主要表现形式，从信息的采集到信息的加工、存储，再到信息的输出，在整个信息系统运行过程中，数据库处于核心地位，是整个系统结构的核心部分。

1. 目录数据库的建立

这是档案信息数字化的基础工作，也就是把案卷目录、卷内文件目录输入数据库，实现案卷级目录的计算机化管理，以提高检索速度与查准率。目录信息数据化是档案信息数据化的前提，其建设的目的是发挥计算机强大的检索功能。因此确保编目工作的标准化，采取标准的著录项目、统一的著录格式、统一的数据录入标准，建立标准的检索语言，对于信息的利用效率起着至关重要的作用。

目录数据库的建立需要投入大量的人力、财力和物力，因此它是一项非常艰巨的工作，它需要依赖人工对档案信息进行著录、标引和处理，确保目录数据的准确性。

在完成档案目录数据库设计之后，更大量的工作是著录标引和信息录入工作，档案著录工作必须讲究规范、标准、准确。

2. 全文数据库的建立

档案全文数据库，是存储、组织管理数字化档案信息的应用系统，包括档号、责任者、题名、正文、形成时间、密级、保密期限、数量、载体、单位、编号等数据项。档案全文数据库所管理的对象，不仅包括数字化处理的传统馆藏档案，而且包括本身就以数字化形式生成的电子文件，如各类文本、表格、图形、图像、数据库、网页、计算机程序、音频和视频等格式文件。应用环境不同，系统软件不一，生成的文件格式也会不同，因此必须确定电子文件的元数据标准和存储格式，以规范全文数据库的组织与管理。

档案全文数据库建设的原则是以用户为中心，以馆藏一次文献为特色，建立标准统一、检索功能良好、质量高的全文数据库。

全文数据库的构建一般包括以下几个过程。

（1）数据的收集与整理

数据的收集与整理指对加载到全文数据库中的数据进行收集、整理等预先的处理过程。加载到全文数据库中的数据的获取方式：一种是图像扫描录入，这种录入方式的特点是，能够保持文件的原貌和不被修改，但占用存储空间大，不能进行文字检索，只能通过目录检索到全文，经过转换可以直接下载、打印所需要的内容；一种是文本键盘的录入，占用存储空间小，存取速度快，可以直接进行全文检索，但工作量大，而且对其真实性容易产生怀疑。

（2）文本的预处理

数字化的档案格式是多种多样的，需对其进行标准化处理，使档案信息的格式规范化，并对数字化的档案进行统一标准的著录与标引。

（3）数据检索

档案全文数据库建成后，可根据全文检索系统提供的功能对数据库进行检索。

（4）数据的维护

全文数据库建成后，需经常对数据库的内容进行索引、更新、追加和清理，以保证数据库的使用性、有效性和实用性。

第七章　档案信息化建设与管理概述

第一节　档案信息化的实施原则与方法

　　档案信息化是一个系统的工程，信息技术的应用和网络平台的搭建是手段，数字档案资源的积累和管理是核心，档案信息的开发和利用是目的。档案信息化建设的重要内容就是建立一个标准的、功能强大的、安全稳定的、可拓展的档案管理信息系统，并在档案工作中广泛应用。

　　实施与应用档案管理信息系统有三个要素：方法要科学、手段要先进、实施要得当。只有当领导和档案工作者都充分理解和认识到档案信息化和档案管理信息系统的必要性、重要性和有效性，且期待通过信息化来获得更大的效益时，档案管理信息系统的实施与应用才能实现。

一、实施的原则

　　在档案信息系统实施的过程中，应在遵循信息化建设总体原则的基础上，采取有效的技术型原则以推动系统实施的成功。下面介绍的几项原则都是非常有效的基本原则。

（一）务实导向、重视实效

　　系统的实施以安全、稳定、实用、方便、易操作为主要目标，过分追求大而全、先进的软件产品是一种不务实的做法。这主要是由于需求不一样，行业有差别，同时信息技术、软件产品的更新换代非常快，市场上会不断有新产品出现。

（二）软硬件资源共同建设

　　系统的实施过程中不仅需要重视硬件平台的建设、设备的购买，更要注重在人力资源和软件系统方面的投资，IT人才、档案工作者是信息化建设的核心力量。软件系统的技术含量，在现代化的管理理念中更是应该得到重视。软件系统是硬件系统发挥作用的心脏，单单只有硬件设施平台是无法开展信息化管理工作的，因此应重视软件系统的开发及其升级的投资。

（三）从实际出发，重视需求

信息系统的实施需要从当前的业务需要出发，提前做好需求分析，并在一定阶段的实施过程中，锁定相对需求来开展实施工作。边研发、边实施、边改变需求的做法只能得到事倍功半的效果。而对于变化较大、新增加的需求，需要放在下一阶段进行。

（四）重视维护，升级换代

随着信息系统的不断应用，档案管理信息系统也在迅速地发展，而其中的难度也在逐渐增加。软件系统的安全、客户化定制等工作量比较大，也比较复杂，非专业人员很难做到专业维护。另外，随着应用的不断深入，需要加强软件系统的拓展。因此在购买软件系统的同时，需要购买相应的实施、维护服务，以开展有效工作，支持系统拓展和业务的发展。

二、实施的方法

档案信息化系统建设有两种不同的策略和实施方法，即以组织战略为导向的战略推动型和以实际业务需要为导向的需求驱动型。

（一）战略推动型

战略推动型的实施方法采取的是从整体到局部的实施路线，强调首先在观念、目标和方向的认识方面达成共识的基础上，逐步将工作分阶段实施、分阶段完成。采用战略驱动型的方法实施的前提是，整体的目标和规划不仅要从全局出发，而且更需要符合档案管理机构的实际需求，既要注重发展的前瞻性，又要注重当前的实用性；一般来说，对实施战略管理的人员要求较高，既要有行业发展的规划能力，又要有信息化体系的架构能力，需要懂管理、懂业务、懂技术的专业档案管理的复合人才。

（二）需求驱动型

需求驱动型采取的是从局部到整体的实施路线。这种实施方法强调以当前业务需求为主，首先在观念、目标、方向和认识等方面达成共识的基础上，逐步将工作分阶段实现、分步骤完成。采取战略驱动实施方法成功的前提是战略、规划的制定不仅要从全局的高度出发，而且更需要符合案管理过程的实际需要，既要有前瞻性、发展性，又要注重当前的使用性；要求制定战略的人员既要有行业发展的能力，又要有信息化驾驭的能力。需要懂业务、懂管理、懂技术，在档案管理和信息化的建设中有丰富经验的复合型的人才。

真正意义上的"战略驱动"实施方法并不是不允许在实施过程中坚持"永恒不变"的策略，而是应根据实际需要和业务变动的需求进行机制的调整和完善。因为战略与规划一旦制定，落实的过程往往需要很长的时间，而信息技术在发展，档案业务在改进，管理模式也在变革，因此实施的过程中必须根据需求的变化而有所变革。

目前我国档案信息化建设正在走向标准化和规范化，"战略推动""需求驱动""总体规划""分步实施"成为主流实施策略。各档案管理机构应紧密结合全国档案信息化的发展战略，将档案信息化纳入本单位档案信息化的全局，制定适合本单位业务发展要求的信息化规划和信息系统的实施方案，并在实施和应用的过程中，将以"务实"为导向的自我调整的策略贯穿于信息化建设的始终。

第二节　档案信息化的实施措施

一、需要型措施

档案信息化是社会信息化的重要组成部分，因此档案部门与其他信息化的建设部门有许多相同的地方。为了在信息化的过程中少走弯路、减少失误，我们必须汲取成功者的经验和教训，对自己所选用的档案管理系统有比较深刻的认识，并对本单位的实际需要进行个性化的处理，这是一项行之有效的实施方法，但绝不是直接的照抄照搬。被选用的方案是在充分了解本单位情况的基础上，再借鉴其他单位成功与失败的经验教训，选择适合自己的管理系统，来开展本单位的信息化建设。坚决反对照抄照搬的拿来主义或者过分强调自己的个性习惯又不符合标准，这两种做法都是脱离了实际需要的错误做法，都是不现实的、不可取的。

二、有效化的措施

在档案信息化的实施方法上，要结合本单位的实际情况，如人才队伍状况、目前档案工作开展的实际情况，且不可偏颇任何一种实施方法。在选择实施策略时应依据本单位的技术力量状况，如果本单位的技术力量比较薄弱，就选择现成的软件系统或者对外承包的实施办法，充分利用外在的专业化的资源，这样不仅能够在短时间内实现快速实施与应用，还可以降低实施的成本；如果本单位的技术力量较强，建议采取自主与外包相结合的实施方法。对于专业性强、功能复杂、开发周期长的系统，可以采取外包的形式，降低实施成本，提高实施效率，在开发的过程中本单位可以派人参与软件的开发和项目跟踪，了解设计的细节，为交付使用后系统的更新和维护打下良好的基础；对于专业性不强、设计的流程较为简单、开发周期短的系统采取自主开发的方式，这样不仅节约了购买软件的经费，而且在开发的同时培养了自己的技术人才，加强了本单位的技术队伍力量，无形中也培养了本单位的业务骨干。

三、过程化措施

（一）加强宣传过程

使大家充分认识到信息化策略实施是国家信息化策略的重要组成部分。应使大家充分认识信息化的目的和意义，认识到管理的规范化给社会带来的良好的经济效益，认识到落实信息化策略的实施工作不仅是当前形势发展的需要，同时也是档案信息化建设的需要。

（二）加强培训的过程

加强对工作人员的业务培训，如计算机技术的培训、档案管理软件的使用培训以及安全技术防范措施的培训。

（三）规划制定过程

根据业务需求进行咨询和总体规划，其中包括信息的安全、资源的需求、系统功能等，据此可以了解同行业的实施情况，或通过咨询公司的规划有针对性地开展工作。

（四）购买软件的过程

在充分调研的基础上，结合本单位的实际情况，选择那些售后服务信誉比较好的大公司，比较有发展前途、扩展性好的硬件和软件系统。

（五）选择示范，以点带面

根据工作的实际需要，选择那些比较重要的部门来实施，先树立一个示范的典型，然后以点带面，全面突破。在成功示范应用的基础上，根据馆内业务的发展需要，逐步把信息化建设扩展到整个单位的每一个部门。

四、安全保障措施

档案信息化是建立在网络软件和信息管理系统基础上的，但这些也正是引发安全问题的隐患所在。造成黑客攻击、病毒蔓延、信息窃取的问题在于安全架构不科学、制度不健全、管理不规范、措施不到位。这其中既有客观的因素也有主观的因素，其中最主要的原因是信息化建设之初，安全意识薄弱，技术方案不成熟，系统的安全保护性能较差。要想在今后信息化的道路上走得更远，我们必须提高安全防范意识，强调今后在实施信息化的过程中全面设计和考虑安全问题，在今后的管理过程中制定并落实安全方案，加强信息过程的安全管理，对一些机密的档案落实责任到人，并加强安全措施的技术监控。只有提高了安全意识，加强了安全管理的技术保障，才能最终保障计算机网络和信息系统的安全。

五、应用型措施

档案信息化建设的目的是更好地利用信息资源，在实行的过程中容易出现信息化的建设与档案业务的管理脱节的现象，把信息化与业务管理分割开来。这种现象的出现主要有两种情况：一种情况是信息化的宣传归宣传，业务部门根本没有执行，仍然按照原来的工作方法和思路开展工作。为了追求上网的名声，只是把档案信息的目录录入系统，档案管理者根本不关心管理信息系统运行的情况，最多是利用查询模块查询一下档案信息。另外一种情况是对于购买的信息软件只使用很少的一部分功能，如基础信息和查询模块等，对于信息的整个流程化的管理过程完全不了解。还有一些单位信息化的热情很高，舍得花钱购买贵重的应用软件，而实际应用的部分很少，在操作时仅限于目录数据的录入，并将此部分数据导入系统，以此来满足数据上网数量检查的要求，而档案信息系统中大量的功能如流程化管理、全文管理和全文检索都没有使用，运行几年后还要面临系统的更新换代，造成了投资的浪费和信息资源的严重流失。造成这种情况的原因是没有从本质上真正理解信息化的含义，也没有将业务管理与信息系统真正地融会贯通，而是隔离开来甚至是对立起来，其结果造成人力物力的极大浪费，不但没有感受到信息化带来的方便快捷，反而把人变成了档案的奴隶，无形中加重了管理人员的负担，在一定程度上挫伤了档案人员信息化建设的积极性，为信息化建设造成了负面的影响，因此如何应用好才是信息化建设的关键。

六、兼顾型措施

科学技术的发展使人们越来越考虑人的因素，即"以人为本"的理念越来越受到开发商的重视。随着人们需求的多样化，一些个性化的产品、个性化的界面、个性化的业务流程和功能模块充斥整个市场，这就与档案信息化管理标准的规范化相矛盾。因此如何认识和处理个性化和标准化之间的关系也是档案管理信息系统实施过程中的一大难题。这个矛盾的解决，必须在实施的过程中找到一个既能满足个性化要求，又能满足档案管理规范化的平衡点，才能促进档案业务与信息技术的融会贯通。而选择平衡点的前提是，档案部门应制定适应时代变化的标准和规范，档案工作者也应严格遵守行业规范以开展业务管理工作，个性化则是在标准规范的基础上根据管理需要进行扩充，个人习惯如果与标准背离应彻底改变。因此在信息化的过程中，要正确处理好标准化与规范化的关系、安全与应用的关系，当个性化与标准发生冲突时应首先考虑标准化的原则，即个性化适应总体化的原则，只有这样才能解决好个性化与标准化的关系，保证信息化建设的顺利进行。

第三节　档案信息化实施的途径与过程

一、档案信息化的实施途径

（一）整体引进模式

这种模式是选择具有丰富经验、信誉度比较好的开发商，由其提供或统一购置档案管理商品化的软件及其软硬件设备，由专业化的实施队伍负责项目的完整实施。好的软件一般是具有丰富经验的管理专家和高级专业计算机技术人员共同开发的，软件本身蕴含了许多先进的管理思想和手段，针对档案室提供各种功能的模块，这些软件模块为档案流程的优化与重组提供了可供借鉴的参考模型，能够在较高的层次上提升档案管理的水平，而且软件已经拥有相当大的用户群体，经过实际的考验，一般都比较成熟与稳定，质量有保证。售后的维护比较有保证，又有利于档案信息系统的更新。但商品软件追求通用化，其功能无论在方位上还是在深度上常常使档案管理部门的需求得到部分满足，但系统的实用性不强，更难以形成特色。在具体的实施过程中，单纯依靠软件的提供商可能出现用户过分按照软件提供的立项模式行事，而忽视档案管理的具体实际，或软件提供商过分依从用户的所谓特色，造成软件的先进性、通用性消失。另外这种模式由于没有源程序代码，给系统的后期维护和二次开发造成一定的困难。

（二）自主开发模式

采取自主研发模式的单位一般技术力量较强，具备较强的软件开发实力，这种研发的模式一般是单位自己根据档案业务管理的需求进行定制开发，并随着业务的开展，对系统不断进行完善和改进。此模式适合业务比较特殊和有特殊需要的档案部门。这种研发模式的优点是能充分考虑本单位的业务工作需要，针对性强，系统实施相对比较容易，可以考虑到本单位使用的细节问题，其风险较小，可以培养自己的研发队伍，对于今后的系统维护和更新都能及时到位。缺点是由于大多数档案管理队伍的人员结构不合理，往往是业务人员多、技术人员少，尤其是高技术的系统开发人员更少，而技术人员不仅要开发系统，还要跟踪现代信息技术的发展、进行系统的维护、考虑系统的安全备份等问题，自主研发的工作量较大，开发的周期较长，相对成本比较高，而且自主开发人员不是专门的研发公司人员，在系统的开发过程中，与社会上的先进软件相比还有一定的局限性。

（三）对外承包的开发模式

采取这种研发模式的单位一般是资金比较雄厚的单位。采取的方法是购买社会上开发好的现成软件或者选择一家软件公司，按档案业务实际需求定制开发，也就是说把档案信息系统的开发工作对外承包出去。这种模式对于档案部门的工作人员要求不高，在数据的备份和系统的维护方面主要是聘用专业的技术人员来做，或是委托给专业的公司。

这种方案适用于业务比较简单的档案馆，它的优点是充分利用了外部 IT 公司的力量，开发的时间较短，降低了开发的成本；缺点是如果不注重培养自己的研发队伍，由于研发单位的人员不熟悉档案业务，会导致开发系统的实用性较差；而档案机构人员对信息技术的认识不充分，很难提出比较好的建议，难以对开发单位的需求和设计资料进行准确的评价，往往是在使用的过程中才有较为准确的需求，给实施完成后的正常运行带来困难，同时也浪费了资金。为了解决好开发与使用之间的矛盾，档案部门在选择开发机构时应选择开展档案信息化解决方案的专业开发商，注重考查该公司的咨询和售后开发能力，要求他们不仅有咨询能力，还要有一定的培训能力，以促进档案管理人员尽快理解和掌握系统的管理思想和应用模式，同时还需要提供长久的系统更新能力和良好的售后服务能力。

（四）外包与自主开发相结合的模式

外包与自主开发相结合的模式也称为混合型模式，即信息化的项目在档案机构立项，委托第三方公司在其商品化软件的基础上，针对本单位的档案业务现状和业务发展需要进行客户化的定制和开发。采用此类模式的档案部门一般来说基础条件较好，相对来说资金比较充足。这种模式也是目前档案管理采用较多的一种方式，优势在于由开发商解决技术难点，对开发过程进行科学的安排和严格的控制，这样既解决了档案机构开发队伍经验少、技术力量薄弱的问题，又为档案部门培养了懂业务、懂技术、懂管理的复合型人才。同时档案管理机构还可以拥有信息系统的知识产权，更重要的是软件的开发切合用户的实际要求，系统未来的运行和维护也有保障。目前规模较大的一些综合档案管理机构大多采用此种模式，事实证明这种混合性的实施模式还是目前比较理想的运行模式。

二、档案信息化实施的过程与策略

实施过程是在国家信息化政策的总体规划下，按照信息化建设的整体要求，来确定档案信息化建设的战略目标、总体规划，在人员、技术、资金、环境等各类资源已经具备的情况下，开展档案信息化建设与档案信息管理系统的应用。

（一）信息化实施的过程

1. 正确理解国家信息化战略与档案信息化建设之间的关系

首先要正确地理解国家信息化战略与档案信息化建设的关系：国家档案信息化战略为档案信息化目标、远景以及职能的拓展、业务流程的转变的完整融合，它描述了档案信息化的目标与方向、信息体系结构、技术路线、操作方法、信息化过程的内部操作标准、软件系统的评估方法和考核的指标体系等众多"软性"的规划和策略。其次要正确理解档案信息化规划与信息系统规划之间的关系：信息化工作实际上是信息化战略的执行过程，它所研究的内容与信息化战略有非常大的相关性，在战略体系下的具体软硬件系统设计过程，是在信息化战略的指导下，分解总体目标，针对不同的业务内容、工作流程提出功能模式，做出系统建设的成本预算，制订系统的实施计划，确定系统的组织、管理、选型方案、评估标准和过程控制方法。

总之，系统实施是信息化建设的重要内容，是完成系统建设并投入使用的关键业务过程。其成功实施标志着信息化战略与规划决策的正确性，也标志着信息化进入实质性的运行阶段。

2. 从思想上充分认识档案信息化建设的艰巨性和复杂性

档案信息化建设是一项历时较长、涉及面广、内容复杂的系统工程，而档案管理信息系统的实施与应用，是以档案业务为核心，以计算机技术、网络技术、信息技术为手段，以现代管理为指导，以提高档案的利用率和利用价值为宗旨而开展的一项划时代的业务革命，其最终目的是提高档案的信息化管理水平，挖掘档案的社会价值，提高全民族的文化素养，推动社会进步，改变经济增长模式，适应信息社会发展的需要。AMIS（自动化管理信息系统）的实施与应用是涵盖计算机工程学、项目管理学、档案管理学、信息技术等多学科知识的系统化应用工程，在应用和实施的过程中严格遵循软件项目管理的先进理念，并将多学科知识融会贯通到档案管理信息系统实施与应用的每一个环节，这就要求参与档案管理的所有人员，特别是信息化项目的主要责任人必须从思想上认识到信息化建设的艰巨性和复杂性，在思想上、认识上和行动上做好迎接挑战的准备。

（1）要从思想上充分认识到信息化是一项具有划时代意义的新型工作

充分认识到档案信息化在带来巨大的社会经济效益的同时，也给各级领导和基层的工作人员带来了工作上的方便性和灵活性，使每个从事档案工作的人员都真正成为信息化的受益者，从而达到统一思想、统一认识的目的，确保档案信息化工作的顺利开展。

（2）加强档案管理业务的学习

信息系统的应用是实现档案信息化的基本手段，其一切活动的开展都必须服从档案业务的全过程和未来信息发展的需要，信息系统的应用要求档案工作者必须是懂业务、懂技术的复合型人才。如果信息专业技术人员将软件系统设计完成后，仍然对档案业务及其知识一无所知，对档案管理流程含糊不清，那么他所设计的系统一定无法使用。因此档案技术人员在开展信息系统的基础工作时，必须加强对档案管理业务的学习，在了解、熟悉、分析和发展档案业务与档案学基础知识的基础上，综合运用档案学、信息技术、计算机技术、网络技术等知识，对档案管理的理论、原则、策略、方法等内容作进一步探讨与研究。

（3）加强网络信息技术的培训

在信息化的背景下，档案管理人员必须加强网络技术知识的学习，以提高自身的管理水平。档案信息化是一个系统的复杂工程，其过程包括可行性的论证、系统的规划、详细的设计、编码、实施、应用和持续性的维护等多个阶段，每个阶段都涉及多方面的技术知识的渗透、融合与综合利用。同时整个信息化的建设过程也是一个不断完善和逐步发展的过程，所有参与人员，如管理人员、操作人员、系统设计人员、系统开发和应用实施人员都必须了解和清楚各个环节的紧密关系以及各个业务功能模块的来龙去脉，重点掌握自己业务范围内和所操作的系统功能模块的基础知识，才能使整个系统顺利运行并不断得到应用和完善。

（4）加强档案信息资源的建设工作

档案信息化建设涉及的内容非常广泛，而且这些内容会随着社会时代的不断进步发展而得到不断丰富，档案信息化建设面临的任务很艰巨，困难也很多，因此我们要有重点地突破，把信息资源的建设当作核心工作来抓，实现以点带面的良好局面。在信息已成为重要的社会资源的背景下，档案信息作为一种原生信息，正发挥着越来越重要的作用，把国家的档案资源建设好是档案工作的中心任务。这项工作主要包括三方面的内容：一是要加快现有档案馆藏文件级目录数据库和全文数据库的建设，以满足快速检索利用的需要。要加快现有档案目录的整理、著录和建库工作，局部实现档案级目录级检；二是有条件的档案部门，要积极推进那些重要的、容易受损的、利用频率高的档案的数字化进程，加强重要档案的保护，提高档案的利用率；三是对新产生的电子文档，要采取科学的管理方法，利用现代技术手段，收集好、管理好。随着信息技术和电子政务的不断发展，电子文件将是未来数字档案信息新的主要来源。管理好、利用好电子文件将是档案工作在信息化时代一项至关重要的任务和面临的重要课题。各级档案部门要积极介入本地区本部门电子文件的产生过程，加强对电子文件的积累、鉴定、著录、归档等环节的监督、指导，保证归档电子文件的真实、完整、有效。

（5）不断提高档案信息化的服务水平

档案管理工作是一项服务性的工作，它的根本任务是为国家建设和社会的发展提供可靠的信息服务，在信息资源共享成为社会发展趋势的背景下，档案信息资源因其独特的价值而日益受到社会的关注，档案信息资源的社会共享已成为国家档案事业适应社会信息化发展潮流所亟待研究的重大课题之一。随着社会经济的不断发展，社会信息意识不断增强，为信息资源的社会共享提供了良好的发展空间。新时期档案工作应做到：经济建设发展到哪里，档案工作就延伸到哪里；政治建设发展到什么阶段，档案工作就服务到什么阶段；文化建设发展到什么水平，档案工作就服务到什么水平；党的建设对档案工作提出什么要求，档案工作就提供什么服务。为了更好地实现档案信息化建设的目标，我们应根据社会信息化的客观趋势，在不断优化传统的档案服务方式的基础上，与时俱进地促进档案工作的创新。要实现档案服务方式的创新就必须更新服务理念，整合档案资源，实现档案服务工作质的飞跃，使档案信息资源的社会化共享逐渐由理想变为现实。

（6）安全保障体系的建设

档案作为人类历史的记忆和现实工作的支撑，其信息的安全性至关重要。因此在管理信息系统实施与应用的过程中，应保证档案信息不流失到非保管单位和个人，应确保档案信息安全并可读取，应确保档案信息分权限管理和分权限查询、浏览及检索利用。这不仅仅需要对档案管理信息系统提出安全保障要求，更重要的是实施单位的安全管理措施、安全管理方法要得当。

安全保障体系的建设是档案信息化建设的重要内容之一，各级档案部门在开发利用档案信息资源和网络系统建设工作中，必须提高信息安全意识，防止失密、泄密以及档案丢失现象的发生。要保证信息的安全首先要加强安全保密技术的应用，依靠先进的技术手段，在档案网络技术建设中，必须充分应用信息安全保密技术，解决好档案信息传输与存储安全保密问题；其次是要建立完善的保密制度，各级档案部门在信息化建设的过程中必须制定针对性强、操作性好的信息安全保密规定，确保档案信息的安全；最后是要建立严格的管理制度，各级档案管理部门要加强档案著录标引、数字化转换、档案网络信息公布等过程中的安全管理，实行安全责任制。非公开的档案信息一律不准在网上提供，已公开的档案目录或全文查询服务，要认真采取安全防护措施，实行严格的授权管理体系，确保档案信息和系统的安全。

我们要把档案安全问题提到议事日程上来，任何时候都不能有丝毫懈怠，越是在信息化程度日益提高的情况下，越要全面兼顾档案的实体安全和信息安全。要严格执行档案安全保管的责任制度，杜绝一切事故的隐患；严把档案利用审查关，不该提供利用的档案坚决不能提供利用；要严格执行"三网"隔离制度，采取可靠的防范技术和措施，确保档案部门的网络信息安全，对于面向公众的网上信息进行严格的审查，确保上网信息的安全性。

3. 加强资源建设

（1）人才资源建设

档案信息化管理系统改变了传统的手工操作方法，因此对档案管理人员的整体要求比传统的要高。首先，档案管理信息系统本身就蕴含着现代管理思想，比如归档流程的自动化、信息著录标准化以及信息著录的一致性、系统集成等现代管理理念。它的成功应用是在对其进行深刻理解的基础上才能见到的明显效果，这就要求决策者和业务人员能够接受和理解。其次，在认识上的转变。档案管理者在充分认识到网络化应用带来方便的同时也要认识到一些新的问题，认识到提高档案管理信息系统是提高业务服务效率与质量的手段，认识到资源共享的重要性，认识到需要不断地学习新的知识，认识到有了档案管理系统做助手，档案业务人员才能将工作的重心转移到钻研业务、深层次管理的开发利用上。

总之，要建立一支既熟悉档案业务又懂信息技术的人才队伍，不断提高档案部门人员的素质。一方面应通过实施各种培训，提供各种学习条件，使档案管理工作人员能够很快熟悉掌握信息技术的理念、方法和思路；另一方面应大胆引进信息技术、网络技术等方面的人才。

（2）信息资源建设

网络环境的核心资源是档案的数据和信息，它们是网络环境的基础资源，离开了这些基础资源，网络信息化就成了无水之源。在实际运行的过程中，不是所有的档案部门都能重视这些基础资源的建设，有一些单位在规划实施甚至已经购买了设备和软件后，还未对档案的目录进行整理，系统就被淘汰了，更不用说电子文件的管理了。因此各单位在建设网络环境之前，必须将基础数据录入到档案专用服务器中，建立分类数据库，为以后应用网络管理系统打下良好的基础。

在数据信息录入的过程中必须遵循标准化、规范化的原则，这也是国家对档案信息化建设的基本要求。并不是所有的信息化单位都能够做到，在一些使用单机版的单位，其档案数据在遵循标准和规范方面离国家规定的档案管理目标还有很大的差距。因此在进行网络化管理信息系统建设时，必须提前做好录入数据的规范性工作。

数据的整合也是网络化之前必须要做的工作之一。数据的整合就是按照标准、规范以及网络化资源共享的要求，将同类和相关数据进行整合，将数据字段整理出来，进行合理的分类。也就是将原来一个个独立存在的数据进行分类整合，并抽取其中规范的数据字段以方便统计，这项工作也是档案信息资源建设的基础工作。

（3）安全资源建设

一个安全、稳定、可靠的信息系统，是顺利开展工作的可靠保证。网络版的档案管理信息系统必定需要支持网络化应用的数据库管理系统，目前有的解决方案只将档案目录信息存储在关系性数据库中，而将电子文件全文存储在文件服务器中，这样又多了一层数据管理，这些数据一旦出现问题，系统也就失去了存在的意义，因此必须制订相应的档案管理信息系统的安全保障措施，才能保证档案信息的安全和信息系统的安全，才能保证信息化战略的顺利实施。

（4）设备资源建设

网络是信息化的基础设施，拥有一套可靠、稳定、安全的网络设备是档案信息化的基本保证。由于使用单位的情况各不相同，因此在建立本单位的网络体系时，应根据实际需求状况和本单位的发展需要，构建适合自己的网络运行环境，这样既能保证目前的正常使用，又能为将来的网络扩展创造条件。一般来说网络布线、端口设计、设备摆放等网络基础设施的建设，在设计建楼时就已经考虑到并予以实施，但在使用的过程中也会随着需求的不断变化而逐步调整。对于网络设备的购买，最主要的是结合本单位的实际需要来购买，在购买的过程中一定要严把质量关，确保购买的设备是先进的合格的产品，绝不能为了贪图便宜以次充好，造成工作过程中故障频繁，那样就得不偿失了。最后是警钟长鸣的安全问题。一般来说网关、防火墙、入侵检测等安全产品是网络安全保证的基本需要，如果将本单位的计算机接入 Internet 而没有采取任何的保障措施，那是非常危险的做法，也是违背安全保证工作条例的。

（二）信息化实施的策略

1. 提高认识、需求驱动的策略

管理信息系统是实现现代档案管理的一个重要工具和手段，它能给档案管理工作带来多少效益，一方面取决于所选择的管理信息系统是否适合本单位的实际情况并具有先进性；另一方面取决于档案管理人员采取什么样的理念来应用它。更重要的是应充分认识到网络、计算机及档案管理信息系统本身并不是万能的，它需要人们在充分认识的基础上，按照需求驱动原则，结合实际工作为它的功能进行准确定位，然后才能更正确地使用它，才能真正发挥计算机的先进作用。

2. 总体规划、分步实施的策略

档案管理信息系统是档案管理信息化的基础，它的应用与实施都必须围绕信息化建设的总体战略规划来进行，因此必须遵守整体规划、分步实施的原则。在实施的过程中，要有选择地挑选基础工作做得比较好的部门来进行重点的建设，并将其成功的经验加以推广。

首先必须强调分步实施一定要从总体规划出发。信息化规划的目的是为信息化实施提供指南，那么规划与实施之间应是规划先行、实施紧跟其后。在选用应用软件时，就应该从整体的需要出发，避免脱离目标而陷入实际的困境；应该从业务变革出发而不是从技术变革出发，这样有利于充分利用组织的现有资源来满足关键需求。不坚持这两项原则就很难实现信息资源的综合利用，也无法适应社会利用档案的诸多需求变化。另外，总体规划必须科学、务实，对分步实施才能有指导和依据作用。因此，信息化整体规划必须在设计上提供一个高度集成的、统一的、满足信息化管理整体需要的弹性应用框架，才能使分步实施有的放矢。其次是要讲究实施的策略。总体来说，长远规划、重点突破、快速推广是一种有效的策略。应该选择那些需求迫切、能较快实现业务流

程整合和现阶段信息化应用较好的领域加以突破。在阶段实施的步骤上，由于数据库的建设是一项艰苦的长期工作，不能马上见效，所以可以先抓网站的形象建设，以引起领导重视，增加投入。最后是要注意分步实施的系统之间的衔接问题。时间上的分阶段实施要注意前后系统的衔接问题，空间上的分阶段实施则要注意不同单位和部门之间所开发系统的标准化问题。

3. 转变观念、与时俱进的策略

社会信息化建设的不断发展，使人们对信息化建设的认识也在不断地深入，人们只有转变陈旧的管理理念，不断地加强自身的综合素养，才能跟上时代的发展步伐，这就要求档案管理部门的领导要正确认识到信息化建设的社会效益，同时多给档案管理人员提供学习机会，让更多的人认识到档案信息化的重要性。确保在实施和应用档案信息化系统时做到：领导对档案信息化建设和管理信息系统的应用有足够的理解和指导能力；业务部门的领导能够制定规划并组织实施；档案工作人员能够配合。

4. 抓住机遇、勇于探索的策略

档案信息化建设的顺利开展必须在基本条件具备的情况下才能进行，因此抓住合适的机会开展信息化建设和网络化应用是非常重要的。特别是对于那些正处于采用什么样的方案、选择什么样的软件系统入门的初级用户来说就更加重要了。网络化应用首先是需求驱动的，并且是在档案业务管理比较规范、人员素质较高、业务流程清晰、标准规范严格、基础数据准备充分、网络及设备资源基本具备的情况下才能开展起来的。因此无论是正在开展信息化建设还是正准备开展信息化建设的档案部门，都应抓住时机积极开展，才能取得良好的效果。

看一个单位开展信息化建设的时机是否成熟，主要看它周围的环境因素是否成熟，即人、财、物等方面是否具备，而具体需要什么样的条件取决于系统实施的内容、范围、应用规模及当前业务的规范程度等。特别是建立网络化的信息系统，涉及的人员比较多，系统的功能相对比较复杂，这需要根据实际情况来确定资金、人员和设备、网络资源是否具备条件，同时还要考虑本单位当前业务需要和未来的发展需要，因此制定总体规划是十分必要的，这样可以确定近期和远期的发展目标、系统功能、工作计划、实施的范围、工作的内容、搭建软硬件的环境及管理人员的培训费用，进行风险分析，来确定开展工作的策略和方法。

5. 安全的保障体系、实行专业化服务的策略

在社会信息化的背景下，档案信息化建设势在必行，但在保障档案信息能为社会提供利用服务的同时，也要保证信息的安全性。这里的安全性是指信息不被篡改，不流失。从"互联的程度"到与"互联网隔离"等信息安全策略，都应根据档案的密级、保管方式、加工处理及其存储方式等采取恰当的措施。为了保证安全而采取"一刀切的孤岛式管理"的极端的、片面的安全管理策略是不可取的。特别是在数字化和网络化推广应用后，档案信息管理和维护工作量比较大，数字化加工的工作量更大，一些单位采取自己加工的方式，结果耗费了大量的人力、物力和财力，而且工期拖得很长，最终是得不偿失。

另外，关于系统的维护问题，包括网络、硬件、操作系统及应用系统，都需要专业技术人员进行统一的管理和及时的维护，才能保障资源的安全性。针对这种情况，市场上出现了专业的数字化加工、信息化应用服务的新技术公司，对于一些有条件的、信息化工作量大的单位，在制定严密的安全措施和签订保密协议的基础上，委托第三方开展专业化技术服务是当前行之有效的解决办法。

6. 领导主抓的策略

档案信息化的实施与档案管理信息系统的应用几乎涉及本单位所有的工作人员，其中最难的是人的协调。信息技术部门与业务档案部门之间能够解决的是业务上的沟通、系统上的理解和业务上的操作，但担任不同职位、承担不同任务的人员从不同角度对信息化的认识和系统应用是很难达到完全一致的，因此，工作上的不足、思想上的抵触、认识上的缺陷、观念上的差异等将会造成工作无法进行下去，而这些问题，特别是人、资金及重要资源等问题，只有拥有权力的"一把手"管理层，真正"融入"档案信息化的建设过程中，才能有效地解决。许多成功的案例也证明了这一点，只有坚持"一把手"工程，坚持管理层的参与、控制，才能使人力资源落实到位，才能使协调的难度降低，才

能使 IT 资源达到最佳配置，才能真正发挥信息技术的作用，才能让应用系统得到深层的应用和广泛的普及。

第四节 档案信息化系统实施的步骤

一、与信息系统实施有关的基本要素

（一）项目组织

项目组织与团队建设是项目启动工作的重要内容，也是决定整个项目能否成功的关键因素，每一个项目的实施，都涉及多方面的组织或个人的参与。为了确保项目的进度，把好项目的质量关，控制项目的资金投入，监理方通常被聘请来全面监督项目的执行，因此项目的实施至少会涉及建设方、用户方和监理方三方的利益。

1. 建设方

建设方是承担信息系统建设的集成商或软件系统的开发商，其职责是提供商品化产品，为客户提供信息化解决方案，根据需要进行客户化定制、实施、操作等工作，以及实施软件系统并开展必要的咨询和培训等工作。

2. 用户方

客户是项目承担的主要对象，是档案信息系统实施与使用的最终机构。其主要的职责是根据自己的需要设立项目，并选择供应商、开发商及软硬件产品。客户是项目的出资方，也是项目成果的使用商，是最终的项目受益者。

3. 监理方

监理方是客户出资聘请的项目实施顾问和项目建设质量监督方，对客户负责。其主要的职责是监督和控制整个系统的进度、成本、质量等风险的综合要素，维护用户的权益，降低系统建设的成本和风险，提高系统实施的成功率。

总之，项目的成功开发，需要协调这些利益相关者之间的关系，选择平衡点，最大限度地调动所有参与者的积极性，减少项目实施过程中的阻力和影响。

（二）项目团队

项目的开发需要人才，这就需要建立一个强有力的工作团队，并有组织地展开建设。项目团队涉及的面很广，几乎包括了所有的项目相关者，在项目实施的每个阶段也将组织相关的团体。在项目启动前成立项目委员会来分析项目的可行性，而在项目的执行过程中，项目经理就起着举足轻重的作用。

当前，在我国开展档案的信息化建设基本形成了两套体系：一套是开展信息化建设和运行维护的信息管理组织体系；另一套是当前已经存在的行政及业务管理组织体系。其主要原因是业务管理和信息化应用没有真正融为一体，在业务管理和信息化的应用上存在着观念和认识上的差异。立项的管理模式是二者合二为一，这就要求档案管理的领导是既懂档案业务又懂信息化业务的现代管理的复合型人才，要求信息化管理机构中的每一个员工都要把档案业务和信息化管理结合起来开展工作。

（三）项目资源

资源包括的内容很广，它包括自然资源、内部资源、外部资源、有形资源和无形资源等。这里所强调的资源不仅包括支持项目开发的人力资源、资金资源、技术资源、环境资源，也包括档案信息化建设过程中将不断产生的 IT 资源，如网络、服务器等硬件设备，操作系统、应用系统等软件资源，同时还包括档案信息资源。项目开发的不同阶段，资源的需求在不断地变化，有些资源用完要及时追加，任何资源积压、滞留或短缺都会给项目带来损失，各类资源的合理、高效使用对项目管理而言尤为重要。

（四）项目的进展

项目的进展情况需要根据项目的目标要求来进行制订，然后才能落实实施。这些计划的制订对供应商、开发商以及档案管理人员的工作进度都有明确的要求。事实上，在档案信息化建设的过程中，由于档案机构内部人员的不配合、工作繁忙、需求变化等影响项目进度的情况比较常见。因此在项目实施的过程中，要求每一个参与此项工作的人员都要明确自己的职责、进度要求，只有这样才能保证项目的顺利进行。

（五）项目的质量

质量在信息系统的管理中起着举足轻重的作用，它的好坏直接关系着档案管理机构的根本利益，同时也影响着供应商和开发商的声誉，应该说参与项目的每一个成员都希望获得高质量的实施效果，这也是客户的最终满意度指标。在信息化的过程中，要想保证产品的质量，就必须严把质量关，落实阶段目标，只有保证了每个阶段的质量，才有可能保证最终的项目质量。另外，由于参与项目的多方机构和人员对信息化项目的认知程度很难达到完全的统一，质量的标准也不完全一样，即使用户在当前满意，也可能在短时间内改变满意度，因此，加强开发商与用户的沟通、交流并达成共识仍然是保证项目质量的有效方法。

二、系统的规划

系统规划是项目工作的前瞻性、全局性和关键性的第一步，档案信息化建设的高层行政管理人员和高层信息管理人员是系统规划的主要成员，其主要任务是确定系统实施的目标、系统的体系结构、系统实施方案和实施过程的资源计划，因此参与系统规划的人员对档案业务、现代化管理和信息技术的掌握程度，以及他们的创新精神和务实态度，是有效开展系统规划的基础。

系统规划阶段所做的主要工作有：工作团队的组织、系统实施的进程计划、信息系统部署方案的确定以及资金的分配使用方案，还包括人力资源、行政管理、技术支持的协同以及对项目实施过程的风险估计。

三、系统的开发

系统开发是信息系统建设工作的核心，这一阶段的工作是由承担信息化建设的软件供应商来完成的，档案业务工作者的主要任务是提出目标阶段的需求，档案馆的技术支持人员则在业务工作者和开发人员之间起到沟通桥梁的作用，并解决系统开发过程中的问题。

分析市场的需要是项目开发的最终目的。因此项目开发的基本任务是了解市场需要什么样的软件系统，该软件系统具有什么样的功能，这些功能的优缺点是什么等。尽管项目在启动时已经确立了系统的目标，但这个目标相对来说是宏观的、大概的，具体一些细节的内容并不明确，因此明确需要将会对目标系统提出完整、准确、具体的要求。

需要分析阶段主要涉及三类人员，即档案业务的管理人员、管理信息系统的研发人员、系统的实施人员，这一阶段的主要任务是加强沟通和交流。这一阶段对档案管理人员的要求是能够准确地描述当前及未来业务的发展需要，系统分析并能够准确地理解、认识业务的需求，必要时可以借助自身的工作经验对客户进行启发和诱导，让他们说出自身更深层次的业务需要，来指导今后的开发工作。需求阶段的工作内容主要包括以下四个方面。

（一）组织结构的调研与分析

了解用户单位当前的机构设置与管理模式，充分分析其利用的合理性、完整性及运作的有效性，用以确定信息系统的体系结构，包括系统的运行结构、功能框架结构和系统的总体部署方案。

（二）对实际需要的调研分析

以用户的需要为出发点，充分考虑用户对软件的实际需要，编写可满足用户需求的规格说明书以及用户手册，表述对目标系统外部行为的完整描述，需求验证的标准，用户对系统的性能、质量、可维护性等方面的要求，以及用户界面描述和目标系统的使用方法等。

（三）信息化现状的调研分析

在充分调研的基础上，了解归档单位与档案馆目前的硬件和软件运行环境、当前应用系统的使用情况、当前的数据格式和数据规范性、数据处理的方式等，分析需求开发的继承接口系统的内容和功能、数据迁移和数据导入导出的需求，确定进行二次开发或进行系统实施过程中的具体工作和任务以及软硬件系统的需求。

（四）对需要的检验过程

系统分析人员需要在档案管理人员和系统软件的配合下，对自己生成的需求规格进行检验，保证软件需求的全面性、准确性、可行性，以获得档案管理人员的认同，并对需求规格和用户手册的理解达成共识，达成对目标系统理解的一致性。发现问题及时解决。

我们所做的需求信息的获取、需求的分析以及编写需求规格、需求说明等工作是相互渗透、增量并行和连续反复的，其工作的过程主要包括以下几个方面：首先是系统分析人员和档案业务管理员开展面对面的交流，记录用户提供的信息，即开展信息的获取活动；其次是系统分析人员对获得的信息进行分析归类，并将客户的需求同可能的软件需求相联系，也就是开展需求分析活动；再次是系统分析人员对档案业务需求信息进行结构化的分解，编写成文档和示意图，形成需求规格的说明书；最后是组织档案管理业务的代表评审文档并纠正其错误，完成需求的验证工作。以上这几个过程由浅入深、循环往复，渗透到客户业务系统的各个环节，并贯穿于需求分析的整个工作过程，直到双方对目标系统的功能、流程接口、数据、操作等多方面达成共识后，需求分析阶段的任务就结束了。此时并不是说业务需求就不会发生任何的变动，这只是需求的"相对锁定"。

四、系统的设计

系统的设计是基于需求分析的工作成果，对于系统做深层次的功能分析实现流程设计，分析总结出行之有效的系统实施方案，使整个项目在逻辑上和物理上得到良好的实现，从而实现对最终目标系统的准确架构。

（一）系统的设计

软件系统设计的首要任务是体系结构的设计，在此设计的基础上逐步完成详细的设计工作，把设计的风险降到最低程度。虽然一个良好的软件结构不一定能产生令人满意的软件，但一个非常差的软件结构设计一定会导致软件项目的失败。因此我们应高度重视软件的设计工作。

（二）软件的编码

编码就是软件系统实例化的具体过程，即把系统设计的结果翻译成某种程序设计的语言编写的程序及信息系统代码编写的具体工作。这一阶段的任务是将需求分析和系统设计的结果与内容转换为用户需要的实际应用过程。

（三）系统的自测试

软件的测试是系统开发过程中非常重要的环节，是系统实施阶段的一项重要工作，开发人员进行系统自测试的目的是尽可能地发现和修改系统设计和系统编码中的错误，开发人员自测试阶段发现的问题越多，交付的目标系统的质量就越高，后期纠错型的维护工作就越少。

在实施和应用档案管理信息系统时，软件开发的执行人因项目的开展方式不同而有所区别。如果是自主研发的，是本单位内部技术人员在开展系统设计、软件的编码和测试工作；如果购买商品化的软件实施方案，则一般的供应商已经根据档案业务的共性和标准流程开发出管理信息系统的原型产品，本阶段的主要工作是用户在熟悉和使用商家产品的基础上，更多地按照自己的需求对系统进行功能、性能等方面的测试，最终确定商家的产品是否满足目标系统的要求；如果采用自主开发和商品化应用相结合的方式，也同样执行以上三个环节的内容，并对商家提供的产品原型进行改造，以适应本单位业务管理的需要。

五、系统的实施

系统实施的主要任务就是软件系统的客户化定制过程，这一时期的主要任务是建立能满足需要的软件系统。其工作的内容主要包括客户化的定制、系统的测试、系统的试运行等，另外还包括数据的导入与客户的培训等工作。系统实施阶段主要包括以下三方面的任务。

（一）对软件系统的针对性定制

对软件系统的针对性定制主要包括四项内容：一是框架定义，即根据用户的业务需求建立系统总体框架结构，如按照档案的门类进行系统分类，或者按照信息分类方式或者按照用户自己的管理方式进行分类定制；二是数据库结构定义，即按照每一个档案门类确定其属性、操作方式等；三是业务流程的定义，即按照用户对档案业务流程的要求定义系统的功能；四是用户模型定义，即按照实施单位用户操作系统的功能和数据权限建立用户模型并授予其操作权限。

（二）数据的整合

在系统的使用过程中，数据的迁移、载入等工作是需要软件的供应商来帮助完成的，而用户单位的主要工作是定制数据的管理规则，严把实施过程关，并建立严格的档案保密措施，保证档案信息的安全。这一内容是实施过程中工作量较大的部分，是最容易被忽略的部分，同时也是最容易出现问题的部分。档案管理部门应充分认识到这一点，并在实际工作中引起足够的重视。如果原有的数据不能安装到系统中，新系统的实施工作就等于失败。

（三）系统的检测试用

当客户定制了新的软件系统，并把原有的数据迁移、装载完成后，一个新的应用系统就算建立起来了。在这一工作完成的过程中，首先由供应商或软件开发人员对系统的原型进行全面的测试，测试的过程中一定要按照软件的要求严格进行，由建立单位严格把关，并从专家的角度提出测试意见和改进意见；其次由用户单位的档案管理人员根据最初双方形成的分析报告中规定的系统功能进行测试，如果测试没有问题则进入试运行阶段。

对用户来说，试用和测试新软件的过程非常重要，它不但是检验软件系统的过程，同时也是对一个系统学习、理解和接受先进管理理念的过程，要求所有的用户积极地参与并提出合理的建议，以便软件开发商对软件中不合理的部分及时改进，通过不断地升级更新，试运行一段时间后确定一个用户系统运行的版本，达到最终满足用户需要的目的。

六、系统的应用和培训

（一）对管理人员的培训

根据档案管理系统对各类管理人员的要求，结合用户对计算机操作系统、网络知识、数据库知识的掌握程度，根据信息系统的管理人员的工作内容进行分期培训，以适应新系统对档案用户的要求。

（二）系统的操作培训

结合 AMIS 用户操作手册，对用户进行有针对性的培训，确保每个用户都能够在自己的权限范围内完成正常的系统与业务操作。在对业务人员的培训完成后要进行上岗前的考试，目的是督促其掌握培训内容。在系统各级操作人员对应掌握的内容都掌握后，用备份的数据库文件替换用户培训时使用的数据库文件，将系统投入试运行。

（三）系统信息的归档

一是整理此次系统实施的架构模型，特别是基础数据表、工作流程，形成本单位独有的系统运行模式，并将本单位的数据库结构进行拷贝、归档；二是建立客户信息档案，将其基本信息、实施情况、使用系统版本情况等进行归档，同时将数据库结构进行归档，为以后系统的升级维护奠定基础。

（四）系统的实施切换

当用户得到一个可以真正接受的系统后，就可以实施系统的正式切换，也就是说可以正式利用新系统开展工作。为了保证数据的准确性以及防止数据的流失，在应用新系统开始工作后不能急于将原有的系统毁掉，应继续保留一段时间，在确保没有丢失数据后再彻底停止对原有数据的使用。系统切换的过程中，一定要将系统试运行阶段的部分数据及时装载到新系统中。

七、系统的检测和验收

档案信息系统项目的验收标志着该系统已经得到用户的认可，同时也标志着实施工作将要结束。在这一阶段项目实施单位的工作内容包括：在此项目实施的过程中有一些特殊的信息资料，如增加了新的档案类型的数据库模板、增加了新的功能模块等，要及时进行整理，以便归档。整理可以作为项目验收依据的相关资料，如使用说明书变更登记、用户手册等。另一项工作是编写项目验收的文档，结合项目合同和需求说明书的内容，整理出验收的内容以及目前的运行情况及验收的标准。

这一阶段客户方的主要工作内容包括：成立项目机构，其主要职责是按照验收申请报告、目的合同、系统试运行报告、需求说明书等材料，结合系统现场使用的情况和递交给用户的资料情况，检查实施工作是否达到了合同中规定的要求。另一项工作是进行项目的验收。由项目验收机构对系统实施的现场进行实地考察，检查各项实施工作。如果各项工作都已达到了合同中规定的要求，即可以验收通过。对于不符合要求的项目要提出改进和完善的建议。

八、对实施系统的评价

档案信息系统投入使用并运行一段时间后，用户和开发商可根据双方的合作协议及共同认可的需求分析报告、系统设计方案及相关要求，对系统进行综合分析与评价。评价的内容主要从实用与适用的程度，分析较之以前手工管理方式效率是否有明显的提高，目前已解决了哪些问题，使用是否方便，是否达到了预期的效果。如果与最初设定的目标相差甚远，尽管满足了一些实用功能的要求，也不能算是有效的实施。当然在最初设定阶段目标时，也应该采取比较现实灵活的态度，采取由小及大的方法，不断扩大成果的应用范围。

一般情况下衡量管理信息系统是否成功主要有以下五种情况：

第一，档案信息系统实施完全成功，即项目的各项指标都已经完全实现或超过了预期设定的目标。

第二，档案信息系统的实施是成功的，即项目的大部分目标已经实现，基本上达到了预期的要求。

第三，档案信息系统的实施只有部分成功，即项目实施实现了原定的部分指标，没有达到预期的目的。

第四，档案信息系统的实施是不成功的，即项目实现的目标非常有限，根本没有达到预期的目标。

第五，档案信息系统的实施是失败的，即项目的目标没有实现，必须终止项目。

总之，对档案信息系统的评价结论是档案工作者应该十分重视的工作之一，应当从评价信息中获得档案管理信息系统实施过程中的经验和教训，以提高今后系统建设的成功率。

第八章　现代高校档案信息化管理实践
——以 A 省高校为例

第一节　A 省高校档案信息化的调查情况

通过对 A 省 11 所高校的档案馆馆长进行访谈，收集相关的数据信息得出：随着档案信息化改革步伐的不断推进，A 省高校在档案信息化的设备和档案信息化管理制度上都取得了十分显著的成效。但是，由于档案信息化程度低，档案信息化管理的监督和指导力度不够，目前 A 省高校档案信息化管理依然存在问题。针对当下 A 省高校档案信息化管理过程中所展现的问题和取得的成果，主要从管理主体、管理客体和管理制度三个层面，进行问卷调查并对收集上来的数据进行分析，大体上了解了当下高校档案管理的基本状况。

一、管理主体层面

（一）档案信息化管理人员的数量

档案信息化管理是经济时代下的产物，是一个不同于其他领域的新兴领域，在档案信息化建设和可持续发展的问题上，相关人员在其中扮演着越来越重要的角色。高校应该更加注重培养与档案信息化管理相适应的管理人才，从而更好地满足档案信息化管理人员方面的需求。另外，档案信息化管理是一项体系化的工程，因而，有关合理结构化队伍的构建工作显得尤为重要。通过对 A 省 11 所高校档案信息化管理人员的构成概况进行调查，结果显示，90% 以上的学校都配有档案信息化管理人才。

（二）档案信息化管理人员的基本结构

对 11 所高校档案信息化管理人员的基本情况进行调查，调查结果如下：

年龄结构方面，89% 左右的档案信息化管理人员的年龄都在 50 岁以内，档案信息化管理人员队伍年龄结构较年轻化，其相对较合理。

学历结构方面，73% 的档案信息化管理人员的学位都是在硕士及以上层面，学历水平较高，学习能力较强，与档案信息化管理工作相适应。

档案信息化管理人员工作年限方面，高校的档案信息化管理人员从事档案信息化工作基本在 20 年以内，有的已经有 20 年的工作经历，在工作中积累了丰富的经验，能应对工作中出现的各种问题，专业化水平较高。

参加工作后，89% 左右的档案信息化管理人员除了在日常工作中学习之外，还参加了学校等其他单位组织的有关档案信息化管理工作的培训，不断提高自身的档案信息化管理水平，从而提高档案工作的效率，提高各高校档案信息化管理的水平。

（三）档案信息化管理人员的重视程度

对于档案信息化管理的工作，需要档案工作相关人员重视起来，才能去克服重重困难。不仅是档案工作人员，学校作为档案管理工作的主体，也应该认识到档案信息化管理工作的重要性，这样学校才会投入相应的资金，才会引进先进的技术，才会配置档案信息化设备，才会将提高档案信息化人员的积极性提到学校的日常工作上来，从而提升档案信息化管理的整体水平。

档案工作不仅是对过去和现在所发生事件的一种记录，对将来的工作也具有一定的指示作用。高校档案信息化管理工作是一场持久战，需要相关人员花费大量的时间和精力去完成，需要投入相应的费用，将档案管理变得信息化、变得更加高效化，而这显然与当下高效的、一切工作都要立竿见影的社会背景格格不入，短时间内看不到成效，这就是档案管理工作存在的弊端。因而，才更考验一所高校对档案信息化管理的重视程度。

要想做好 A 省高校的档案信息化管理建设，就要做到有的放矢，确立正确的目标，针对 A 省高校的档案认知程度，将档案信息化管理的研究正式化、专业化。对高校档案信息化管理意识的调查结果显示，11 所高校都有专门的档案经费；90% 的高校都将档案信息化管理纳入学校整体规划并启动，同时对档案信息化进行了宣传；80% 的高校对本学校的档案信息化都有监督和指导的权利。但从中也可以看出，只有 55% 左右的高校成立了档案信息化组织机构。

二、管理客体层面

（一）档案信息化管理软硬件设施情况

档案信息化管理研究的最终目的，是要把档案信息管理技术运用到实际的档案管理工作中去。如果单纯依靠工作人员手工来进行档案管理这项工作是非常烦琐的，既浪费时间，又浪费精力，而且效率极低，所以档案信息化管理也就体现出它的优势来了。档案信息化管理拥有手工操作没有的自动性、实时性、网络性等特性，而且信息化管理还可以重复利用，一次录入可多次使用，还能做到实时搜索和查找，达到一劳永逸的效果。高校要实现以上的效果，除了录入数据外，还必须要有档案管理相关硬件设施和设备，物质基础是一件工作必需的条件。除了硬件以外，还必须有相关的软件支持，这就需要档案信息化管理人员依据当下高校档案信息化管理的特点去开发相关的软件系统。只有软件系统和硬件设备相匹配了，才能更好地应用于档案信息化管理的工作。在此基础之上，档案信息化管理人员还要想办法与外界网络相结合。如果单纯地做一个只能应用于高校自身系统的软件系统，不与局域网外的互联网相联系，迟早是要被淘汰的。在这个信息化高速发展的时代，云系统已经成为一种时代潮流，所以我们必须建立一个与外界网络相通的完整系统，这样才能跟上社会的发展步伐。

无论是硬件设施还是系统软件，都要保证它们自身的完整。硬件设备对于档案信息化管理工作是必不可少的，包括计算机、交换机、打印机、服务器、存储设备、安全防护器、光盘、软盘以及路由器等。系统软件是内部运行的保障，包括计算机的数据库管理系统、操作系统软件、语言翻译系统、监控系统、安全管理系统、杀毒系统、调试系统、存储系统，还有外网、内网和专网等其他系统的开发和建立等。然而，仅仅做到这些是不够的，归根到底，档案信息化管理系统的运作依靠的还是计算机网络，网络作为档案管理和档案查阅的重要途径，对档案信息系统的影响是根本性的。

调查结果显示，11所高校基本具备了档案信息化管理的相关设备。其中服务器、计算机和扫描仪等档案信息化相关加工设备，不管是在数量上还是在功能上，都能与各校的档案信息化管理工作相适应，能够满足各校档案信息化管理工作的需求。但美中不足的是防磁声像柜等数量不足，甚至45%左右的学校都没有购置这种设备。

（二）档案信息资源的开发和利用情况

当今社会，信息化的发展日新月异，大到国家部门的人员信息统计，小到街边超市的购物信息，作为现代的一种标志，已经逐渐地融入生活的每个角落，在社会的发展过程中占据着独一无二的地位。档案信息是高校最基础的信息，我们需要把档案信息管理视作高校管理的重要组成部分，如何利用好档案信息，发挥它应有的作用，为档案利用者提供更加优质的信息服务，是我们所需要探讨的。

高校档案信息的用途是非常多的，它涉及学校的历史、学生的信息、教师的资料、教育的方针等，可以说影响颇广，需要档案信息化管理人员慎重地开发和利用。开发是过程，利用才是最终的目的。开发就是把档案信息整理、归纳、分类、存储等一系列档案管理工作的过程，最终形成有价值的档案信息库；利用是以上整个过程的最终结果，开发服务于利用，是为了更好地利用档案信息，令其服务于学校、教师和学生，服务于学校的各种工作和活动。要想利用好开发的档案资料，就涉及编研，一个档案系统是否完整可靠，非常依赖于前期的编研结果。只有科学合理的编研，才能使档案信息更加有效、合理和可靠。正确的编研方法可以让信息的利用率大大提高，在后期使用中，不仅能使检索和查找的速度得到大幅度的提高，而且还会使档案信息得到保存。此外，查档人员还可以随时查到自己所需的档案信息。档案开发所开展的这一切活动，都是为更好地实现档案的信息化作铺垫。只有将档案充分地开发出来，才能更快地提高档案信息化的效率，而利用的程度则在一定意义上反映出档案信息化管理水平的高低。通过对A省11所高校的档案信息资源的开发、利用进行调查，得出以下结果：总体上讲，A省高校在档案信息资源的开发、利用方面已经有所作为。其中各学校都定期编写学校大事记、组织结构沿革等资料，并通过校园网增加宣传途径；90% 左右的高校有编辑并印发档案目录，进行照片以及声像资料的及时整理归档，所有这些活动都在为各校的档案信息化作铺垫，都是档案信息化最基础的工作，在这些方面 A 省高校基本落到了实处。

三、管理制度层面

（一）法律法规的学习及宣传情况

我国是一个依法治国的国家，法律的规范对人们起到了一种指导和引领的作用，法律是对人们行为的一种规范性指引，同时也规范着社会的各个方面。学校的档案管理工作也离不开法律的约束，遵守法律是每一个档案管理工作者所必需的基本操守。国家根据档案管理的特点制定了全面的法律法规，涉及了档案的收集、管理、保密、使用等诸多方面。档案管理的法律法规的内容包含了国家最高立法机关依据宪法制定的档案法律、法令和各种法律，也包括地方性行政机关、司法机关等依据宪法制定的一系列规范性文件，如纲要、章程、办法、方案、决定、规定、指示、指令、细则、通知等。国家还在纸质档案数字化方面进行了改革，淘汰了那些落后的信息管理技术和设施，改换成了利用数字化来管理档案，适时修订了 DA/T 31—2005《纸质档案数字化技术规范》，对纸质和数字化之间的关系进行了调整，对档案管理信息数字化起到了非常关键的作用。

（二）规章制度的制定及执行情况

制度，即规章制度，是用人单位按照单位特点依法制定的对单位人员进行约束和管理的规则与制度，也被各个单位和企业认为是企业内部的"法律"。规章制度涉及范围之广，包含了单位和企业日常工作中的各个方面。学校管理者根据本学校的情况制定的一套完整的规章管理制度，即高校的管理制度，它是保证高校平稳运作的关键因素。2008 年 9 月 1 日，教育部和档案局依照法律有关规定，颁布实施了《高等学校档案管理办法》。这一举措使得档案管理工作的进行有了法律的参照和保驾护航，《高等学校档案管理办法》中明确规定，高等院校必须建立起完善健全的档案管理、审核和考察制度，高校领导要对档案信息管理工作进行定期的检查和总结，把每个岗位具体分工，不滥竽充数，不断完善工作人员的考察制度，提高工作人员的素质，这是档案信息化改革进程顺利进行的保证，是评价高校的档案信息化管理水平高低的重要标准。档案的信息化管理工作要按照这些原则，按部就班，建立一个集收集、整理、录入、归档、保存以及检索于一体的科学的档案管理规章制度，让每一个信息都有它的来源，让每一份资料都有它的依据，让档案工作每一项决定都有章可循、有理可依。

通过对 A 省 11 所高校的档案信息化相关管理制度情况进行调查，调查结果得出：学校都根据自身的实际情况，量身定制了一些与之相匹配的档案管理制度，尤其在保管、保密、利用制度方面制定得特别详细，落实情况也很到位。但在鉴定、销毁、归档、电子设备维护运用制度方面还存在漏洞，相关的制度还不是很健全。

第二节　A 省高校档案信息化管理的现状分析

一、A 省高校档案信息化管理取得的成果

（一）档案信息化管理人员队伍基本合理

1. 管理人员队伍年龄结构较合理

档案工作人员的整体素质是衡量一个高校档案信息化管理工作发展水平的重要指标，没有合理的人员结构，档案信息化的持续性发展将无从谈起。这就要求档案管理工作人员要不断学习，提高自己的专业水平，不仅要熟悉档案信息化管理的基础知识，还要强化自身的计算机系统的操作水平。

在信息高速发展的时代，档案信息化管理的任务已不仅仅是主要负责信息化工作人员的责任，而且是所有档案工作人员共同的责任。通过对 A 省高校的所有工作人员的年龄结构的调查，得到如下结果：80% 以上的档案工作人员都在 50 岁以下，对高校档案信息化管理工作具有一定的经验，对档案信息化管理模式的接受能力很强，能熟练掌握现代化的管理技术，对工作有很高的热

情，而且思想转变较快，创新能力强，这些都有利于推进档案信息化的进程，促使档案信息化管理建设健康、快速地发展。

2. 管理人员队伍能得到一定的培训提升

随着高校档案信息化管理工作的逐步推进，档案种类变得越来越多，工作量不断加大，档案信息化管理的人才缺口也慢慢扩大，这就需要我们拥有一批素质过硬的专业性人才。不仅仅是档案信息化管理的人员，学校档案馆的其他工作人员也是不可或缺的。作为档案管理工作的主体，只有人才队伍不断壮大，才能更好地促进档案信息化管理建设。

作为档案管理工作者，应该努力提高自身素质，加强自主学习的能力。通过对 A 省高校的调查，发现档案工作者的自主学习性主要体现在以下两个方面：接受新事物，学习新技术，敢于创新，不断学习先进的档案管理理念；善于分析在日常工作中得到的成就和发现的不足。另外，各大高校还制定了常态化的档案人员学习培训的课程，定期对档案人员进行培训，培养他们现代化、信息化和网络化的现代思维，以适应高校档案信息化管理工作的需求。

3. 学校领导和管理人员重视程度高

高校档案信息化管理是指在高校档案管理过程中，充分运用现代信息技术和科学的管理理念，着力将高校档案的管理模式由以档案实体管理为主转变为以信息化档案治理为主，从而大大地提高信息化档案资源的管理、利用、服务的效果。

经过对 A 省高校的调查和分析，发现学校的领导除了重视提高教学质量、培养学生能力、加强基础设施建设外，还十分重视高校的档案信息化管理工作。作为一所学校最基础的环节，档案信息化管理的发展已经被 A 省高校的领导提上了日程，提出了诸多改革措施，例如：资金的投入、基础设施的建设、现代化管理人才的培养、档案管理制度的制定和档案信息化未来的走向等。档案信息化管理的工作已经被列入学校的发展大方向，并尽最大努力保证档案信息化建设的顺利进行。A 省高校档案工作人员也以严谨的工作态度，认真贯彻落实学校领导的意见，配合并积极完成高校档案信息化管理工作，促进档案信息化管理的发展。

（二）基本具备高校档案信息化管理的设施基础

1. 档案信息化管理软硬件设施基本齐全

档案信息化就是以计算机网络的管理方式，将纸质档案转化为数字信息档案来实现档案利用目的的过程。档案信息化管理以档案基础设备为前提，若没有软硬件设备和技术系统的支撑，档案信息化管理的工作就无法开展。通过对A省高校的调查发现：高校加大对档案信息化管理相关的软硬件设备的资金投入，在计算机的配备上达到了人手一台的水平，在扫描仪、打印机、信息系统等方面也迎合了档案信息化管理的需求，极大地推动了A省高校档案信息化管理的进程。

2. 具备了一定的信息网络基础

网络在档案信息化管理中扮演着重要的角色。在网络日益发达的今天，各项工作的完成都在一定程度上依赖网络，档案的信息化管理工作也不例外。例如，档案信息化管理人员之间信息互传和文件往来，对于档案信息资源的向外传播等。通过对A省高校用于档案信息化管理的计算机网络情况的调查显示：A省高校的计算机都连接了学校的内部网络或外部网络，高校档案信息化管理朝网络化的方向获得了前所未有的发展，这是档案信息化管理发展趋好的典型象征符号。

（三）档案开发利用模式较完善

1. 档案开发利用的内容丰富

在信息技术迅猛发展的现代社会，高校档案利用者对档案资源的需求量逐日增加。通过对各学校档案馆馆长进行访谈发现：A省高校的档案管理人员在档案信息化管理工作中充分利用档案网页和网站，不仅在高校档案网页或网站上提供馆藏简介、新闻等信息，并对这些信息予以实时更新，而且利用网络手段对本校档案的归档范围进行了分类汇总和详细的阐述。从档案的归档范围可以看出其开发利用的档案资源很是丰富。

2. 档案开发利用的方式多样化

档案管理的最终目的是档案的利用，这就是档案利用服务工作，简称"档案利用工作"，档案的利用是所有档案工作的终点。

为了向社会展示一个学校的历史面貌、科研成果和教学成绩，A省高校多次开展了各种展览会，如校史展览、科技展览、文化展览等，档案管理在其中作出了极大的贡献，这就是档案开发利用的一种方式。高校档案管理机构还着力对档案管理工作的服务方式进行了改革，从检索工具式服务转向网络化、多途径式服务，从查阅式服务转向咨询式服务，从被动服务转向主动、超前服务，并推出了档案管理人员和利用者之间交流的方式和方法，使档案的利用服务工作变得更亲民、更实际化。比如，利用现代的一些网络社交方式等，让档案利用者可以和档案管理工作人员面对面地联系，在网络上创办相关网站和论坛，每天对网站信息进行更新，让利用者可以掌握第一手档案资料。网站的浏览和查阅者必须实名注册，而且需要管理人员的授权，防止出现不法分子盗取本校档案信息的情况发生。

二、A省高校档案信息化管理存在的问题

（一）档案信息化基础设施配备不健全

档案信息化简单来说就是用数据的方式去替代信息文字，利用计算机这一媒介去记忆和储存这些档案信息，同时还能以网络的方式进行管理运用。因此计算机等电子设备是档案信息化管理的物质基础，是所有档案工作能够开展的根基，没有了电子设备作支撑，档案信息化将无法进行。信息化管理和传统的档案管理有着很大的区别，以前的档案管理都是档案管理人员利用手工的方法把档案信息记录和保存在纸质档案上，在保存期限上有一定的限制，不利于档案信息的长久保存。而档案信息化管理是把档案资料转化成电子文件，一次录入永久使用，以实现档案管理的自动化和网络化。

A省高校虽然在硬件设施上有一定的物质基础，比如计算机的数量较为充足，基本可以让档案管理工作人员达到一人一台计算机的水平，但在其他设施方面就稍显不足，比如服务器、扫描仪、打印机、复印机的数量不是很多，防磁声像柜以及其他数字化设备更是少之又少，这为档案信息化管理的工作增加了一定难度。

（二）专门的档案信息化管理机构不完善

通过调查发现：A省高校中D大学成立了档案资源建设部，主要进行档案

的收集、著录、数字化和标准化工作；E 大学专门成立了数字化部，主要负责数字化项目的规划，档案数字化标准与管理制度的建设，具体实施纸质档案数字化扫描，学校电子档案的收集、鉴定、整理和归档，协助馆领导进行全校立卷部门的档案工作年度考核等工作；F 大学专门成立了信息技术室，主要职责为结合数字校园工程，研究"数字年鉴系统"，完善档案数字平台，推进档案存储数字化和利用网络化，研究通过移动终端和远程服务，最大限度满足利用者需求的途径和方法，研究档案数字化加工及服务过程中信息丢失、外泄和秘密泄露的防范措施，研究确保电子文件、电子档案长期保存和利用的途径与方法，推进档案信息管理系统安全保密防护体系建设。但同时也看到有 50% 的高校未设立专门的档案信息化机构，档案信息化管理机构的缺乏在一定程度上也会影响档案信息化的进程。

（三）档案信息化管理模式较落后

通过对 A 省高校的调查发现，目前大部分高校对档案信息资源的管理采用混合的管理模式，只有一部分档案资源实现了信息化、采用了信息化的管理模式，而整体上还未完全实现信息化管理。

（四）档案信息化管理制度不健全

制度是一个部门永葆生命力的保证，所以档案信息化管理必须予以制度化、规范化，这样才能有利于档案管理信息化的发展。著名档案学专家李白玉曾指出："高校档案信息化建设之路势在必行，档案管理的工作变得标准化和规范化，是档案管理工作顺利进行的保证，是高校实现档案管理工作最有效的方法，可以有效地推进档案管理科学发展的进程。"在对 A 省高校的调查中发现，各个高校也十分重视规章制度的建立，具备了比较完善合理的档案管理相关规章制度，但从档案信息工作人员和使用者的反馈来看，档案信息化管理制度还不健全。比如档案的鉴定、销毁、归档和电子设备维护运用方面还存在许多不足。文档的鉴定上，缺乏一个正确的标准，很难让工作者去判断档案信息的价值；档案的归档上，归档的日期、范围、分类还是不够细致，这就容易导致档案的错分和漏分。有的学校甚至没有关于档案销毁方面的规定；档案的借用和归还方面还存在许多漏洞，由于系统的限制，有的档案资料的批准借阅权限设置得不是很完整，借阅者遗失资料以后应该怎么弥补，都没有详细说明；还有电子设备的维修和保养方面没有明确的时间和标准，忽视了对硬件设施的保护。

三、档案信息化管理存在问题的原因

（一）档案信息化管理的监督力度不够

监督，作为一种管理手段，其方式就是在规章制度允许的情况下，对工作人员在工作过程中的各种行为进行监视，做到合理合法的监督，最终提高工作人员的工作效率。监督力度不够会在一定程度上使得 A 省高校档案信息化管理工作开展不到位，不能最大限度地发挥其作用，进而影响档案信息化的进程。这就要求在今后的档案信息化管理工作中，必须要抓好信息化建设的监督工作，时刻关注档案信息资源数据库信息变化等问题，为信息化管理工作的有序开展保驾护航，确保其工作得以顺利进行。

（二）档案信息化管理的指导力度不够

重要的指导性意见可以让信息化管理工作少走弯路，提高工作效率，减少不必要的错误。缺乏对档案信息化管理工作的指导，就会导致在档案信息化管理工作中遇到的任何问题都由信息化部门来解决，这无疑可能导致决策失误等问题，进而影响档案信息化的进程。上面所提到的问题在一定程度上都是指导力度不够的结果。例如在对档案进行信息化的过程中，高校对其缺乏指导，可能导致一部分档案因档案本身信息化管理有难度，而档案工作人员不知如何将其进行信息化管理等原因，造成部分档案未被进行信息化管理的问题，进而影响档案信息化管理的水平。因此，A 省高校各职能部门应根据自身的能力，为档案信息化管理工作提出可行的指导性意见。

（三）档案信息化程度低

档案信息化程度低是档案信息化管理存在问题的重要原因。由于档案信息化基础设施不完备、档案信息化相关制度不完善、档案信息化程度较低下、档案信息化基础设施不完备，导致有的档案无法进行信息化，从而阻碍了档案信息化的进程。

第三节　A省高校档案信息化管理优化策略

一、提高档案信息化程度

（一）健全档案信息化基础设施

档案的信息化管理的建设之路是一个"大工程"，不仅耗时耗力，还需要非常高的投入，前期的工作尤其耗费财力，需要投入大量资金购置相关软硬件设备。档案的信息化建设很难在短期内看到成效，它是一个需要长期坚持的过程，一旦前期的基础设施与当前档案信息化管理工作水平不相适应，就会导致后期的工作难以维系，严重影响到档案信息化管理的进程。从对A省高校的调查中发现，各个高校的基础设施都已经初具规模，但从软硬件设备的数量和质量来看，相对不够完善，其中的关键性设备，如防磁声像柜的数量就寥寥无几。A省高校还需加大投资力度，让基础设施得以保证，为档案信息化的管理保驾护航。

（二）成立专门的档案信息化管理机构

高校档案信息化管理机构是专门为档案信息化管理而设立的，不管在人员的管理上，还是在设备的配备上，都有一定的专门性，其目的在于更好地开展学校的档案信息化管理工作。学校应根据自身的办学水平等情况，将档案信息化管理机构的成立工作纳入学校的长短期计划和学校发展的总体计划中，投入相应的资金，成立专门的档案信息化管理机构，从而更好地进行专业分工，提高工作的效率和档案信息化管理的水平，促进高校更好地发展。

（三）推进以信息系统为主的管理模式

档案信息系统是档案信息化管理的灵魂，必须不断加强和完善档案的信息系统，逐步推广以信息系统管理为主、人工管理为辅的新型档案管理模式。有的高校已经具备了发展这种新型档案管理模式的条件，完全实现了信息化的管理模式，但有些技术稍微落后的高校还没办法达到发展要求，则采取混合管理的模式。所以在接下来的进程里，要以发展这种新型管理模式为目标，在遵守档案信息保密制度的前提下，不断强化系统的更新和改良，努力地改善档案信息系统的服务能力，让高校师生、社会各界可以更好地享受高校的档案资源。

（四）加大对档案信息化管理的监督和指导

监督和指导可以让工作进行得合乎规范，让工作人员提高工作的积极性。客观上来说，档案信息化管理尤其需要上级部门和学校领导的监督与指导。学校领导和上级部门是档案信息化管理的主心骨，除了鼓励档案信息化管理的建设外，还要做到统筹安排、加强监督。上到法规制度管理，下到基础设施建设，必须要把档案信息化管理的工作规范化、程序化。让工作人员有针对性地进行业务管理，力朝一处使，坚决惩治部分工作人员工作懒散、不负责任的情况。建立一个对于档案工作人员的综合测评系统，提高工作人员的积极性和专业素养，及时淘汰那些不务正业、专业素养低下的工作人员，防止滥竽充数的情况发生，为档案信息化建设提供一个良好的专业团队。

对档案工作的监督和指导，是保证档案信息化管理顺利进行的一项必要条件，能起到非常好的引导作用。

二、健全档案信息化管理制度

（一）完善归档和电子设备维护运用制度

档案信息化管理就是一个把纸质档案转化成电子档案的过程，或者说不通过纸质档案这个媒介，直接录入成电子档案并对其进行管理的过程。电子档案相对于纸质档案有着得天独厚的优势，它比纸质档案更加方便、快捷、准确和灵活。不仅如此，在信息的更新和补充方面更加地灵活，既能保证档案的准确录入，又能保证完整地归档和保存。由于传统的纸质档案存在查找麻烦、保存不便等缺点，在某些方面必将被电子档案所替代。所以，在档案信息化管理的过程中，要确保归档制度完整，确保纸质档案和电子档案都能很好地实现归档，从而实现"双轨归档"。

档案信息化管理对学校的电子设备有着极高的要求。首先，电子设备本身就存在折旧的问题，再加上各种意外或者操作不当问题的存在，这就使得电子设备的使用寿命不断降低，所以我们要及时地检查维修电子设备，平时也要做好设备的保养工作，保养是决定一个设备寿命长短的重要因素。要制定相关的设备管理制度，从制度上要求工作人员，尽量减少因设备问题对档案信息化管理工作产生的不良影响。

（二）完善档案的鉴定与销毁制度

档案鉴定是档案管理中较为专业的一个环节，它对档案的性质具有非常重要的决定性作用。它不但肩负着对档案的价值进行鉴定的责任，而且也肩负着对档案的性质做出仲裁的重任，即把那些经鉴定后被认为"有价值"的档案进行保存，而对其他被鉴定为"没有价值"的档案进行销毁。关于档案的鉴定，许多著名的学术书籍中都有提及，其中《档案工作基本术语》《电子档案管理基本术语》这两本书明确地提出了档案鉴定包括两大方面：一方面是鉴定档案的真假，主要包括档案的完整性、安全性、真实性和可用性；另一方面是鉴定档案的价值，换言之就是档案之于社会是否有其存在的价值。按照一定的原则和方法，确定档案资料的有效期限以及档案的真伪、用途、质量等，取其精华，去其糟粕，把那些无用的、不真实的、没有保存价值的档案从档案系统中移除，即把档案销毁。因此，A 省高校应根据自己的实际情况，制定符合自身情况的档案鉴定与销毁制度，做到有据可依，以更好地实现高校档案信息化管理，提高档案信息的存储和检索效率。

（三）完善档案的利用制度

档案管理的工作归根结底是为了让档案资源可以得到充分地利用，为了更好地服务于社会个人和社会团体，这是档案管理工作的最终目的。但是在档案资源利用的过程中，不免会产生一些漏洞，造成了档案资源的泄露，这就会对整个档案系统产生极坏的影响。所以在档案信息化管理不断推进的过程中，要制定相关的法律法规和规则制度，不断完善档案的利用制度，保证档案信息不被泄露，从源头上杜绝此类事件的发生。做好档案信息的保密工作，就是给档案信息化的管理工作撑起一把坚固的保护伞。

第九章 现代区县级档案管理信息化建设
——以 B 地区为例

第一节 B 地区现代档案管理信息化建设的现状及原因分析

一、B 地区现代档案管理信息化建设的现状

（一）机构人员方面

B 地区档案管理机构主要包括区档案馆和各机关、乡镇（街道）、区（园）档案室。内设办公室（挂信息技术科牌子）、业务指导科（挂法制科牌子）、行政服务科、征集编研科四个职能科室。2015 年档案馆新馆建成启用，馆内配备了现代化的机房和数字档案馆软硬件设备，是该地区最先进的档案馆之一。B 地区全区共有立档单位 87 家（包括 72 家市直、12 家乡镇、3 个园区），都建成了有制度、有人管、有库房、有实体的"四有"档案室。

在人员配备上，B 地区档案人才队伍相对薄弱。有些单位对档案管理工作不重视，没有专职的档案员，档案管理工作由其他人员兼职，这些人通常不具备专业的档案管理业务知识，档案工作只是临时性工作，有相关任务时就去应付完成，没有任务时就去从事其他工作，没有时间去进行专门的学习和业务培训，档案管理观念落后，业务不精，操作不规范。有些单位档案管理人员变动频繁，通常一个人刚刚开始熟悉业务，就被调离岗位，换人接手，新来的人又得重新熟悉学习。档案工作人员的不稳定致使档案管理无序，制约了档案事业的发展。

（二）基础设施方面

B 地区对档案管理信息化建设工作比较重视，数字档案馆建设项目列入了 B 地区信息化中长期发展规划。

1. 硬件设施

B 地区档案馆主机房采用封闭式管理，配备了常用电源和备用电源双路供电以及交流不间断电源，保障主机房的供电需求。机房内安装了门禁设备、视频监控设备、消防报警系统、七氟丙烷气体灭火系统、专用空调系统等安全防范系统。馆内配备了 4 台服务器，分别部署在局域网、政务网和核心数据库上。存储上配备了 4 套磁盘阵列柜，总容量达到 58.8TB，存储容量满足今后 10 年的数据增长需求。

随着系统的长时间运行以及数据量的增加，硬件方面的问题逐渐凸显。档案管理信息化对数据库和服务器有着较高的要求，需要不断更新维护。B 地区档案馆购置了一些必要的基础设施设备，但是受到资金的限制，基础设施仍然不完善。一是政务内网服务器以及互联网服务器没有实现冗余热备，一旦当前服务器出现故障，系统就会停止运行，影响正常业务的开展；二是网络入侵防御设备不齐全，只是在局域网上安装了防火墙和入侵检测设备，政务内网和互联网都没有安装，存在着一定的安全风险；三是 B 地区档案馆的数字化设备比较老旧，扫描仪等设备都已严重老化，难以满足当前档案数字化的需求。

2. 网络平台

B 地区数字档案馆系统共有三个网络平台，分别是局域网、政务内网和互联网。管理系统建立在局域网上，可以在局域网上开展数字档案收、管、存、用各项业务工作。数字档案馆室一体化平台建在政务内网上，可通过平台进行档案接收、档案利用和档案年检等业务。互联网平台上创建了门户网站，网站提供的数字档案利用服务主要有开放档案目录检索、政府公开信息查询、网上征集、网上展厅等。B 地区档案馆还开通了微信公众号，提供在线信息发布和预约查档服务。

3. 软件系统

B 地区数字档案管理软件系统可以在局域网和政务网上实现档案的接收、管理、保存和利用。

（1）接收

档案的接收包括在线和离线两种模式，在线模式下，通过 B 地区政务内网，立档单位可以向区档案馆在线移交目录数据和电子档案。离线模式下，立档单位通过专用移动硬盘或光盘向区档案馆移交目录数据和数字档案。

（2）管理

档案管理系统根据《档案著录规则》的相关要求，分别提供案卷目录著录功能和卷内目录著录功能，按照档号规则自动组织目录数据。系统内目录数据与数字档案一一对应，查阅目录数据时可以方便地查看和管理相应的数字档案。智能馆库系统提供实体档案全程管理功能，包括了实体档案调卷、出入库登记、档案位置管理、保管状况描述等。

（3）保存

B 地区数字档案馆系统提供了在线备份和离线备份功能。在线备份主要是采用双机热备的方式，当前服务器或存储发生故障时，系统可自动切换到正常的服务器和存储上继续提供服务。离线备份则是通过光盘打包和资源总库备份。数字档案馆系统的数据恢复功能与备份相对应，系统数据出现损坏时，可以使用最近的备份包实现数据的恢复。档案资源总库通过资源总库管理软件对EEP（擦掉全部程序）文件进行检测，可以检测出 EEP 文件丢失、损坏、不可读、篡改等问题，并根据检测结果，进行数据恢复。

（4）利用

B 地区数字档案馆系统满足了不同网络环境下的利用需求，在局域网可以提供前台查档、自助查档、档案阅览等服务；在政务网上利用检索子系统向用户提供目录查询、内容阅览等功能；在互联网上通过网站、微信公众号提供开放档案数据和政府公开文件查阅功能。为了规范利用馆内不开放档案数据，B地区数字档案馆提供了馆内利用审批功能，对不开放数据进行控制利用。

B 地区目前没有在政务内网上建立统一的 OA（办公自动化）系统，电子文件是通过互联网进行传递的，且未与档案管理系统进行连接，归档主要是通过线下的方式，无法实现实时进馆，难以确保电子文件的安全性和完整性。数字档案馆软件系统已经运行了超过 3 年，随着运行时长和数据量的增加，软件系统已经出现了响应缓慢、卡顿，甚至无法检索到数据的现象，多次找软件开发商依然未能从根本上解决问题，这极大地影响了档案管理和利用的效果。而更换软件需要的成本非常高，不仅需要大量的资金，还要对原有的资源库进行转移，重新部署系统，工作量非常大。

（三）档案资源方面

B 案馆 2003 年起建立了案卷级、文件级电子目录，截至 2020 年，共建立了包括文书档案、照片档案、声像档案、实物档案、婚姻档案、招工档案、任免档案、科技档案、工商档案、村建档案等在内的 22 个档案门类，共有案卷级电子目录约 8 万条，文件级电子目录约 170 万条。馆藏档案已基本完成数字化工作，其中纸质档案数字化率 95.7%，照片档案数字化率 100%，系统还接收了 B 地区日报和重大事件电视新闻视频两种数字资源。

数字档案在接收进馆后，通过管理系统对其进行固化处理，确保数字档案不能被轻易地编辑和修改。数字档案在档案资源总库保存时，使用 EEP 封装包进行保存并进行数字签名。根据数字档案资源保存、管理和利用的不同要求，建立了数字档案的资源总库。数字档案资源总库部署在一台独立的服务器上，与数字资源接收库和利用库相分离，并定期进行数据更新，保障数据库安全。

B 地区档案馆的档案资源体系并不丰富，在研究 B 地区数字档案管理系统的电子档案数据时发现：系统中文书档案占了绝大部分，有 80% 以上，其他类型的档案虽然建了相应的库，但是其中的数据却非常少，甚至有些类型库中只有一条档案数据。档案资源体系单调，内容匮乏，难以满足多元化的利用需求；由于馆藏档案数字化启动较早，当时工作要求不高，技术指标不明确，部分档案数字化质量较差，达不到现有的标准要求；B 地区档案馆未对馆藏档案进行目录校核，在调查中发现，有部分目录数据与原文不匹配，利用者即使查到了目录，也不能找到相应的档案资源。

二、地区现代档案管理信息化建设的问题及原因分析

（一）档案意识薄弱，对档案重视程度不够

当前，全社会对档案管理工作的重视还不够，造成了档案管理事业在先天

上的不足。档案管理工作在单位各项工作中并不显眼，容易被领导忽视，一些单位没有意识到档案管理对于规范单位日常管理、提升工作效率的重要作用，致使档案工作推进缓慢。

档案工作属于幕后工作，出彩的机会不多，一些工作人员觉得受提拔重用的机会不大，工作做好做坏都差不多，得过且过就行。轻视档案工作的情况普遍存在，主要原因是对档案以及档案工作的重要性缺乏了解，档案意识淡薄。要实现档案管理信息化建设，需要投入大量的人力财力，还需要多个部门协同配合，没有领导的重视支持和档案工作人员的积极主动，档案管理信息化建设就难以推进。

（二）档案管理观念落后，制度不健全

近年来，信息化技术的普及推动了档案管理信息化的高速发展，但是在区县一级，由于经济、环境等各方面的原因，信息化技术没有很好地普及，加上很多档案工作人员年龄偏大，对新兴事物接收能力不强，导致很多单位目前仍习惯于传统的档案管理模式，奉行旧的档案管理理念，从档案的接收、整理、保管到利用，都通过传统的手工方式进行，对信息化管理模式认识不足，观念落后，管理水平低下。

此外，很多单位没有建立健全档案管理制度，导致档案工作出现各种各样的问题：有些单位没有按照"八防"的标准建立档案室，也没有专职的档案员，档案管理随意性较大；有些单位在收集档案时责任心不强，没有做到应收尽收，归档材料不齐全；有些单位档案整理时没有严格按照相关标准，分类不严谨，编目不规范；有些单位存放档案没有专门的档案柜、密集架，和其他文件资料放在一起，导致档案遗失；有些单位对档案过于强调保密性，没有按照保密要求到期解密公开，导致资源浪费，利用率不足。管理制度不健全，水平落后，严重阻碍了档案事业的发展。

（三）档案工作人员专业素养偏低，队伍不稳定

档案管理人员的年龄梯度比较大，年长的人员通常有着丰富的纸质档案管理经验，但对电子计算机、信息化技术等了解不足，而年轻的、掌握计算机知识的人员对档案管理的基本原则和管理流程却不熟悉。档案管理信息化建设是

一个系统的工程，不仅需要大量的资金投入，还需要工作人员同时具备一定的计算机专业知识和档案专业知识，而在目前基层档案工作者中，档案专业和计算机专业的寥寥无几，甚至有的计算机专业毕业生刚考到档案部门工作不久就调到其他部门了。档案工作人员队伍不稳定，更换频繁，新接手的人通常也未经受过专业的档案管理培训，对手头的档案工作大多只是抱着过渡应付一下的想法，只要不犯错就行，不愿意深入学习研究。基层档案部门普遍存在人员年龄结构老化、缺乏专业人才、档案工作人员不专职、优秀人才留不住的现象。

第二节　加强区县级档案管理信息化建设的对策建议

一、政府加强对档案工作的领导，提升全社会的档案意识

（一）政府加强对档案事业的整体规划

1. 把档案工作纳入地方经济社会发展规划

档案是国家最宝贵的财富之一，记录着我们的文化和文明，对中华民族发展进程产生了巨大的影响。档案工作是各项工作的基础，是经济社会发展的重要组成部分，档案工作的好坏，反映着一个国家、一个民族的文明程度。地方政府应当充分认识到档案工作的重要性，把档案工作纳入国民经济和社会发展规划以及地方目标任务考核，为档案管理事业的发展提供领导和政策保障。

2. 把档案管理信息化建设融入电子政务建设

电子政务是指政府部门运用信息化技术和现代通信技术，通过网络进行办公，管理公共事务，提供公共服务。我国的电子政务建设起步于20世纪80年代，其发展历程与信息化的历程基本同步。当前，国家高度重视电子政务的发展，习近平总书记多次作出指示，为电子政务的发展指明了重点和方向。2018年，国务院印发《关于加快推进全国一体化在线政务服务平台建设的指导意见》，要求加快推进电子政务平台建设，提升政府"网上服务"能力。电子文件是电子政务的重要基础资源，档案管理信息化建设的目标之一就是实现电子文件的高效管理和利用。各级政府应当以发展电子政务为契机，加快档案信息

资源体系建设，推动档案管理信息化的发展。

3. 档案行政管理部门加强对下的监督指导

我国档案工作的基本原则是"统一领导、分级管理"，各级档案行政管理部门负责对基层单位档案工作进行监督指导。对区县级档案管理部门来说，信息化是一个新的领域，凭借自身的力量去建设有较大的困难，一方面缺少资金和专业人才，对相关的文件标准也不能准确地解读；另一方面缺少建设经验，容易走弯路。因此，省、市一级的档案管理部门要加强对下的业务指导，一是要经常性开展业务培训，组织到先进地区考察学习；二是要加强对基层的考察调研，发现问题并解决问题，因地制宜为信息化建设提供建议；三是要对经济薄弱的区县加大扶助力度，在政策和资金上给予更多的支持。此外，要定期对信息化建设情况进行督查通报，宣传先进典型，营造出争先创优的良好氛围。

（二）档案管理部门科学制定发展规划

1. 充分认识建立发展规划的重要性

档案管理部门要充分认识建立发展规划的重要性，信息化建设是档案管理目前最重要的工作之一，直接影响着档案事业的发展走向。合理的规划能充分调动工作人员的积极性，细致科学的分工能提高工作的效率，合理利用资金能有效实现软硬件资源的科学配置。制定规划时，应争取把档案管理信息化建设纳入地区经济社会发展规划，融入电子政务和地区信息化建设，实现资源统一利用、协调发展。

2. 制定规划要充分调研，因地制宜

档案管理信息化建设是一个系统的工程，涉及档案资源数字化、硬件购置、软件开发、管理流程优化等多个环节，在制定规划前，需要进行充分的调研，明确目标需求。制定规划要因地制宜，充分考虑所处的内外环境状况。制定出的规划应该清晰明确，科学可行。

3. 制定规划要明确阶段目标，科学分解

一步到位对档案管理信息化建设来说难以实现，需要对总体目标进行分解，确定各个阶段的目标，脚踏实地，一步一个脚印地推进。可以学习借鉴 B

地区数字档案馆的做法，首先充分考察调研，建立工作阵地，完善基础设施，制定各类标准，然后加强档案资源建设，对馆藏档案进行数字化，同时对馆外档案"双套制"接收进馆，之后在总结与改进前期成果的基础上，制定数字档案管理流程，开通档案管理"馆室一体化"平台，提高档案开放利用成效。

（三）广泛宣传，提升全社会的档案意识

1. 提升社会公众档案意识

档案意识是指社会公众和档案工作者对档案的主观印象，包括对档案及档案工作的性质、价值、地位及作用的认识。档案意识的强弱决定着对档案工作的重视程度。在公众层面，需要加强对档案的宣传力度，通过电视、互联网、国际档案日、组织知识竞赛等方式，让公众充分了解档案，扩大档案的影响，使公众关心、重视和支持档案工作。

2. 档案工作人员转变思想观念

对于档案工作人员，要定期组织学习培训，使其改变传统的思想观念，提高对档案管理信息化的认识，提升专业技能。档案工作人员对于信息化的认识是从无到有、由浅入深的，对信息化工作的开展也是从旁观者逐步变成参与者、实施者的，从刚刚开始的只会运用各个管理系统的初级阶段，发展到了解和熟练运用系统，并能为系统改进提升提出业务需求和建议，在实践中总结提升，逐步加深对档案管理信息化的认识，转变思想观念。

3. 创新档案利用形式，提升档案利用效果

档案部门在做好传统查档利用的基础上，要紧跟时代的步伐，紧扣公众的需求，多渠道进行档案的服务利用。一方面，充分发挥档案馆爱国主义教育基地的功能，在馆内建设党史文化主题展厅，建成党性教育基地。定期开展"档案馆开放日"活动，向公众宣传档案知识，介绍馆藏档案资料和查档利用流程；另一方面，充分利用互联网渠道，通过网站、微信公众号讲解档案知识，提供档案的在线查询利用。对馆藏档案资源进行充分挖掘，开设网上展厅展示馆藏图片资料，开设利用专题对珍贵档案进行分析解读。档案部门要根据地方特点和公众需求，创新利用形式，进一步提升档案利用效果。

二、完善档案法律法规，健全档案管理制度体系

（一）完善档案法律法规，健全档案法律体系

1. 完善档案法律法规体系

1987 年，我国颁布了《中华人民共和国档案法》，它是我国历史上第一部专门的档案法律，结束了我国档案工作无法可依的历史，对我国档案事业的发展产生了巨大的影响。1999 年，国家档案局发布《中华人民共和国档案法实施办法》，实施办法对档案法进行了解读和延伸，和档案法共同构成我国档案工作的法律准则。2020 年 6 月，新修订的档案法增加了信息化建设专章，为档案管理信息化建设提供了法律依据。在新修订的档案法公布后，实施办法也应该及时进行修订，尤其在档案管理信息化建设方面，要制定出台相应的细则，对电子文件的管理等作出明确的规定。各省市也应该加快出台相应的地方性法规，为档案管理信息化发展提供坚实的法律保障。

2. 加大档案法律法规宣传力度

要增加档案法律法规的普及面，利用"国际档案日"等宣传机会，运用各种宣传舆论阵地和工具，有计划、分层次地开展学习宣传活动，形成浓厚的学法、用法氛围，让公众充分了解自己在国家档案事务活动中依法享有的权利和义务，自觉敬法、守法，为依法管理档案打下广泛的社会基础和群众基础。在宣传贯彻档案法律法规时，要把各立档单位的负责人、执法人员以及从事档案工作的人员作为重点，对这些重点对象，要在广泛学习宣传的基础上，结合工作和业务特点，组织专门的学习培训，使其对档案法规由一般内容的了解向重点条文深化，由重点条文的知悉向行为规范深化，使其懂得法律规定的各自的权利和义务，做遵法、守法、执法的模范。

3. 加强档案行政管理，严格档案行政执法

2019 年机构改革之前，我国是"局馆合一"的档案管理体制。从职能上说，档案馆负责馆藏档案的管理，档案局负责地方档案的行政管理。档案工作在各项工作中地位不够高，在大部分地区，档案局地位较低，没有话语权，导致档案的行政管理不够规范。机构改革之后，"档案局"由党委办公室挂牌，同时在党委办公室增设了档案管理职能科室，负责贯彻档案法律法规、地区档案工作的规划管理，制定档案工作规章制度以及对各单位档案管理工作进行指

导督促，进一步加强了档案行政管理的领导力量。

在很多地区，党委办公室法律和档案专业力量不足，对相关工作的开展还处于摸索状态。为了进一步加强档案的行政管理，一方面，档案局可以聘用法律顾问，为档案的行政管理提供法律上的支持；另一方面，在一些专业性较强的工作上，档案局可以和档案馆合作，联合发文，联合执法，弥补专业上的不足。要改变以往少作为甚至不作为的情况，加大执法力度，通过严格执法保障档案事业健康发展。

（二）更新档案管理理念，完善档案管理制度

1. 档案工作人员改变传统管理理念

管理理念落后、制度不完善是制约档案事业发展的重要因素。一些档案工作人员习惯于传统的档案管理模式，奉行旧的管理理念，对于新的技术、新的管理方法接受程度不足，甚至表现出了抗拒，导致档案管理信息化工作难以推进。对此，一方面应该加强对档案工作人员的培训引导，让他们意识到信息化是大势所趋，改变传统的思想观念；另一方面，进行耐心的实践指导，让档案工作人员了解通过信息化手段进行档案管理的便捷性，既可以防止出错，又能够减少工作量，从而提升对档案管理信息化的认识和接受程度。

2. 档案管理部门制定完善管理制度

档案管理制度不健全是制约档案工作发展的重要原因。有的单位没有将档案工作纳入单位整体工作规划之中，没有设定专职管理部门，也没有制定档案管理制度，对档案的管理只是应付了事，导致档案管理效率低下，问题不断。应该结合《档案法》和《档案法实施办法》等相关法律法规，建立符合各单位实际情况的管理制度，完善档案安全防范机制、保密机制、岗位责任机制以及档案查阅利用机制，对档案管理形成有效约束，通过合理的规章制度保障档案管理工作的顺利开展。

三、加大档案事业资金投入，完善档案管理基础设施

（一）地方政府加大对档案事业的资金投入

目前，很多地区的档案管理信息化建设还处在较低的水平，有的还是一片空白，有的数字化刚刚起步，有的虽然也应用了档案管理软件，但距真正意义

上的信息化管理尚有差距。档案管理信息化建设涉及硬件设施、软件系统、数字化加工等多项内容，需要投入大量的资金购置相应的硬件、软件以及配套服务，后期的运行维护也需要不断的资金支持。缺乏资金是限制档案管理信息化发展的主要原因，档案部门每年的经费预算较少，不足以支撑档案管理信息化的建设。地方政府应该充分考虑信息化建设情况，科学核定档案管理经费，拨付专项资金用于馆藏档案数字化、信息化设备购置和系统维护。同时，对于贫困地区，政府应加大补助扶持力度，尽力提供资金保障。

（二）档案管理部门多渠道争取资金

1. 多渠道争取资金支持

面对档案管理信息化建设的巨额开支，档案部门自身的财力终究有限。为解决资金难题，档案部门要向同级政府、上级主管部门争取更多的资金投入，要争取将档案管理信息化建设项目作为信息化建设子项目列入地方政府的整个规划当中，通过分年投入经费的办法解决基础设施建设和运行维护的费用，同时也要结合当地政府的重点工作，为档案管理信息化建设寻找合适的切入点，单独立项争取资金。另外，档案部门也要拓宽思路，扩大融资渠道，力争金融机构贷款、企业和个人投资，在互利互惠的基础上，充分动员社会力量，多渠道争取资金支持。

2. 对资金合理规划使用

档案管理信息化建设涉及多个子项目，档案部门应该根据实际情况，循序渐进地开展信息化建设。档案部门可以通过项目外包、旧设备充分利用（如用一些被淘汰的计算机进行目录录入）、节省电能等方式节约成本，优先把资金用于购买必要的硬件设备。另外在布设系统时，档案部门可以考虑把服务器、存储设备等布设在政府统一的机房里，减少机房建设成本。

（三）完善档案管理基础设施建设

1. 架设完整的档案管理网络

推进档案管理信息化建设，需要完善的基础设施。针对不同的服务对象和需求，需要架设好互联网、政务内网和内部局域网，并对三网进行物理隔离，形成三个相互独立的网络。互联网主要用于向社会公众进行档案宣传，提供档案利用服务；政务内网用于电子文件传输归档以及对各单位档案室进行电子档案管理；局域网用于档案馆内部日常办公、档案管理和档案利用。

2. 完善硬件基础设施

首先是按照爱国主义教育基地、档案安全保管基地、档案利用服务中心、政府信息公开中心和电子文件管理中心"五位一体"的功能定位，建立现代化的综合档案馆，为档案事业的开展提供强有力的阵地；其次是按照 B 级标准建设核心机房，购置服务器、磁盘阵列、防火墙、入侵检测等硬件设备，完善好机房的安全防护措施。存储设备要充分预留存储空间，满足新增数据的存储需求；最后是要按照档案防盗、防火、防水、防潮、防虫、防鼠、防光、防污的"八防"要求建好档案库房，布置恒温恒湿系统，购置不同类型的档案柜架，满足文书、照片、实物等不同类型档案的存储需要。

3. 建立统一的档案管理系统

机关事业单位普遍存在着人手少、事务多、专业人才缺乏的情况，靠自身的力量设计构建档案管理系统，对于大多数单位来说有较大的难度。国家档案管理部门可以对各地档案管理系统建设情况进行深入调研，总结经验，查找不足，充分了解档案管理系统建设中所需要的硬件设备、软件功能和注意事项等，对优秀的案例进行推广。在具体的管理系统建设上，可以由国家档案管理部门牵头，邀请行业专家和技术骨干共同开发一套档案管理软件，并推广到全国使用。此外，地方政府应做好对电子政务系统和档案管理系统的集成开发工作，确保电子文件及时安全归档，通过网络提升档案管理效率。

四、加强档案队伍建设，完善人才培养体系

（一）优化档案工作人员结构

1. 优化专业结构，招收多个专业的人才

档案管理信息化建设需要高素质的人才队伍，不仅需要档案专业的人才，还需要计算机、法律等专业的人才。当前，档案部门专业人才紧缺，部分单位不仅没有信息化方面的人才，连档案专业的人才都没有，只是靠着经验去做事，导致工作标准不高，效率低下。同时，档案部门通常缺少法律专业的人

才，导致档案行政管理缺少依托，力量不足。因此，在招录工作人员时，应充分考虑专业情况，根据单位的需求，补齐专业短板，构建档案管理、信息化和法律相辅相成的专业结构。

2. 优化年龄结构，促进档案人才队伍年轻化

在过去，档案部门素有"养老单位"的说法，在一些地区，临近退休的人员会被调到档案部门工作，认为这里没有压力，工作清闲。年长的工作人员通常有着丰富的工作经验，但学习能力不够，对新事物的接受能力不足；年轻的工作人员比较有冲劲和创造力，但是容易心浮气躁，不够稳重。随着时代的发展和信息化技术的普及，社会对档案工作的要求越来越高。档案部门应当根据当前的工作需要，平衡工作人员的年龄结构，逐步促进人才队伍年轻化，增加档案事业的发展活力。

（二）完善档案人才培养体系，推行档案员持证上岗

1. 建立完善档案职业培训内容体系

首先是档案管理基础知识的培训，让档案工作人员充分了解档案的概念和档案工作的意义，学习档案法律法规，增强档案意识；其次是加强档案业务方面的培训，让档案工作人员学习领会档案的接收、管理、存储、利用等具体工作流程；最后还要加强计算机、网络管理、系统操作等方面的培训，加强对档案管理信息化的认识，通过现场演示和实地指导，提升实践操作能力。

2. 丰富培训形式，提升培训效果

集中培训通常存在着针对性不强、效果不好的问题。为了加强培训学习效果，可以在档案系统内建立交流平台，定期组织研讨交流，在平台上收集平时档案工作中遇到的各种问题和好的做法，针对性地开展业务培训，对遇到的问题加以解决，对好的做法进行推广。同时，档案部门可以选派工作人员到先进地区学习交流，带回先进的管理理念和工作经验，提升档案管理水平。此外，档案部门应当鼓励工作人员参加继续教育，把继续教育的学习考核情况作为人员考核和晋升的依据。

3. 推行档案员持证上岗制度

为了提升档案管理工作水平，可以实行档案员持证上岗制度。对人员进行

岗前培训，为培训考核通过的人员颁发档案从业资格证书，取得证书的人员才能从事档案管理工作，对培训证书设定有效期，到期需重新认证。档案职业资格认证制度是提高档案从业人员素质的有效手段，可以帮助提高档案工作人员的整体水平，促使档案员积极学习新知识，适应高速发展的档案事业。

（三）加强激励关怀，提升档案从业人员工作热情

1. 增加档案工作人员薪酬待遇和社会地位

要加强对档案工作者的关怀，提升各方面待遇。一是要关注和重视档案工作者的切身利益，增加基本待遇，提高薪资水平，创造良好的工作环境，拓宽职业晋升渠道，为档案工作者提供基础性保障；二是要加大对档案及档案工作的正面宣传引导，增加档案工作的影响力，提高档案工作人员的社会地位，增加档案从业人员的荣誉感。

2. 保障档案工作人员身体健康

档案部门应该采取有效方法保障档案工作人员的身体健康，一方面要做好档案资料的消毒工作，改善档案馆室的光照和通风；另一方面要增加档案管理人员室外活动，组织做工间操，减少机体疲劳。此外，要对档案管理人员定期进行健康检查，发现疾病要及时治疗。

3. 建立健全考核奖惩激励机制

目前我国对档案工作的考核奖惩激励机制还不够完善，缺乏实质内容，奖惩的标准模糊，力度不够。因此要完善考核激励机制，避免出现"大锅饭"的情况。一是要建立完善考核体系，不断优化考核手段，科学制定考核指标，重点考核档案工作实绩，加强奖惩兑现力度；二是完善职业晋升机制，将考核结果与职业晋升相结合，进一步打通职业晋升渠道，对工作实绩突出者，在提拔时优先任用，让有能力的人真正才有所用；三是加大监督检查力度，建立严格的监督制约机制，对档案工作不尽力的单位和个人给予通报，对违反档案法律法规的，坚决给予处罚。通过建立完善考核奖惩激励机制，调动档案从业人员的积极性，营造出考核有章、奖惩有序、监督有力的档案事业发展环境。